中華文化促進會主持編纂

國家"十一五"重點圖書出版規劃項目

中國社會科學院哲學社會科學創新工程學術出版資助項目

出品人　王石　段先念

今注本二十四史

南史

二 傳〔八〕

唐 李延壽 撰

趙凱 汪福寶 周群 主持校注

中國社會科學出版社

南史　卷四七

列傳第三十七

荀伯玉　崔祖思 祖思叔父景真 景真子元祖 祖思宗人文仲
蘇偘　虞悰　胡諧之 范柏年　虞玩之　劉休　江祏 劉暄

荀伯玉字弄璋，廣陵人也。[1]祖永，南譙太守。[2]父闡之，給事中。[3]伯玉仕宋爲晋安王子勛鎮軍行參軍。[4]泰始初，[5]隨子勛舉事。及事敗還都，賣卜自業。

[1]廣陵：郡名。治廣陵縣，在今江蘇揚州市西北蜀岡上。

[2]南譙：郡名。東晋僑置。治山桑縣，在今安徽巢湖市東南。

[3]給事中：官名。因在殿中給事（執事）得名。南朝隸集書省，在通直散騎侍郎下、員外散騎侍郎上，選輕用卑。掌侍從皇帝左右、獻納得失、諫諍糾彈、收發傳達諸奏聞文書，雖可封駁，權不甚重，地位漸低。亦管圖書文翰、修史等事。宋五品。齊及梁初不詳。梁武帝天監七年（508）革選，釐定官品十八班，班多爲貴，給事中四班。陳七品，秩六百石。

[4]晋安王子勛：劉子勛。字孝德，宋孝武帝第三子。孝武帝大明四年（460），年五歲，封晋安王。本書卷一四、《宋書》卷

八〇有傳。　鎮軍：官名。即鎮軍將軍。晉、南朝宋時與中軍、撫軍將軍位比四鎮將軍，齊時位在四征將軍上。宋三品。　行參軍：官名。即參軍事。南朝王府、公府、將軍府及諸州置，自六品至九品不等。

[5]泰始：南朝宋明帝劉彧年號（465—471）。

齊高帝鎮淮陰，[1]伯玉爲高帝冠軍刑獄參軍。[2]高帝爲宋明帝所疑，[3]被徵爲黄門郎，[4]深懷憂慮，見平澤有群鶴，仍命筆詠之曰："八風儛遥翮，九野弄清音，一摧雲間志，爲君苑中禽。"以示伯玉深指，伯玉勸高帝遣數十騎入魏界，安置標榜。魏果遣游騎數百履行界上，高帝以聞。猶懼不得留，令伯玉占。伯玉言不成行，而帝卒復本任。由是見親待。高帝有故吏東莞竺景秀嘗以過繫作部，[5]高帝謂伯玉："卿比看景秀不？"答曰："數往候之，備加責誚，云'若許某自新，必吞刀刮腸，飲灰洗胃'。"帝善其答，即釋之，卒爲忠信士。

[1]齊高帝：蕭道成。字紹伯，小諱鬭將。建元元年（479）四月，即位爲帝，國號爲齊，史稱南齊。本書卷四，《南齊書》卷一、卷二有紀。　淮陰：縣名。治所在今江蘇淮安市淮陰區西南。

[2]冠軍：官名。即冠軍將軍。宋三品。梁武帝天監七年（508），設五武將軍代之，大通三年（529）復置，列武臣將軍班内。陳擬四品，比秩中二千石。　刑獄參軍：官名。冠軍將軍府刑獄參軍，掌軍中刑法。

[3]宋明帝：劉彧。字休炳，小字榮期，宋文帝第十一子。前廢帝被殺後，即帝位。本書卷三、《宋書》卷八有紀。

[4]黄門郎：官名。黄門侍郎、給事黄門郎、給事黄門侍郎省

稱，亦簡稱黄門。郎官給事於黄闥（宫門）之内者，始稱。南朝爲侍中省或門下省次官，侍從皇帝、顧問應對，出則陪乘，並掌管機密文件，位頗重要。宋五品。齊及梁初不詳。梁武帝天監七年革選，黄門郎十二班。陳四品，秩二千石。

［5］東莞：郡名。治莒縣，在今山東莒縣。

後隨高帝還都，除奉朝請。[1]高帝使主家事。武帝罷廣興還，[2]立别宅，[3]遣人於大宅掘樹數株，伯玉不與，馳以聞。高帝善之。

［1］奉朝請：官名。漢朝爲給予退休大臣、宗室、外戚等的一種政治待遇，授此者得特許參加朝會。西晋爲加官名號，常授奉車、駙馬、騎都尉等。東晋、南朝仍作爲加官，時亦單授，列爲散騎省（集書省）屬官，所授冗濫。梁二班。陳七品。

［2］武帝：南朝齊武帝蕭賾。字宣遠。齊高帝建元四年（482）即位，年號永明。本書卷四、《南齊書》卷三有紀。　廣興：郡名。治曲江縣，在今廣東韶關市南武水西岸。

［3］立别宅：指蕭賾離開父母另立宅屋。

高帝爲南兖州，[1]伯玉從轉鎮軍中兵參軍，[2]帶廣陵令。初，高帝在淮陰，伯玉假還廣陵，夢上廣陵城南樓，上有二青衣小兒語伯玉云："草中肅，九五相追逐。"[3]伯玉視城下人頭皆有草。泰始七年，又夢高帝乘船在廣陵北渚，兩腋下有翅不舒。伯玉問何當舒，帝曰："却後三年。"伯玉夢中自謂是呪師，[4]凡六唾呪之，有六龍出，兩腋下翅皆舒，還復斂。元徽二年，[5]而高帝破桂陽，[6]威名大震，五年而廢蒼梧，[7]謂伯玉曰："卿夢今旦效矣。"

［1］南兖州：州名。僑置。東晋僑立兖州，宋時改爲南兖州，初治京口，在今江蘇鎮江市。宋文帝元嘉八年（431）移治廣陵縣，在今江蘇揚州市西北蜀岡上。

［2］中兵參軍：官名。諸公府、軍府僚屬。職掌本府中兵曹事務，兼備參謀咨詢。其品位隨府主地位高低不等。

［3］草中肅，九五相追逐："草中肅"暗喻"蕭"字。"九五"爲帝王之尊。此兩句暗示蕭姓之人將爲帝。

［4］呪師：念咒語的法師道人。

［5］元徽：南朝宋後廢帝劉昱年號（473—477）。

［6］桂陽：指桂陽王劉休範。宋文帝第十八子。初封順陽王，後改封桂陽王。本書卷一四、《宋書》卷七九有傳。

［7］蒼梧：指宋後廢帝劉昱。字德融，小字慧震，明帝長子。明帝泰豫元年（472）即位，殘忍好殺。本書卷三、《宋書》卷九有紀。

昇平初，[1]仍爲高帝驃騎中兵參軍，[2]帶濟陽太守。[3]霸業既建，伯玉忠勤盡心，常衛左右，加前將軍，[4]大見委信。齊建元元年，[5]封南豐縣子，[6]爲豫章王司空諮議，[7]太守如故。

［1］昇平初：中華本作"昇明初"，其校勘記曰："'昇明'各本訛'昇平'，按宋順帝改元徽五年爲昇明元年，今改正。"

［2］驃騎：官名。即驃騎將軍。南朝爲重號將軍，僅作爲軍府名號加授大臣、重要地方長官，無具體職掌。宋二品，開府者位從公一品。齊及梁初不詳。梁武帝天監七年（508）革選，驃騎將軍二十四班。陳擬一品，比秩中二千石。

［3］濟陽：郡名。治濟陽縣，在今河南蘭考縣東北。

［4］前將軍：官名。漢朝爲重要武職，位上卿。平時無具體職掌，有戰事則典禁兵戍衛京師，或率軍出征。不常置。魏晋南北朝地位漸低，略高於一般雜號將軍，作爲軍府名號。宋三品。

［5］建元：南朝齊高帝蕭道成年號（479—482）。

［6］南豐：縣名。治所在今江西廣昌縣東。

［7］豫章王：蕭嶷。字宣儼，齊高帝次子。本書卷四二、《南齊書》卷二二有傳。　司空：官名。與太尉、司徒並爲三公。南朝爲名譽宰相，多爲大臣加官，無實際職掌。宋一品。齊及梁初不詳。梁武帝天監七年革選，司空十八班。陳一品，秩萬石。　諮議：官名。即諮議參軍。亦稱諮議參軍事。所在府署屬官，掌諷議。南朝王府、丞相府、公府、位從公府、州軍府皆有置，但無定員，亦不常置，職掌不定。其位甚尊，在列曹參軍上，州所置者常帶大郡太守，且有越次行府州事者。品級皆隨府主地位高下而定。宋七品。齊及梁初不詳。梁武帝天監七年革選，諮議參軍六班至九班。陳七品至五品。

時武帝在東宫，[1]自以年長，與高帝同創大業，朝事大小悉皆專斷，多違制度。左右張景真偏見任遇，又多僭侈。武帝拜陵還，景真白服乘畫舴艋，[2]坐胡牀。[3]觀者咸疑是太子，内外祗畏，莫敢有言者。驍騎將軍陳胤叔先已陳景真及太子前後得失，[4]伯玉因武帝拜陵之後，密啓之，上大怒。豫章王嶷素有寵，政以武帝長嫡，又南郡王兄弟並列，[5]故武帝爲太子，至是有改易之意。武帝東還，遣文惠太子、聞喜公子良宣敕詰責，[6]并示以景真罪狀，使以太子令收景真殺之。胤叔因白武帝，皆言伯玉以聞。武帝憂懼，稱疾月餘日。上怒不解，晝卧太陽殿，王敬則直入叩頭，[7]啓請往東宫以慰太子。高帝無言，敬則因大聲宣旨往東宫，命裝束。又敕太官設饌，[8]密遣人報武帝，令奉迎。因呼左右索輿，高帝了無動意。敬則索衣以衣高帝，仍牽上輿。遂幸東宫，召諸王宴飲，因游玄圃園。[9]長沙王晃捉華蓋，[10]臨川王映執雉尾扇，[11]聞喜公子良持酒鎗，南郡王行酒，武帝與豫章王嶷及敬則自捧肴饌。[12]高帝大飲，賜武帝以下酒，並大醉盡歡，日暮乃去。是日微敬則，則東宫殆廢。

[1]東宫：太子所居之宫。

[2]白服：指便裝。　晝舴艋：指裝飾豪華的大船。

[3]胡牀：一種可以折疊的輕便坐具。

[4]驍騎將軍：官名。雜號將軍，擔當護衛皇帝宫廷之任。宋四品。梁武帝天監六年（507）四月，置左、右驍騎將軍，陳仍分置左右。　陳胤叔：本名承叔，餘姚（今浙江餘姚市）人。强辯果捷，長於用刀楯。初爲左夾轂隊將。宋明帝泰始初，隨齊高帝東討，遂歸身隨從征伐，以功見賞。封當陽縣子，官至太子左率。《南齊書》卷三〇有附傳。

[5]南郡王：即文惠太子蕭長懋。字雲喬，小字白澤，齊武帝長子。本書卷四四、《南齊書》卷二一有傳。

[6]遣：《南齊書》卷三一《荀伯玉傳》作“上遣”。　聞喜公子良：蕭子良。字雲英，齊武帝次子。本書卷四四、《南齊書》卷四〇有傳。

[7]王敬則：臨淮射陽（今江蘇寶應縣）人，僑居晋陵南沙（今江蘇常熟市）。本書卷四五、《南齊書》卷二六有傳。

[8]太官：掌皇帝飲食宴會的官吏。

[9]玄圃園：太子東宮中園圃名。

[10]長沙王晃：蕭晃。字宣明，小字白象。齊宗室，封長沙王。本書卷四三、《南齊書》卷三五有傳。

[11]臨川王映：蕭映。字宣光。齊宗室，封臨川王。本書卷四三、《南齊書》卷三五有傳。

[12]捧：汲古閣本同，殿本作“持”。

高帝重伯玉盡心，愈見信，[1]使掌軍國密事，權動朝右。每暫休外，軒蓋填門。嘗遭母憂，成服日，左率蕭景先、侍中王晏共載弔之。[2]五更使巾車，[3]未到伯玉宅二里許，王侯朝士已盈巷，至下鼓尚未得前，司徒褚彥回、衛軍王儉俱進繼後方得前，[4]又倚聽事久之。中詔遣中書舍人徐希秀斷哭止客，[5]久方得弔。比出，二人飢乏，氣息惙然，切齒形于聲貌。明日入宮，言便云：“臣等所見二宮門及齋閤方荀伯玉宅，政可設雀羅。”續復言：“外論云，千敕萬令，不如荀公一命。”

[1]愈見信：中華本作“愈見信任”，其校勘記云：“‘任’字各本並脱，據《通志》補。”

[2]左率：官名。即太子左衛率。領精兵萬人，宿衛東宮，亦任征伐，地位頗重。東晋沿置。宋五品。梁十一班。陳四品，秩二千石。　蕭景先：原名道先，南蘭陵（今江蘇常州市武進區）人。本書卷四一、《南齊書》卷三八有傳。　侍中：官名。往來殿中奏事，故名。南朝宋爲門下之侍中省長官，侍衛皇帝左右，顧問應對，諫諍糾察，平議尚書奏事。宋三品。齊及梁初不詳。梁武帝天監七年（508）革選，侍中十二班。陳三品，秩中二千石。　王晏：字休默，一字士彥，琅邪臨沂（今山東臨沂市）人。本書卷二四有

附傳,《南齊書》卷四二有傳。晏，殿本同，汲古閣本作“宴”。

[3]使：中華本作“便”，其校勘記云:“‘便’各本作‘使’，據《通志》改。”

[4]司徒：官名。東漢由大司徒改名，與太尉、司空同爲宰相，掌州郡民政，並參議大政，秩萬石。魏晋南北朝多作大臣加官，皆一品（梁稱十八班）。　褚彦回：褚淵。字彦回，河南陽翟（今河南禹州市）人。本書卷二八有附傳，《南齊書》卷二三有傳。　衛軍：官名。即衛將軍。高級武職，魏晋南北朝皆爲重號將軍，以加大臣、地方長官。東晋以後地位尤重，常以權臣兼任。　王儉：字仲寶，琅邪臨沂（今山東臨沂市）人。歷仕南朝宋、齊，官至尚書令，總理政務。長於禮學，熟悉朝儀，齊初制度多爲其制定。本書卷二二有附傳，《南齊書》卷二三有傳。

[5]中書舍人：官名。舊爲中書省屬官，入直閣内，掌呈奏案章。南朝漸用寒士、才能及皇帝親信擔任，入直禁中，於收納、轉呈文書章奏之本職外，漸奪中書侍郎出令之權。宋名中書通事舍人，七品。南齊因之，品級不詳。梁名中書舍人，初品級不詳，武帝天監七年革選，中書舍人四班。陳八品。　徐希秀：南琅邪開陽（今江蘇常州市武進區）人。徐爰子。甚有學解，善書篆隸。本書卷七七有附傳。

武帝深怨伯玉，高帝臨崩，指伯玉以屬武帝。[1]即位，伯玉憂懼。上聞之，以其與垣崇祖善，[2]崇祖田業在江西，[3]慮相扇爲亂，加意撫之，伯玉乃安。永明元年，[4]與崇祖並見誣伏誅，而胤叔爲太子左率。吕文顯歎曰:[5]“伯玉能謀太祖而不能自謀，豈非天哉。”

[1]指伯玉以屬武帝：中華本校勘記云:“‘武帝’二字各本並脱，據《通志》補。”

［2］垣崇祖：字敬遠，祖籍略陽桓道（今甘肅隴西縣），祖父苗率部曲家下邳（今江蘇睢寧縣）。宋豫州刺史垣護之之侄。本書卷二五有附傳，《南齊書》卷二五有傳。

［3］江西：《資治通鑑》卷一四三《齊紀九》東昏侯永元二年胡三省注："江西，横江以西之地。" 按，横江在今安徽當塗縣西北一帶江面，長江至此流向改變，由南至北，由縱變横，故云横江。

［4］永明：南朝齊武帝蕭賾年號（483—493）。

［5］吕文顯：臨海（今浙江台州市椒江區）人。本書卷七七、《南齊書》卷五六有傳。

初，伯玉微時，有善相墓者謂其父曰："君墓當出暴貴者，但不得久耳；又出失行女子。" 伯玉聞之曰："朝聞道，夕死可矣。"[1] 頃之，伯玉姊當嫁，明日應行，今夕逃隨人去，家尋求不能得。後遂出家爲尼。伯玉卒敗亡。

［1］朝聞道，夕死可矣：語出《論語・里仁》。早晨聞道，即使晚上死去，也没有什麽遺憾了。形容對真理或某種信仰追求的迫切。

崔祖思字敬元，清河東武城人，[1] 魏中尉琰七世孫也。[2] 祖諲，[3] 宋冀州刺史。[4] 父僧護，州秀才。[5]

［1］清河：郡名。治清陽縣，在今河北清河縣東南。　東武城：縣名。治所在今河北清河縣東北。

［2］中尉：官名。秦置，掌京城治安禁盗賊。漢初因之，爲列卿之一。諸侯王國亦置以掌武職。漢武帝時更名爲執金吾。諸侯王

國則仍置不變。東漢諸王國之中尉秩比二千石，主封國中治安。晉、南朝沿置。　琰：崔琰。字季珪，清河東武城（今河北清河縣）人。《三國志》卷一二有傳。

[3]諲：崔諲。宋武帝時官吏。《宋書》卷六五有附傳。

[4]冀州：州名。宋文帝元嘉九年（432）僑置，治歷城縣，在今山東濟南市。明帝泰始六年（470）與青州合僑置於鬱洲，在今江蘇連雲港市東雲臺山一帶。

[5]秀才：本指優秀的人才。漢武帝元封四年（前 107）始定爲舉士科目，令諸州各舉秀才一人。東漢避光武帝劉秀諱改爲茂才。三國魏復原稱。南朝宋、齊試以策文五道。以答題高下定等第。多出任要職，故爲時所重。

祖思少有志氣，好讀書。年十八，爲都昌令，[1]隨青州刺史垣護之入堯廟，[2]廟有蘇侯神偶坐。[3]護之曰："唐堯聖人而與蘇侯神共坐，今欲正之何如?"祖思曰："使君若清蕩此坐，則是堯廟重去四凶。"[4]由是諸雜神並除。

[1]都昌：縣名。南朝宋寄治青州東陽城，在今山東青州市。

[2]青州：州名。僑寄鬱州，在今江蘇連雲港市東雲臺山一帶。　垣護之：字彦宗，略陽桓道（今甘肅隴西縣）人。本書卷二五、《宋書》卷五〇有傳。

[3]蘇侯：蘇峻。字子高，長廣掖（今山東萊州市）人。《晉書》卷一〇〇有傳。

[4]堯廟：汲古閣本同，殿本作"唐堯"。　四凶：相傳爲堯舜時代四個惡名昭著的部族首領。所指不一，《左傳》文公十八年："舜臣堯，賓于四門，流四凶族渾敦、窮奇、檮杌、饕餮，投諸四裔，以禦螭魅。"《尚書·堯典》四凶指共工、驩兜、三苗、鯀。

後世多用以比喻凶狠貪婪的朝臣。

齊高帝在淮陰，[1]祖思聞風自結，爲上輔國主簿，[2]甚見親待，參豫謀議。宋朝初議封高帝爲梁公，祖思啓高帝曰："讖云'金刀利刃齊刈之'。今宜稱齊，實應天命。"從之。自相國從事中郎遷齊國内史。[3]

[1]齊高帝在淮陰：指宋明帝泰始二年（466）徐州刺史薛安都投魏，淮北孤弱，以蕭道成都督北討前鋒諸軍事，鎮淮陰。

[2]輔國主簿：官名。指蕭道成輔國將軍府主簿。輔國將軍，宋明帝泰始五年七月，改爲輔師將軍，後廢帝元徽二年（474）六月復舊，三品。梁武帝天監七年（508）罷。主簿，屬吏之長，掌軍府文書、印信。

[3]相國從事中郎：官名。指相國府從事中郎。從事中郎爲公府屬官，職参謀議。　内史：官名。掌册命及邦畿行政事務。

高帝既爲齊王，置酒爲樂，羹膾既至，祖思曰："此味故爲南北所推。"侍中沈文季曰：[1]"羹膾吴食，非祖思所解。"祖思曰："炰鱉鱠鯉，[2]似非句吴之詩。"文季曰："千里蓴羹，豈關魯、衛。"帝甚悦，曰："蓴羹故應還沈。"

[1]沈文季：字仲達，吴興武康（今浙江德清縣）人。沈慶之子。本書卷三七有附傳，《南齊書》卷四四有傳。

[2]炰鱉鱠鯉：語出《詩·小雅·六月》，指珍美的饌食。

帝之輔政，衆議將加九錫，[1]内外皆贊成之，祖思獨曰："公以仁恕匡社稷，執股肱之義。君子愛人以德，不宜如此。"帝聞而非之，曰："祖思遠同荀令，[2]豈孤所望也。"由此不復處任職之官，而禮見甚重。垣崇祖受密旨參訪朝臣，光禄大夫垣閎曰：[3]"身受宋氏厚恩，復蒙明公眷接，進不敢同，退不敢異。"祖思又曰："公退讓誠節，故宜受之以禮。"次問冠軍將軍崔文仲，文仲問崇祖曰："卿意云何？"對曰："聖人云'知幾其神'。又云'見幾而作'。"文仲撫髀曰："政與吾意同。"崇祖具説之。及帝受禪，閎存故爵，文仲、崇祖皆封侯，祖思加官而已。除給事中、黄門侍郎。

[1]九錫：傳説古代帝王尊禮大臣所給的九種器物。九錫名目各書排列不一，但大同小異。一般指衣服、朱户、納陛、車馬、樂則、虎賁、斧鉞、弓矢、秬鬯。魏晋南北朝掌政大臣奪權，建新王朝，均加九錫，成爲例行公事。

[2]荀令：指荀彧。字文若，潁川潁陰（今河南許昌市）人。《三國志》卷一〇有傳。

[3]光禄大夫：官名。魏晋時因位在諸卿上，不復屬光禄勳，南朝時仍屬光禄勳，掌宫殿門户。宋三品。齊及梁初不詳。梁武帝天監七年（508）革選，光禄大夫十三班。陳三品，秩中二千石。垣閎：字叔通，下邳（今江蘇睢寧縣）人。本書卷二五有附傳。

武帝即位，祖思啓陳政事，以爲："自古開物成務，必以教學爲先。宜太廟之南，[1]弘脩文序，司農以北，廣開武校。"又曰："劉備取帳構銅鑄錢，[2]以充國用；魏武遣女皁帳，[3]婢十人；東阿婦以繡衣賜死；[4]王景興以折米見誚；[5]宋武節儉過人，[6]張妃房唯碧綃蚊幬、三齊茵席、五盞盤桃花米飯，[7]殷仲文勸令畜伎，答云：‘我不解聲。’仲文曰：‘但畜自解。’又答：[8]‘畏解故不畜。’歷觀帝王，未嘗不以約素興侈麗亡也。伏惟陛下體唐成儉，踵虞爲樸，[9]寢殿則素木皁構，膳器則陶瓢充御。瓊簪玉笏，碎以爲塵；珍裘繡服，焚之如草。宜察朝士有柴車蓬館，高以殊等，馳禽荒色，長違清編，則調風變俗，不俟終日。”又曰：“憲律之重，[10]由來尚矣。寔宜清置廷尉，[11]茂簡三官。[12]漢來習律有家，子孫並傳其業。今廷尉律生，乃令史門户，刑之不厝，抑此之由。”又曰：“案前漢編户千萬，太樂伶官方八百二十九人，[13]孔光等奏罷不合經法者四百四十一人，[14]正樂定員唯置三百八十八人。今户口不能百萬，而大樂雅鄭，[15]元徽時校試千有餘人，後堂雜伎不在其數。糜費力役，傷敗風俗。今欲撥邪歸道，莫若罷雜伎，王庭唯置鍾簴羽戚登歌而已。”[16]上詔報答。

[1]太廟：始祖廟，又稱大廟。

[2]帳構：中華本作“帳鉤”，其校勘記云：“‘帳鉤’各本作‘帳構’，據《南齊書》改。”周一良根據有關古籍和漢魏墓地考古新發現考證，帳鉤非蚊帳前兩旁卷帳門的金屬物，乃是農具上的金屬覆蓋部件（參見周一良《關於帳構》，《魏晋南北朝史論集續編》，北京大學出版社 1991 年版，第 313—314 頁）。

[3]魏武遣女皁帳：《三國志》卷一《魏書·武帝紀》裴松之注引《傅子》云：“太祖愍嫁娶之奢僭，公女適人，皆以皁帳，從婢不過十人。”魏武，指曹操。

［4］東阿：指三國魏東阿王曹植。字子建，沛國譙（今安徽亳州市）人。曹操子。《三國志》卷一九有傳。

［5］王景興以折米見誚：王景興，即王朗。字景興，東海郯（今山東郯城縣）人。《三國志》卷一三有傳。《三國志·魏書·王朗傳》裴松之注引《魏略》曰："太祖請同會，啁朗曰：'不能效君昔在會稽折秔米飯也。'朗仰而歎曰：'宜適難值！'太祖問：'云何？'朗曰：'如朗昔者，未可折而折；如明公今日，可折而不折也。'"

［6］宋武節儉過人：宋武，指宋武帝劉裕。字德輿，小字寄奴。本書卷一、《宋書》卷一至卷三有紀。《宋書·武帝紀》："上清簡寡欲，嚴整有法度，未嘗視珠玉輿馬之飾，後庭無紈綺絲竹之音……内外奉禁，莫不節儉。"

［7］三齊萗席：指齊地出産的莞屬草，纖細似龍鬚，可以爲席。　五盞盤：泛指粗碗。　桃花米飯：指用糙米煮的飯，因米粒紅衣未經舂去，故稱。

［8］答：汲古閣本同，殿本作"曰"。

［9］體唐成儉，踵虞爲樸：指學習仿效唐堯虞舜，養成儉樸的美德。

［10］憲律：指綱紀法律。

［11］廷尉：官名。又尊稱廷尉卿。中央最高司法審判機構長官，掌詔獄，總全國斷獄數。宋三品。齊及梁初不詳。梁始正式定名"廷尉卿"，武帝天監七年（508）革選，廷尉卿十一班。陳三品，秩中二千石。

［12］三官：指廷尉正、監、平。

［13］太樂：官名。秦漢有太樂，屬太常。　伶官：指樂官。

［14］孔光：字子夏，魯（今山東曲阜市）人。《漢書》卷八一有傳。

［15］大樂雅鄭：指宫廷雅俗之樂。

［16］鍾簴（jù）：指懸鐘樂器。　羽戚：樂舞時所執的雉毛和

干戈。　登歌：古代舉行祭典、大朝會時，樂師登堂而歌。

後爲青、冀二州刺史，在政清勤，而謙卑下士，言議未嘗及時事，上更以敬重之。未幾卒，上深加歎惜。

祖思叔父景真，位平昌太守，[1]有惠政，常懸一蒲鞭而未嘗用。去任之日，士人思之爲立祠。

[1]平昌：郡名。治安丘縣，在今山東安丘市西南。

子元祖有學行，好屬文，仕至射聲校尉。[1]武帝取爲延昌主帥。[2]從駕至何美人墓，上爲悼亡詩，特詔元祖使和，稱以爲善。

[1]射聲校尉：官名。西漢置，至東晋省。南朝復置，爲侍衛武官，不領營兵，隸中領軍（領軍將軍），用以安置勳舊武臣。宋四品。齊官品不詳。梁七班。陳六品，秩千石。

[2]延昌主帥：官名。指延昌殿侍衛統領。

永明九年，魏使李道固及蔣少游至。[1]元祖言臣甥少游有班、倕之功，[2]今來必令模寫宮掖，未可令反。上不從。少游果圖畫而歸。

[1]李道固：李彪。字道固，頓丘衛國（今河南清豐縣）人。《魏書》卷六二、《北史》卷四〇有傳。　蔣少游：樂安博昌（今山東博興縣）人。性機巧，有文思。《魏書》卷九一、《北史》卷九〇有傳。

[2]班、倕：指公輸班和工倕。公輸班，名般，一作班，魯國

人，故稱魯班。春秋末著名木匠，約活動於魯定公、哀公之際。相傳他創製木匠工具，善運巧思，精於工藝，被歷代木匠尊爲祖師。工倕，名倕。古巧匠。相傳堯時被召，主理百工，故稱工倕。

元祖歷位驍騎將軍，出爲東海太守。[1]上每思之，時節恒賜手敕，賞賜有加。時青州刺史張沖啓："淮北頻歲不熟，今秋始稔。此境鄰接戎寇，彌須沃實，乞權斷穀過淮南。"而徐、兖、豫、司諸州又各私斷穀米，[2]不聽出境，自是江北荒儉，有流亡之弊。元祖乃上書，謂宜豐儉均之。書奏見從。

[1]東海：郡名。即南東海郡。東晋僑置，治京口城，在今江蘇鎮江市。

[2]徐：州名。治京口城，在今江蘇鎮江市。　兖：州名。南朝僑置。治廣陵縣，在今江蘇揚州市西北蜀岡上。　豫：州名。治壽春縣，在今安徽壽縣。　司：州名。治孝昌縣，在今湖北孝感市北。

祖思宗人文仲，位徐州刺史，封建陽縣子，[1]在政爲百姓所憚。除黄門侍郎，領越騎校尉，[2]徙封隨縣。[3]嘗獻高帝纏鬚繩一枚，上納受。後卒於汝陰太守，[4]贈徐州刺史，謚襄子。

[1]建陽：縣名。治所在今福建南平市建陽區東北。

[2]越騎校尉：官名。禁軍長官。東漢爲北軍五校尉之一，領宿衛營兵，地位親要。三國魏、西晋仍領兵，屬中領軍（領軍將軍）。職任漸輕。東晋省。南朝復置，不領兵，用以安置勳舊，爲

侍衛武職。宋四品。梁七班。陳六品，秩千石。

[3]隨縣：縣名。治所在今湖北隨州市。

[4]汝陰：郡名。治汝陰縣，在今安徽阜陽市。

蘇侃字休烈，武邑人也。[1]祖護，本郡太守。父端，州中從事。[2]

[1]武邑：縣名。治所在今河北武邑縣。

[2]州中從事：官名。即治中從事。州屬官，主衆曹文書。

侃涉獵書傳，薛安都反，[1]引侃爲其府參軍，使掌書記。侃自拔南歸，齊高帝在淮上，[2]便自委結。高帝鎮淮陰，取爲冠軍録事參軍。[3]

[1]薛安都：字休達，河東汾陰（今山西萬榮縣）人。本書卷四〇、《宋書》卷八八、《魏書》卷六一、《北史》卷三九有傳。

[2]淮上：指淮南。

[3]冠軍録事參軍：官名。冠軍將軍府屬吏。録事參軍，爲録事曹長官，掌總録衆曹文簿，舉彈善惡，位在列曹參軍上。南朝公府、將軍府、州刺史開軍府者皆置。宋七品。齊及梁初不詳。梁武帝天監七年（508）革選，官品十八班，班多爲貴，録事參軍二至六班。陳九至七品。

時高帝在兵久見疑，乃作《塞客吟》以喻志曰：

寶緯紊宗，神經淡序，[1]德晦河、晋，[2]曆宣江、楚。[3]雲雷兆壯，[4]天山繇武。[5]直髮指秦關，凝精越漢渚。秋風起，塞草衰，鵰鴻思，[6]邊馬悲。

平原千里顧，但見轉蓬飛。星嚴海净，月澈河明，清暉映幕，素液凝庭。金笳夜厲，羽轊晨征。幹精潭而悵泗，[7]柑松洲而悼情。蘭涵風而寫豔，[8]菊籠泉而散英。曲繞首燕之歎，吹軫絶越之聲。欷園琴之孤弄，想庭藿之餘馨。青關望斷，白日西斜，恬源靚霧，壟首暉霞。戒旋鷁，[9]躍遠波。情緜緜而方遠，思裊裊而遂多。粤擊秦中之筑，因爲塞上之歌。歌曰：朝發兮江泉，日夕兮陵山。驚飆兮瀄汨，[10]淮流兮潺湲。胡埃兮雲聚，楚旆兮星懸。愁墉兮思宇，惻愴兮何言。定寰中之逸鑒，審雕陵之迷泉。悟樊籠之或累，悵遐心以栖玄。

[1]寶緯紊宗，神經淡序：形容時衰世亂，星象紊亂，綱紀破壞。《南齊書》卷二八《蘇侃傳》"淡"作"越"。

[2]德晦河、晋：指黄河中原地區淪於北虜，傳統道德淪喪。

[3]厯宣江、楚：指長江兩岸及南方地區不斷發生軍事政變，武夫擁軍，争權奪利。厯，汲古閣本同，殿本作"歷"。《南齊書·蘇侃傳》作"力宣江、楚"。

[4]兆壯：預示壯烈。

[5]繇武：顯耀武功。

[6]鵰：汲古閣本同，殿本作"雕"。

[7]幹精潭而悵泗：中華本作"斡晴潭而悵泗"，其校勘記云："'斡晴潭'各本作'斡精潭'，據《南齊書》改。"

[8]涵：汲古閣本同，殿本作"含"。

[9]旋鷁：回舟。鷁，水鳥名。形如鷺而大，善高飛。古代在船頭以彩色畫鷁鳥之形，後借指船。

[10]瀄汨：原形容水流激蕩，引申指疾行。

侃達高帝此旨，更自勤厲，遂見委付事，[1]深被知待。桂陽之難，[2]帝以侃爲平南録事，[3]領軍主，從頓新亭，[4]使分金銀賦賜將士。後爲帝太尉諮議。[5]侃事高帝既久，備悉起居，乃與丘巨源撰《蕭太尉記》，[6]載帝征伐之功。封新建縣侯。[7]

[1]遂見委付事：中華本作“遂見委以府事”，其校勘記云：“‘以府’各本作‘付’，據《南齊書》補改。”

[2]桂陽之難：指宋後廢帝元徽二年（474），江州刺史桂陽王劉休範自尋陽起兵反，直逼建康，時蕭道成爲右衛將軍，守新亭以捍衛京城，旋將劉休範捕殺，事平。

[3]平南録事：官名。平南將軍府録事參軍。平南將軍，南朝宋皆三品。梁武帝天監七年（508）定爲武職二十四班中的二十班。陳擬三品，比秩二千石。

[4]新亭：又名中興亭。三國吴築，故址在今江蘇南京市西南，地近江濱，依山爲城壘，爲軍事和交通要地。

[5]太尉諮議：官名。太尉府諮議參軍。太尉，與司徒、司空並爲三公。兩晋、南朝爲名譽宰相，多爲大臣加官，無實際職掌。晋、宋一品。齊及梁初不詳。梁武帝天監七年革選，太尉十八班。陳一品，秩萬石。

[6]丘巨源：蘭陵蘭陵（今江蘇常州市武進區）人。本書卷七二、《南齊書》卷五二有傳。

[7]新建：縣名。治所在今江西樂安縣西北。

齊臺建，爲黄門郎，領射聲校尉，任以心膂。帝即位，侃撰《聖皇瑞命記》一卷，[1]奏之。建元元年卒，上惜之甚至，謚質侯。

[1]《聖皇瑞命記》一卷：馬宗霍《南史校證》云："按《南齊書·祥瑞志》叙云：'齊氏受命，事殷前典，黄門郎蘇偘撰《聖皇瑞應記》。'與此可互證，偘即侃之俗體，《隋書·經籍志》未見。"（湖南教育出版社2008年版，第744—745頁）

虞悰字景豫，會稽餘姚人也。[1]祖嘯父，[2]晋左户尚書。[3]父秀之，[4]黄門郎。

[1]會稽：郡名。治山陰縣，在今浙江紹興市。　餘姚：縣名。治所在今浙江餘姚市。

[2]嘯父：虞嘯父。《晋書》卷七六有附傳。

[3]左户尚書：官名。即左民尚書。本書避唐太宗李世民諱，故改"民"爲"户"。南朝爲尚書省民曹長官。齊時領左民、駕部二曹。掌民事計賬、户籍及土木工程。宋三品。齊及梁初不詳。梁武帝天監七年（508）革選，左民尚書十三班。陳三品，秩中二千石。

[4]秀之：虞秀之。以門生事庾炳之，貢納累味珍肴，未嘗有乏。庾炳之曾爲其求黄門之官。餘事不詳。

悰少以孝聞，父病不欲見人，雖子弟亦不得前，時悰年十二三，晝夜伏户外問内豎消息。問未知，轉嗚咽流涕，如此者百餘日。及亡，終喪日唯食麥餅二枚。仕宋位黄門郎。宋明帝誅山陽王休祐，[1]至葬日，寒雪厚三尺，故人無至者，唯悰一人來赴。

[1]山陽王休祐：劉休祐。宋文帝第十三子，年十一封山陽王。明帝即位，改封晋平王。本書卷一四、《宋書》卷七二有傳。

初，齊武帝始從宦，家尚貧薄，悰數相分遺。每行必呼帝同載，帝甚德之。齊建元初，爲太子中庶子，[1]累遷豫章内史。[2]

[1]太子中庶子：官名。東宫屬官，掌侍從、奏事、諫議等，並與太子中舍人共掌東宫文翰。宋五品。齊及梁初不詳。梁武帝天監七年（508）革選，中庶子十一班。陳四品，秩二千石。梁、陳並以功高者一人爲祭酒，行則負璽，前後部護駕，與太子中舍人功高者同掌禁令。

[2]豫章：郡名。治南昌縣，在今江西南昌市。

悰家富於財而善爲滋味，豫章王嶷盛饌享賓，[1]謂悰曰："肴羞有所遺不？"悰曰："何曾《食疏》有黄頷臛，[2]恨無之。"累遷太子右率。[3]永明八年大水，百官戎服救太廟，悰朱衣乘車鹵簿，[4]於宣陽門外入行馬内驅逐人，[5]被奏見原。上以悰布衣之舊，從容謂悰曰："我當令卿復祖業。"轉侍中，朝廷咸驚其美。遷祠部尚書。[6]武帝幸芳林園就悰求味，[7]悰獻糲及雜肴數十輿，[8]太官鼎味不及也。上就悰求諸飲食方，悰秘不出。上醉後體不快，悰乃獻醒酒鯖鮓一方而已。[9]

[1]豫章王嶷：蕭嶷。字宣儼。齊高帝蕭道成次子，武帝蕭賾二弟。本書卷四二、《南齊書》卷二二有傳。

[2]黄頷臛：黄頷蛇肉羹。黄頷蛇，一種無毒的大蛇。

[3]太子右率：官名。即太子右衛率。領精兵萬人，宿衛東宫，亦任征伐，地位頗重。宋五品。梁十一班。陳四品，秩二千石。

[4]鹵簿：引路隨從的侍衛。

［5］宣陽門：城門名。即六朝時都城建康南面正門，本名白門，南朝宋明帝時改此名（參見郭黎安《六朝建康城門考》，《江海學刊》1995 年第 2 期）。　行馬：本是戰争中的防禦器械，而後拓展了使用範圍到民用方面，成爲建築物門前或周圍的屏障設施。行馬內，即宫廷禁區之内（參見龐駿、張傑《晋宋建康城市空間管理制度》，《揚州大學學報》2006 年第 2 期）。

［6］祠部尚書：官名。尚書省六尚書之一，領祠部、儀曹二曹，掌宗廟禮儀。與尚書右僕射通職，不常置。陳三品，秩中二千石。

［7］芳林園：園名。在南朝齊京城建康（今江蘇南京市），早已不存。

［8］糉：《南齊書》卷三七《虞悰傳》作“扁米糉”，即粽子。

［9］鯖鮓：用醃魚製作的魚膾。

鬱林王立，兼大匠卿，[1]起休安陵，[2]於陵所受局下牛酒，坐免官。隆昌元年，[3]以白衣領職。鬱林廢，悰竊歎曰：“王、徐遂縛袴廢天子，[4]天下豈有此理耶？”延興元年，[5]領右軍。[6]明帝立，悰稱疾不陪位。帝使尚書令王晏齎廢立事示悰，[7]以悰舊人，引參佐命。悰謂晏曰：“主上聖明，公卿戮力，寧假朽老以匡贊惟新乎，不敢聞命。”因慟不自勝。朝議欲糾之，僕射徐孝嗣曰：“此亦古之遺直。”[8]衆議乃止。

［1］大匠卿：官名。官署爲將作寺，掌土木之工，地位相當於太僕。

［2］休安陵：陵墓名。南朝齊武穆皇后裴惠昭陵墓，在今江蘇丹陽市北趙家灣。

［3］隆昌：南朝齊鬱林王蕭昭業年號（494）。

［4］王、徐：指王晏和徐孝嗣。

［5］延興：南朝齊海陵王蕭昭文年號（494）。

［6］右軍：官名。即右軍將軍。與前軍、後軍、左軍將軍合稱四軍將軍，掌宫禁宿衛。員一人。宋四品。齊及梁初不詳。梁武帝天監七年（508）革選，右軍將軍九班。陳五品，秩千石。

［7］尚書令：官名。尚書省長官，參議大政，綜理政務。如置録尚書事，則爲其副貳，如闕録尚書事，則居宰相之位。魏、晋、南朝雖僅三品（梁稱十六班），實爲百官之長。陳升爲一品，位尊權重而常闕。

［8］此亦古之遺直：指直道而行、有古賢遺風的人。語出《左傳》昭公十四年："叔向，古之遺直也，治國制刑，不隱於親。"杜預注："言叔向之直，有古人遺風。"

悰稱疾篤還東，詔賜假百日。轉給事中、光禄大夫，尋加正員常侍，[1]卒。悰性敦實，與人知識，必相存訪，親疏皆有終始，世以此稱之。

［1］正員常侍：即有正式編制身份的散騎常侍。

胡諧之，豫章南昌人也。[1]祖廉之，書侍御史。[2]父翼之，州辟不就。

［1］南昌：縣名。治所在今江西南昌市。

［2］書侍御史：官名。即治書侍御史。監察文武官吏的官員，掌圖籍文書。魏晋南北朝爲御史中丞副貳，員二至四人，監察較高級官員，分領侍御史諸曹。南朝位望較輕。宋六品。梁六班。陳七品。

諧之仕宋爲邵陵王左軍諮議。[1]齊武帝爲江州，[2]以諧之爲别駕，[3]委以事任。

[1]邵陵王：劉友。字仲賢。宋明帝第七子。本書卷一四、《宋書》卷九〇有傳。

[2]江州：州名。治湓口城，在今江西九江市。

[3]别駕：官名。州刺史副官，刺史巡察轄區政務時，别駕别乘傳車從行，總領行部事務，故以别駕爲名。

建元二年，爲給事中、驍騎將軍。上方欲獎以貴族盛姻，以諧之家人語傒音不正，[1]乃遣宫内四五人往諧之家教子女語。二年後，帝問曰："卿家人語音已正未？"諧之答曰："宫人少，臣家人多，非唯不能得正音，遂使宫人頓成傒語。"帝大笑，徧向朝臣説之。

[1]傒：南朝對江右人的稱呼。

永明五年，爲左衛將軍，[1]加給事中。諧之風采瓌潤，善自居處，兼以舊恩見遇，朝士多與交游。六年，遷都官尚書。[2]上欲遷諧之，嘗從容謂曰："江州有幾侍中邪？"答曰："近世唯程道惠一人而已。"[3]上曰："當令有二。"後以語尚書令王儉，儉意更異，乃以爲太子中庶子，領左衛率。[4]

[1]左衛將軍：官名。南朝宋四品。齊高帝建元二年（480），詔與右衛將軍每晚留一人宿直宫中。梁十二班。陳三品，秩二

千石。

[2]都官尚書：官名。尚書省都官曹長官。掌都官、水部、庫部、論功四曹。南北朝置，皆三品（梁十三班）。

[3]程道惠：南朝宋武帝時官吏。宋少帝失德，徐羨之謀廢帝，時他位侍中，勸羨之立劉義恭，羨之未許。他與王韶之、中書舍人邢安泰、潘盛等結爲黨羽，嘗欲借徐羨之之意殺謝晦。元嘉間他位江夏内史，時得尋陽人書，言“朝廷將有大處分，其事已審”，他使其輔國府中兵參軍樂冏封此書示謝晦。

[4]左衛率：官名。即太子左衛率。

諧之有識具，每朝廷官缺及應遷代，密量上所用人，皆如其言。虞悰以此稱服之。既居權要，多所徵求。就梁州刺史范柏年求佳馬，[1]柏年患之，謂使曰：“馬非狗子，那可得爲應無極之求。”接使人薄，使人致恨歸，謂諧之曰：“柏年云，胡諧是何傒狗，無厭之求。”諧之切齒致忿。時王玄邈代柏年，[2]柏年稱疾推遷不時還。諧之言於帝曰：“柏年恃其山川險固，聚衆欲擅一州。”及柏年下，帝欲不問，諧之又言：“見獸格得而放上山。”於是賜死。

[1]梁州：州名。治南鄭縣，在今陝西漢中市東。

[2]王玄邈：字彦遠，太原祁（今山西祁縣）人。本書卷一六、《南齊書》卷二七有附傳。

十年，諧之轉度支尚書，[1]領衛尉。[2]明年卒，謚肅侯。

[1]度支尚書：官名。魏晋南北朝時爲尚書省度支曹長官。掌國家財用出納會計、事役、漕運、倉廩庫藏之政令。宋三品。梁十三班。陳三品，秩中二千石。

[2]衛尉：官名。戰國秦始置，爲管理宫禁宿衛的高級官員，九卿之一。西晋兼掌武庫、衛士、旅賁等令。南朝宋、齊掌宫禁及京城防衛。皆三品。南朝梁、陳、北齊改稱衛尉卿。

柏年本梓潼人，[1]土斷屬梁州華陽郡。[2]初爲州將，[3]劉亮使出都諮事，[4]見宋明帝。帝言次及廣州貪泉，[5]因問柏年："卿州復有此水不？"答曰："梁州唯有文川、武鄉，廉泉、讓水。"又問："卿宅在何處？"曰："臣所居廉讓之間。"帝嗟其善答，因見知。歷位内外，終於梁州刺史。

[1]梓潼：郡名。治梓潼縣，在今四川梓潼縣。

[2]土斷：東晋、南朝裁併僑置郡縣，整頓户籍之法。西晋末，中原喪亂，大批北方士民南下，政府以僑州、郡、縣加以安置。因僑州、郡、縣無一定實土，僑人受免除賦役之優待，而士族復廣占田園，蔭庇户口，使政府財政收入大減。爲改變此種情况，東晋成帝咸和中及咸康七年（341）先後行土斷，"實編户，王公已下皆正土斷白籍"，將户口編入所在郡縣户籍。桓温當政，於哀帝興寧二年（364）三月推行土斷法，檢括户口，史稱"庚戌土斷"。安帝義熙九年（413），劉裕再行土斷，諸僑置郡縣多被裁併。此後南朝各政權多次行土斷。至宋後廢帝元徽元年（473）八月，土斷的對象已不限於南渡僑民，而擴大到江南本土逃亡流寓人户。土斷之用意，在與豪門大族争奪民户，以擴大政府的賦役收入和兵源。　華陽：郡名。南朝宋僑置。治白馬城，在今陝西勉縣西北。

[3]州將：州刺史府統兵將領。

[4]劉亮：彭城（今江蘇徐州市）人。本書卷一七、《宋書》卷四五有附傳。

[5]廣州：州名。治番禺縣，在今廣東廣州市。　貪泉：古泉水名。在今廣東廣州市西。

虞玩之字茂瑶，會稽餘姚人也。祖宗，晋尚書庫部郎。[1]父玫，通直常侍。[2]

[1]尚書庫部郎：官名。庫部，管理武器、儀仗製造、收藏之政的機構。魏晋南朝爲尚書省所屬郎曹之一，設郎，南朝屬都官尚書。

[2]通直常侍：官名。通直散騎常侍，意與散騎常侍一様值守。通，相通，一様。梁武帝曾欲提高其地位，以比御史中丞，但終不被人所重。宋五品。齊及梁初品秩不詳。梁武帝天監七年（508）革選，通直散騎常侍十一班。陳四品，秩二千石。

玩之少閑刀筆，汎涉書史。仕宋爲烏程令。[1]路太后外親朱仁彌犯罪，[2]玩之依法案之。太后怨訴孝武，[3]坐免官。

[1]烏程：縣名。治所在今浙江湖州市。

[2]路太后：宋文帝妃路惠男。丹陽建康（今江蘇南京市）人。本書卷一一、《宋書》卷四一有傳。

[3]孝武：宋孝武帝劉駿。字休龍，小字道民。宋文帝第三子。本書卷二、《宋書》卷六有紀。

元徽中，爲尚書右丞。[1]齊高帝參政，與玩之書曰：

“張華爲度支尚書，[2]事不徒然。今漕藏有闕，吾賢居右丞，已覺金粟可積也。”玩之上表，陳府庫錢帛，器械役力，州縣轉多，興用漸廣，慮不支月。[3]朝議優報之。[4]高帝鎮東府，[5]朝廷致敬，玩之爲少府，猶躡屐造席。[6]高帝取屐親視之，訛黑斜鋭，[7]蒵斷以芒接之。[8]問曰：“卿此屐已幾載？”玩之曰：“初釋褐拜征北行佐買之，[9]著已三十年，[10]貧士竟不辦易。”高帝咨嗟，因賜以新屐。玩之不受。帝問其故，答曰：“今日之賜，恩華俱重，但蓍簪弊席，復不可遺，所以不敢當。”帝善之。拜驍騎諮議參軍。[11]霸府初開，[12]賓客輻湊，高帝留意簡接。玩之與樂安任遐俱以應對有席上之美，[13]齊名見遇。玩之遷黄門郎。

[1]尚書右丞：官名。尚書臺（省）佐官。掌尚書省庫藏廬舍、地方機構文書章奏，與左丞共掌省内庶務，監察百官。宋六品。梁八班。陳四品，秩六百石。

[2]張華：字茂先，范陽方城（今河北固安縣）人。《晉書》卷三六有傳。

[3]州縣轉多，興用漸廣，慮不支月：中華本作“所懸轉多，興用漸廣，慮不支歲月”，其校勘記云：“‘所懸’各本作‘州縣’，‘慮’各本脱去，據《南齊書》改補。按‘縣’‘懸’古今字，‘州’‘所’形近易訛。”

[4]優報：指上報褒美獎勵。

[5]東府：南朝時爲丞相兼領揚州刺史的治所，故址在今江蘇南京市内。

[6]躡屐：拖着木屐，形容不修邊幅。

[7]訛黑：變黑。　斜鋭：形容鞋穿久了變形。

[8]綦斷以芒接之：鞋帶斷了用茅草接上，形容艱苦節儉。綦，鞋帶。芒，茅草。

[9]征北行佐：官名。征北將軍府臨時書佐。征北將軍，與征南、征東、征西將軍合稱四征將軍，多爲持節都督，出鎮方面，地位顯要。宋三品，持節都督則進爲二品。齊及梁初不詳。梁武帝天監七年（508）革選，征北將軍二十三班。大通三年（529）改制，定二百四十二號三十四班將軍，又爲三十三班。陳擬二品，比秩中二千石。

[10]著已三十年：《南齊書》卷三四《虞玩之傳》作“二十年”。中華本校勘記云：“‘三十’《南齊書》作‘二十’，其告退表云：‘宋元嘉二十八年，爲王府行佐。’又據《齊高帝紀》：‘元徽五年七月，帝移鎮東府。’自元嘉二十八年至元徽五年，爲二十七年。”

[11]驍騎諮議參軍：官名。驍騎將軍府諮議參軍。驍騎將軍，雜號將軍。宋四品。梁武帝天監六年四月，置左、右驍騎將軍，陳仍分置左、右。

[12]霸府：指晋、南北朝時勢力强大、終成王業的藩王或藩臣的府署。

[13]樂安：郡名。東漢始置，治高苑縣，在今山東鄒平市東北。南朝宋移治千乘縣，在今山東廣饒縣北。　任遐：字景遠，樂安博昌（今山東博興縣）人。好學，有義行，兼與齊高帝蕭道成游處，爲褚淵、王儉等所親愛。官至御史大夫、金紫光禄大夫。東昏侯永元初卒。

先時，宋世人籍欺巧，及高帝即位，敕玩之與驃騎將軍傅堅意檢定之。建元二年，詔朝臣曰：“黄籍人之大綱，[1]國之政端。自頃甿俗巧僞，乃至竊注爵位，盗易年月，增損三狀，[2]貿襲萬端。[3]或户存而文書已絶，或人在而反託死叛，停私而云隸役，身强而稱六疾。[4]此皆政之巨蠹，教之深疵。若約之以刑，則人僞已遠，若綏之以德，則勝殘未易。諸賢並深明政體，各獻嘉謀。”玩之表言便宜，多見采納。於是朝廷乃别置校籍官，置令史，限人一日得數巧，以防懈怠。既連年不已，貨賄潛通，百姓怨望。

[1]黄籍：晋代和南北朝的户籍册，是朝廷徵收租税徭役的根據。因用黄紙書寫，故名。

[2]三狀：指户籍登記的基本内容，如性别、年齡、職業等。

[3]貿襲：指私下暗地更改。

[4]六疾：指六種常見疾病，即寒疾、熱疾、末（四肢）疾、腹疾、惑疾、心疾，亦泛指各種疾病。

富陽人唐寓之僑居桐廬，[1]父祖相傳圖墓爲業。寓之自云其家墓有王氣。山中得金印，轉相誑惑。永明二年冬，寓之聚黨，遂陷富陽。至錢唐僭號，[2]置太子。賊遂據郡，又遣僞會稽太守孫泓取山陰。[3]時會稽太守王敬則朝正，故寓之謂可乘虚而襲。泓至浦陽江，[4]而郡丞張思祖遣浹口戍主楊休武拒戰，大破之。朝廷遣禁兵東討，至錢唐，一戰便散，禽斬寓之。進兵平諸郡縣，臺軍乘勝，百姓頗被强奪。軍還，上聞之，收軍主、前軍將軍陳天福棄市。[5]天福善馬矟，[6]爲諸將法，上寵將也。既伏誅，内外莫不震肅。[7]

[1]富陽：縣名。治所在今浙江杭州市富陽區。　唐寓之：又

作唐寓、唐瑀。富陽（今浙江杭州市富陽區）人，僑居桐廬（今浙江桐廬縣）。以圖墓爲世業。

[2]錢唐：縣名。治所在今浙江杭州市。

[3]山陰：縣名。治所在今浙江紹興市。

[4]浦陽江：水名。錢塘江支流。在今浙江中部，源出浦江大園灣，北流經諸暨市至杭州市蕭山區入錢塘江。

[5]軍主：武官名。其名起於南朝宋，與隊主相對，大約領兵千名以上者稱軍主，千人以下者稱隊主。　前軍將軍：官名。掌宫禁宿衛。宋四品。梁九班。陳五品，秩千石。

[6]馬矟：矟，同"槊"，矛屬兵器。《釋名·釋兵》："矛長丈八尺曰矟，馬上所持，言其矟矟便殺也。"

[7]内外莫不震肅：馬宗霍《南史校證》云："按《南史》此段，見《南齊書·沈文季傳》，其文視此爲詳，延壽蓋自彼傳節録以入本傳。又'永明二年冬'彼傳作'三年冬'，'楊休武'彼傳作'湯休武'。《通鑑》卷一三六叙此事從《齊書》，而《齊書·武帝紀》叙在永明四年春正月，蓋寓之始亂在三年冬，亂平在四年春也。考肇亂之地在會稽，是時沈文季正爲會稽太守，故《齊書》入之沈傳。致亂之由，由於連年檢籍，百姓怨望，而虞玩之是被敕檢定簿籍，故《南史》移入虞傳耳，此等處延壽頗有斟酌，非漫爲移改者。《太平御覽》卷五五八《禮儀部》三七冢墓條二引此文前半段亦作永明二年冬，名稱《齊書》，實同《南史》。"（第748頁）

玩之以久宦衰疾，上表告退，許之。玩之於人物好臧否，[1]宋末，王儉舉員外郎孔逷使魏，[2]玩之言論不相饒，逷、儉並恨之。至是，玩之東歸，儉不出送，朝廷無祖餞者。中丞劉休與親知書曰：[3]"虞公散髮海隅，同古人之美，而東都之送，殊不藹藹。"

[1]於人物好臧否：喜歡評論別人的好壞。

[2]員外郎：官名。員外散騎侍郎。初爲正員之外添差之散騎常侍，後轉爲定員官，與散騎常侍、散騎侍郎、通直散騎常侍、通直散騎侍郎、員外散騎常侍合稱六散騎。梁十班。陳四品，秩二千石。　孔逷：會稽餘姚（今浙江餘姚市）人。好典故之學，宋順帝昇明中，爲齊臺尚書儀曹郎。與王儉至交，儉爲宰相，他曾謀議帷幄，多被信納。時人以他與何憲爲王儉之三公。本書卷四九、《南齊書》卷三四有附傳。

[3]中丞：官名。即御史中丞。南朝亦稱南司，御史臺長官，掌督察百官、奏劾不法，外督部刺史，内受公卿奏事。職權雖重，世族名士不樂爲之，第一流高門多不居此職。員一人。宋四品。齊及梁初不詳。梁武帝天監七年（508）革選，御史中丞十一班。陳三品，秩二千石。

玩之歸家數年卒，其後員外郎孔瑄就儉求會稽五官。儉方盥，投皁莢於地曰：[1]“卿鄉俗惡，虞玩之至死煩人。”[2]

[1]皁莢：又稱皂角。皂莢樹的果實，可去污垢，用於盥洗。

[2]煩人：令人厭惡。

劉休字弘明，沛郡相人也。[1]初爲駙馬都尉，[2]宋明帝居藩，休爲湘東國常侍，[3]不爲帝所知。襲祖南鄉侯。[4]友人陳郡謝儼同丞相義宣反，[5]休坐匿之，被繫尚方。[6]孝武崩乃得出。

[1]沛郡：郡名。治相縣，在今安徽濉溪縣西北。

[2]駙馬都尉：官名。漢朝爲侍從官員，皇帝出行時掌副車，名義上屬光禄勳。魏、晋、南朝宋、齊與奉朝請、騎都尉並號三都尉，多加予宗室、外戚、親近官員，無定員、無職掌。尚公主者多加此號。

[3]湘東：郡名。治臨烝縣，在今湖南衡陽市。宋明帝劉彧在藩時曾封爲湘東王。

[4]襲祖南鄉侯：南鄉，《資治通鑑》卷一四二《齊紀八》東昏侯永元元年胡三省注："南鄉城，順陽舊治也。"按，順陽縣治所在今河南淅川縣南。中華本作"襲祖封南鄉侯"，其校勘記云："'封'字各本並脱，據《南齊書》補。"

[5]陳郡：郡名。初治陳縣，在今河南周口市淮陽區，南朝宋移治項縣，在今河南沈丘縣。　謝儼：陳郡陽夏（今河南太康縣）人。孝建元年（454），擁南郡王劉義宣反孝武帝，事敗逃亡，爲友人劉休藏匿，明帝時，任征南參軍。　義宣：劉義宣。小字師護。宋武帝第六子。文帝元嘉元年（424）封竟陵王。本書卷一三、《宋書》卷六八有傳。

[6]尚方：指尚方獄。南朝時京師有廷尉獄和尚方獄，尚方獄屬少府，爲犯人拘繫勞役之所。

泰始初，諸州反，休素能筮，知明帝當勝，静處不預異謀。休之繫尚方也，尚方令吴喜愛其才，[1]後投吴喜，爲喜輔師府録事參軍。[2]喜進之明帝，得在左右，板桂陽王征北參軍。[3]

[1]尚方令：官名。尚方長官。魏晋南北朝省置不定。宋七品。梁一班。　吴喜：吴興（今浙江湖州市）人。本名吴公，宋明帝將其改爲喜。本書卷四〇、《宋書》卷八三有傳。

[2]輔師：官名。即輔師將軍。宋明帝泰始四年（468）改輔

國將軍置，後廢帝元徽二年（474）復稱輔國將軍。

[3]板：自行除用。南朝時，公府、軍府可自行除用屬官，將授官之詞寫在特製的木板上，故稱。

帝頗有好尚，尤嗜飲食。休多藝能，爰至鼎味，[1]莫不閑解，遂見親賞，長直殿内。後宫孕者，帝使筮其男女，無不如占。帝憎婦人妬，尚書右丞勞彦遠以善棋見親，婦妬傷其面，帝曰："我爲卿斷之，何如？"彦遠率爾從旨。[2]其夕，遂賜藥殺其妻。休妻王氏亦妬，帝聞之，賜休妾，敕與王氏二十杖。令休於宅後開小店，使王氏親賣皁莢掃箒，以此辱之。其見親如此。

[1]鼎味：指美味佳餚。

[2]率：汲古閣本同，殿本作"爾"。

尋除員外郎，領輔國司馬，[1]中書通事舍人，帶南城令。[2]後爲都水使者，[3]南康相。[4]善談政體，而在郡無異績。齊建元初，爲御史中丞。頃之啓言："宋世載記六十，[5]歷斯任者五十有三，校其年月，不過盈歲。於臣叨濫，[6]宜請骸骨。"四年，出爲豫章内史，卒。

[1]領：官制術語。兼職，一人數職中有一實授的主要官職，其餘爲别領的職務。　司馬：官名。軍府屬官，處理軍府事務。

[2]帶：官制術語。兼任。　南城：縣名。治所在今江西南城縣東南。

[3]都水使者：官名。管理河渠水位事務的官員。西漢不常置，或分設左、右，總領三輔都水官。東漢省。晋朝置爲都水臺長官，

四品。南朝宋初罷，尋復。梁、陳改置太舟卿。

[4]南康：郡名。治贛縣，在今江西贛州市西南。

[5]記：汲古閣本、殿本同，百衲本、中華本作“祀”。

[6]叨濫：謙辭，濫充之意。

宋末，造指南車，[1]高帝以休有思理，使與王僧虔對共監試。[2]又元嘉中，[3]羊欣重王子敬正隸書，[4]世共宗之，右軍之體微輕，[5]不復見貴。及休始好右軍法，因此大行云。

[1]指南車：用以指示方向的車。東漢張衡、三國魏馬鈞、南朝齊祖沖之皆有造指南車之事。其結構係通過差動輪系，使車上木人手臂始終指向南方。

[2]王僧虔：琅邪臨沂（今山東臨沂市）人。本書卷二二有附傳，《南齊書》卷三三有傳。

[3]元嘉：南朝宋文帝劉義隆年號（424—453）。

[4]羊欣：字敬元，泰山南城（今山東平邑縣）人。本書卷三六、《宋書》卷六二有傳。　王子敬：王獻之。字子敬，琅邪臨沂（今山東臨沂市）人。王羲之子，幼以家學淵源，擅長書畫。與其父俱以書法名世，世稱“二王”。有行書《鴨頭丸帖》等墨迹傳世。《晋書》卷八〇有附傳。

[5]右軍：王羲之。字逸少，琅邪臨沂（今山東臨沂市）人。王導侄。他於書法綜合各家所長，精研體勢，自成一家，後世尊爲“書聖”。《晋書》卷八〇有傳。

江祏字弘業，濟陽考城人也。[1]祖遵，寧朔參軍。[2]父德驎，司徒右長史。[3]

［1］濟陽：郡名。治濟陽縣，在今河南蘭考縣東北。

［2］寧朔參軍：官名。寧朔將軍府參軍。寧朔將軍，三國魏置，統兵出征。魏、晋、南朝宋皆四品。梁武帝天監七年（508）置寧遠將軍等五號將軍代此。

［3］司徒右長史：官名。司徒府屬吏。兩晋、南朝沿置，南朝司徒或置或缺，而左、右長史例置，統領諸曹，主持管理州郡農桑户籍、官吏考課。宋六品。齊及梁初不詳。梁武帝天監七年革選，司徒右長史十班。陳四品，秩千石。

祏姑爲齊高帝兄始建貞王道生妃，[1]追謚景皇后，生齊明帝。祏少爲明帝所親，恩如兄弟。明帝爲吴興，以祏爲郡丞。[2]後除通直郎，[3]補南徐州别駕。明帝輔政，委以腹心，引爲驃騎諮議參軍，領南平昌太守。[4]

［1］始建貞王道生妃：建，汲古閣本、殿本作“安”。始安貞王道生，即蕭道生。字孝伯，南蘭陵蘭陵（今江蘇常州市武進區）人。齊高帝蕭道成次兄。仕宋爲奉朝請，卒。齊高帝建元元年（479），追封始安貞王。本書卷四一、《南齊書》卷四五有傳。

［2］郡丞：官名。秦以後所置，專司輔佐郡守，邊遠的郡則設置長史，掌兵馬之權。

［3］通直郎：官名。即通直散騎侍郎。東晋元帝太興元年（318）使員外散騎侍郎與散騎侍郎通員當值，故名。職同散騎侍郎，地位頗高。後增至四人，屬散騎省。南朝屬集書省。梁六班。陳六品，秩千石。

［4］南平昌：郡名。東晋明帝時僑置。寄治京口城，在今江蘇鎮江市。南朝齊明帝時省。馬宗霍《南史校證》云：“按‘南平昌’《南齊書》本傳作‘南昌’。殿本《齊書考證》曰：‘按齊世無南昌太守之官。’據此，是當從《南史》也。檢宋齊《州郡志》南平昌

郡屬南徐州，其時南昌爲縣，隸江州豫章郡。洪頤煊《南齊書考異》亦謂：‘此當從《南史》作南平昌爲正。’”（第749—750頁）

時新立海陵，[1]人情未服，祏每説明帝以君臣大節，明帝轉顧而不言。明帝髀上有赤誌，常秘不傳，既而祏勸帝出以示人。晋壽太守王洪範罷任還，[2]上袒示之曰：“人皆謂此是日月相，卿幸無泄之。”洪範曰：“公日月在軀，如何可隱？轉當言之公卿。”上大悦。會直後張伯、尹瓚等屢謀竊發，[3]祏憂虞無計，每夕輒託事外出。及明帝入纂議定，[4]加祏寧朔將軍。

[1]海陵：齊海陵王蕭昭文。字季尚。文惠太子第二子。本書卷五、《南齊書》卷五有紀。

[2]晋壽：郡名。治晋壽縣，在今四川廣元市西南。

[3]直後：禁衛武官。　竊發：暗地向皇上告發。

[4]入纂：入朝繼承皇位，此指宣城王蕭鸞决定廢海陵王自立。

明帝爲宣城王，[1]太史密奏圖緯云：[2]“一號當得十四年。”[3]祏入，帝喜以示祏曰：“得此復何所望。”及即位，遷守衛尉，安陸縣侯。[4]祏祖遵以后父贈金紫光禄大夫，父德驎以帝舅亦贈光禄。

[1]宣城：郡名。治宛陵縣，在今安徽宣城市宣州區。

[2]太史：太史令的簡稱。屬太常，地位漸低。東漢以後，成爲專掌天文、曆法的機構名稱，稱署、局、臺。　圖緯：一種神學迷信。古代方士或儒生編造關於帝王受命徵驗的一類文字或圖畫，多爲隱語、預言。

[3]一號當得十四年：一號暗指蕭鸞，十四年指可做十四年皇帝。

[4]安陸：縣名。治所在今湖北安陸市。

建武二年遷左衛將軍，掌甲仗廉察。四年，轉太子詹事。[1]祏以外戚親要，權冠當時。魏軍南伐，明帝欲以劉暄爲雍州。[2]暄時方希内職，不願遠役，投於祏。祏謂明帝曰："昔人相暄得一州便躓，今爲雍州，儻相中乎。"上默然。俄召梁武帝謂曰："今使卿爲雍州，閫外一以相委。"祏既見任，遂遠致餉遺，或取諸王名書好物，然家行甚陸，[3]待子姪有恩。

[1]太子詹事：官名。省稱詹事。東宫屬官，總領東宫官屬、庶務。南北朝東宫地位極重，官屬齊備，擬於朝廷，時號宫朝。宋三品。齊及梁初不詳。梁武帝天監七年（508）革選，官品十八班，班多爲貴，太子詹事十四班。陳三品，秩中二千石。

[2]劉暄：字士穆，彭城（今江蘇徐州市）人。本書卷四七、《南齊書》卷四二有附傳。

[3]陸：汲古閣本、殿本、百衲本作"睦"。按，底本誤，應據諸本改。

永泰元年，明帝寢疾，轉祏侍中、中書令，[1]出入殿省。及崩，遺詔轉尚書左僕射，[2]祏弟衛尉祀爲侍中，皇后弟劉暄爲衛尉，與始安王遥光、徐孝嗣、蕭坦之等輔政。[3]誡東昏曰："五年中汝勿厝意，過此自覽，勿復委人。"及即位，祏參掌選事。明帝雖顧命群臣，而意寄多在祏兄弟，至是更直殿内，動止關諮。

[1]中書令：官名。中書省長官，掌皇帝命令的發布，位高權重。東晋以後，中書出令權或歸他省，或歸侍郎、舍人，中書令漸成閑職，僅掌文章之事。南北朝多爲三品，南朝梁明定令低於監，十三班。

[2]尚書左僕射：官名。尚書省次官，尚書令副佐。南朝時尚書令爲宰相之任，位尊權重，不親庶務，員皆一人。宋三品。齊及梁初不詳。梁武帝天監七年（508）革選，尚書左僕射十五班。陳二品，秩中二千石。馬宗霍《南史校證》謂："按'左'《南齊書》本傳作'右'。檢《齊書·武帝紀》，'右'字是也。《南史·齊本紀》亦作'右僕射'。本傳作'左'，蓋傳寫之訛，元刊本《南史》誤同。"（第750頁）

[3]始安王遥光：蕭遥光。字元暉，南蘭陵蘭陵（今江蘇常州市武進區）人。蕭鳳子，襲爵始安王。本書卷四一有傳，《南齊書》卷四五有附傳。　蕭坦之：字君平，南蘭陵蘭陵（今江蘇常州市武進區）人。蕭欣祖子。本書卷四一、《南齊書》卷四二有傳。

永元元年，[1]領太子詹事，劉暄遷散騎常侍、右衛將軍。[2]帝稍欲行意，徐孝嗣不能奪。蕭坦之雖時有異同，而祏堅意執制，帝深忌之。孝嗣謂祏曰："主上稍有異同，詎可爲相乖反？"祏曰："但以見付，必無所憂。"左右小人會稽茹法珍、吴興梅蟲兒、東海祝靈勇、東冶軍人俞靈韻、右衛軍人豐勇之等，[3]並爲帝所委任。祏常裁折之，群小切齒。

[1]永元：南朝齊東昏侯蕭寶卷年號（499—501）。

[2]右衛將軍：官名。負責宫禁宿衛，是中央禁衛軍的主要將領。員一人。南朝後期，亦曾領兵出征。齊高帝建元二年（480），

詔與左衛將軍每晚留一人宿直宫中。宋四品。梁十二班。陳三品，秩二千石。

［3］茹法珍：會稽（今浙江紹興市）人。南朝齊東昏侯寵臣。東昏侯時爲制局監，甚見愛幸。本書卷七七有傳。　梅蟲兒：吴興（今浙江湖州市）人。南朝齊東昏侯寵臣。與茹法珍並爲制局監，俱見寵幸。本書卷七七有附傳。　東海：郡名。即南東海郡。東晋僑置，南朝齊治京口城，在今江蘇鎮江市。　祝靈勇：南朝齊東昏侯時官吏。爲東昏侯親信，佐成昏亂之政。梁武帝平建鄴（今江蘇南京市），被誅。　俞靈韻：南朝齊東昏侯寵臣。初爲東冶營兵，後爲媒翳隊主。爲東昏侯所親，呼爲“阿兄”。　豐勇之：南朝齊時官吏。爲東昏侯時御刀。永元三年，蕭衍起兵，長圍京師，分軍從西上閤入後宫，他爲内應，終使東昏被殺。

帝失德既彰，祏議欲立江夏王寶玄。[1]劉暄初爲寶玄郢州行事，[2]執事過刻。有人獻馬，寶玄欲看之，暄曰：“馬何用看。”妃索煮肫，帳下諮暄，暄曰：“旦已煮鵝，不煩復此。”寶玄恚曰：“舅殊無渭陽之情。”暄聞之亦不悦。至是不同祏議，欲立建安王寶夤。[3]密謀於遥光，遥光自以年長，屬當鼎命，微旨動祏。祏弟祀以少主難保，勸祏立遥光。暄以遥光若立，己失元舅之望，不肯同。故祏遲疑久不決。遥光大怒，遣左右黄曇慶於青溪橋道中刺殺暄。[4]曇慶見暄部伍人多，不敢發。事覺，暄告祏謀，帝處分收祏兄弟。祀時直在殿内，[5]疑有異，遣信報祏曰：“劉暄似有謀，今作何計？”祏曰：“政當静以鎮之。”俄而召祏入見，停中書省。[6]先是，直齋袁文曠以王敬則勳當封，[7]祏執不與。帝使文曠取祏，以刀環築其心，曰：“復能奪我封不？”祏、祀同日見殺。祏任寄雖重，而不忘財利，論者以此少之。

[1]江夏王寶玄：蕭寶玄。字智深。齊明帝蕭鸞第三子。明帝建武元年（494），封爲江夏王。本書卷四四、《南齊書》卷五〇有傳。

[2]郢州：州名。治夏口城，在今湖北武漢市武昌區。

[3]建安王寶夤：蕭寶寅。字智亮。齊明帝第六子。初封建安郡王，後改封爲鄱陽王。本書卷四四、《南齊書》卷五〇有傳。

[4]青溪：地名。三國吴赤烏四年（241）在建業（今江蘇南京市）城東南鑿東渠，稱爲清溪。發源於南京市鍾山西南，屈曲穿過今南京流入秦淮河，後世也稱爲九曲青溪。南朝時爲首都漕運要道，溪上設栅，爲防守要地。今已多堙。

[5]祀時直在殿内：直，汲古閣本、殿本無。

[6]中書省：中國古代中樞官署之名，爲秉承君主意旨，掌管機要，發布皇帝詔書、中央政令的最高機構。長官爲中書令、監。

[7]直齋：官名。南北朝時值殿内齋閣者。

祏等既誅，帝恣意遊走，單騎奔馳，謂左右曰："祏常禁吾騎馬，小子若在，吾豈能得此。"因問祏親親餘誰，答曰："江祥今猶在也。"[1]乃於馬上作敕，賜祥死。

[1]江祥：濟陽考城（今河南民權縣）人。江祏子。　在也：馬宗霍《南史校證》云："按'在也'之'也'，元刊本《南史》作'冶'，是。在冶者，祏兄弟被誅時，獨祥免死配東冶，冶乃當時囚徒勞作之所，然則'今猶在冶'猶言今尚在獄中也，殿本作'也'傳寫涉音同而誤。《南齊書》本傳無此段，《通鑑》卷一四二采之，'親親'作'親戚'。"（第751頁）

祀字景昌，位晋安王鎮北長史,[1]南東海太守，行府州事。祀弟禧，早卒。有子廞字偉卿，年十二,[2]聞收至，謂家人曰:“伯既如此，無心獨存。”赴井死。

[1]晋安王：蕭寶義。字智勇，齊明帝庶長子。自幼聾啞，封晋安王。本書卷四四、《南齊書》卷五〇有傳。晋安，郡名。治候官縣，在今福建福州市。　鎮北長史：官名。即鎮北將軍府長史。鎮北將軍，官名。南朝宋時與鎮東、鎮南、鎮西將軍合稱四鎮將軍，多爲持節都督，出鎮方面，權勢頗重。梁、陳列爲八鎮將軍之一。宋三品。齊及梁初不詳。梁武帝天監七年（508）革選，鎮北將軍二十二班。大通三年（529）改制，鎮北將軍三十二班。陳擬二品，比秩中二千石。

[2]年十二：二，殿本同，汲古閣本作“三”。

劉暄字士穆，彭城人。[1]及聞祏等戮，眠中大驚，投出户外。問左右:“收至未?”良久意定，還坐，大悲曰:“不念江，行自痛也。”

[1]彭城：郡名。治彭城縣，在今江蘇徐州市。

遥光事起，以討暄爲名。事平，暄遷領軍將軍,[1]封平都縣侯。[2]其年，茹法珍、梅蟲兒、徐世摽譖暄有異志。[3]帝曰:“領軍是我舅，豈應有此?”世摽曰:“明帝是武帝同堂，恩遇如此，尚滅害都盡，舅復焉可信。”乃誅之。

[1]領軍將軍：官名。南朝掌禁衛軍及京都諸軍，爲禁衛軍最

高統帥。宋三品。齊及梁初不詳。梁武帝天監七年（508）革選，釐定官品十八班，班多爲貴，領軍將軍十五班。陳三品，秩中二千石。

[2]平都：縣名。治所在今江西安福縣東南。

[3]徐世摽：新蔡（今河南新蔡縣）人。齊東昏侯寵臣，歷任殿内主帥、直閣驍騎將軍，凡東昏侯諸殺戮，皆其用命。後有異志，爲東昏侯所殺。本書卷七七有附傳。摽，百衲本同，汲古閣本、殿本作“標”。

暄爲人性軟弱，當軸居政，每事讓江祏，群弟不得進官。死之日，皆怨之。

和帝中興元年，[1]贈祏衛將軍，暄散騎常侍、撫軍將軍，[2]並開府儀同三司，祀散騎常侍、太常卿。[3]

[1]和帝：南朝齊和帝蕭寶融。字智昭，齊明帝第八子。本書卷五、《南齊書》卷八有紀。　中興：南朝齊和帝蕭寶融年號（501—502）。

[2]撫軍將軍：官名。南朝宋三品。齊時在四征將軍上。

[3]太常卿：官名。掌宗廟、祭祀、禮樂、賓客、車輿、天文、學校、陵園等事，官居清要，職務繁重。梁正式定名太常卿，爲十二卿之一，然亦常省稱爲太常。宋三品，品級不詳。梁十四班。陳三品，秩中二千石。

論曰：“君老不事太子”，義烈之遺訓也，欲夫專心所奉，在節無二。伯玉始遵其事，旋及誅夷，有以驗“行之惟艱”，且知齊武之非弘量矣。高帝作牧淮、兖，將興霸業，崔、蘇睹微知著，[1]自同奔走。虞悰筒餌之恩，諧之心腹之寄，並得攀光日月，亦各時運之所躋乎。玩之臧否之尤，著在懸車之日，[2]是知嗣宗所誡，[3]蓋亦遠有致乎。江祏立辟非時，竟蹈龍逢之血，“人之多僻”，蓋詩人所深懼也。

[1]崔、蘇：指崔祖思、蘇侃。

[2]懸車：指致仕。

[3]知：殿本同，汲古閣本作“以”。

南史　卷四八

列傳第三十八

陸澄　陸慧曉 子倕 孫繕[1] 兄子閑 閑子絳 絳弟厥 厥弟襄[2] 襄兄子雲公 雲公子瓊 瓊子從典 瓊從父弟琰 琰弟瑜 瑜從兄玠[3] 從弟琛[4]　陸杲 子罩

[1]孫繕：汲古閣本同，殿本無。

[2]閑子絳 絳弟厥 厥弟襄：按，此處序陸閑子長幼順序爲絳、厥、襄，而正文序陸閑四子長幼順序爲厥、絳、完、襄。據正文內容及《梁書》卷二七《陸襄傳》“（閑）第二子絳”語，應以後者爲是。

[3]瑜從兄玠：汲古閣本同，殿本作“瑜從父兄玠”。

[4]從弟琛：汲古閣本同，殿本作“瑜從父弟琛”。按，應從目録體例加主語改作“瑜從弟琛”。

陸澄字彦深，[1]吴郡吴人也。[2]祖劭，[3]臨海太守。[4]父瑗，州從事。[5]

[1]陸澄：《南齊書》卷三九亦有傳。　彦深：《南齊書·陸澄傳》作“彦淵”，本書避唐高祖李淵諱改“淵”爲“深”。

[2]吴郡：郡名。治吴縣，在今江蘇蘇州市。

[3]劭：《南齊書·陸澄傳》作“邵”。

[4]臨海：郡名。治章安縣，在今浙江台州市椒江區章安街道。

[5]州從事：官名。州部屬吏，由長官自行辟除，主管督促文書，察舉非法。

澄少好學，博覽無所不知，行坐眠食，手不釋卷。宋泰始初，[1]爲尚書殿中郎，[2]議皇后諱班下應依舊稱姓。[3]左丞徐爰案司馬孚議皇后，[4]《春秋》“逆王后于齊”，[5]並不言姓。澄以意立議，坐免官，白衣領職。[6]

[1]泰始：南朝宋明帝劉彧年號（465—471）。

[2]尚書殿中郎：官名。亦稱尚書殿中曹郎。尚書省諸曹郎之一，隸尚書左僕射。掌宫廷禮樂等事，常擬詔書，多用文學之士。宋六品。齊官品不詳。梁侍郎六班、郎中五班。陳四品，秩六百石。

[3]議：論事，陳述意見。　諱：古時稱死去的皇帝或尊長的名字。　班下：頒布施行。《南齊書》卷三九《陸澄傳》作“下外”。

[4]左丞：官名。此爲尚書左丞。南朝爲尚書省佐官，位次尚書，與右丞共掌尚書都省庶務，率諸都令史監督稽核諸尚書曹、郎曹政務，督録近道文書章奏；監察糾彈尚書令、僕射、尚書等文武百官，號稱“監司”；分管宗廟祠祀、朝儀禮制、選授官吏等文書奏事，職權甚重。宋六品。齊及梁初不詳。梁武帝天監七年（508）革選，釐定官品十八班，班多爲貴，尚書左丞九班。陳四品，秩六百石。按，丁福林《南齊書校議》云:“據《宋書·恩倖傳》，徐爰所任乃兼左丞，此云‘左丞’者，非是。”（中華書局2010年版，第267頁）　徐爰：字長玉，南琅邪開陽（今江蘇常州市武進區）

人。東晋末，從劉裕北伐。後仕宋，文帝時，遷尚書左丞。本書卷七七、《宋書》卷九四有傳。　案：考查，研求。　司馬孚：字叔達，河内温（今河南温縣）人，司馬懿弟。晋建立後封安平王。初魏明帝悼后崩，議書銘旌，或欲去姓而書魏，或欲兩書，孚以爲："經典正義，皆不應書……天稱皇天，則帝稱皇帝；地稱后土，則后稱皇后。此乃所以同天地之大號，流無二之尊名，不待稱國號以自表，不俟稱氏族以自彰。"《晋書》卷三七有傳。按，"左丞徐爰案司馬孚議皇后"，《南齊書・陸澄傳》作"左丞徐爰案司馬孚議皇后不稱姓"，多"不稱姓"三字，意更明確。

［5］《春秋》"逆王后于齊"：語見《左傳》襄公十五年："官師從單靖公逆王后于齊。"逆，迎娶。王后，指周王后，姓姜。齊，指齊國。

［6］白衣領職：對有過失官員的一種行政處罰方式。南朝官服爲黑色，俗稱烏衣，白衣指無官職的人。時官員因過誤被削除官職者，可以以白衣領原職，即帶過履職考察，期滿自新者可重新穿起官服，否則正式免職。

郎官舊坐杖，［1］有名無實，澄在官積前後罰凡至千數。［2］後兼左丞。［3］

［1］郎官：中郎、侍郎、郎中等官職的泛稱。　坐杖：指因犯過錯而受杖罰。

［2］澄在官積前後罰凡至千數：《南齊書》卷三九《陸澄傳》作"澄在官積前後罰，一日并受千杖"，較爲誇張，似不合理。

［3］兼：官制術語。即以本官正職兼任、兼行或兼領其他官職。南朝時，或於正式任命某職之前，先授予兼某職之名義，意即試某職。

泰始六年，詔皇太子朝服衮冕九章，[1]澄與儀曹郎丘仲起議：[2]“服冕以朝，實著經文，秦除六冕，[3]漢明還備。[4]魏、晋以來，不欲令臣下服衮冕，故位公者加侍官。[5]今皇太子禮絶群后，[6]宜遵聖王盛典，革近代之制。”累遷御史中丞。[7]

[1]朝服：君臣於朝會、舉行典禮時所穿服裝。　衮冕九章：繪有九種圖案的禮服和禮冠，係周代六種冕服中的一種，歷代沿襲，略有更改。《周禮·春官·司服》：“（王）享先王則衮冕。”鄭玄注：“冕服九章，登龍於山，登火於宗彝，尊其神明也。九章，初一曰龍，次二曰山，次三曰華蟲，次四曰火，次五曰宗彝，皆畫以爲繢；次六曰藻，次七曰粉米，次八曰黼，次九曰黻，皆希以爲繡；則衮之衣五章，裳四章，凡九也。”天子衮冕十二旒，每旒十二玉。公衮冕九旒，每旒九玉。按，南朝宋皇太子朝賀服衮冕九章事，詳見《宋書·禮志五》。

[2]澄與儀曹郎丘仲起議：按，丁福林《南齊書校議》云：“《宋書·禮志五》此議乃專作陸澄所云，儀曹郎丘仲起議則另見而大要與陸澄議同。”（第268頁）儀曹郎，官名。南朝時爲尚書省儀曹長官通稱，尚書省祠部尚書屬官。亦稱郎中，資深者可轉侍郎。掌吉凶禮制。宋六品。齊及梁初不詳。梁武帝天監七年（508）革選，釐定官品十八班，班多爲貴，儀曹侍郎六班，儀曹郎中五班。陳四品，秩六百石。　丘仲起：字子震，吴興（今浙江湖州市）人。歷仕南朝宋、齊，清廉自立，官至廷尉。本書卷三六、《南齊書》卷五三有附傳。

[3]秦除六冕：指秦朝革除“六冕”古禮制一事。六冕，六種冕服。《周禮·春官·司服》：“王之吉服，祀昊天上帝，則服大裘而冕，祀五帝亦如之；享先王則衮冕；享先公、饗射則鷩冕；祀四望山川則毳冕；祭社稷五祀則希冕；祭群小祀則玄冕。”

[4]漢明還備：漢明帝恢復了古禮制。漢明，東漢明帝劉莊。光武帝第四子。《後漢書》卷二有紀。

[5]故位公者加侍官：所以官至公者配備侍中一類從官。意謂侍官侍從生活起居，掌御用乘輿服物，避免公逾越禮制。

[6]皇太子禮絶群后：指皇太子之禮應超過各諸侯王。后，古代指列國諸侯，這裏指分封的宗藩諸王。

[7]御史中丞：官名。南朝亦稱南司，御史臺長官，掌督察百官、奏劾不法，外督部刺史，内受公卿奏事。職權雖重，世族名士不樂爲之，第一流高門多不居此職。員一人。宋四品。齊及梁初不詳。梁武帝天監七年（508）革選，釐定官品十八班，班多爲貴，御史中丞十一班。陳三品，秩二千石。

齊建元元年，[1]驃騎諮議沈憲等家奴客爲劫，[2]子弟被劾，[3]憲等晏然。[4]左丞任遐奏澄不糾，[5]請免澄官。上表自理，[6]言舊例無左丞糾中丞之義。詔外詳議。[7]尚書令褚彦回檢宋以來左丞糾正而中丞不糾免官者甚衆，[8]奏澄“謏聞膚見，[9]貽撓後昆，[10]上掩皇明，下籠朝議。請以見事免澄所居官”。詔澄以白衣領職。

[1]建元：南朝齊高帝蕭道成年號（479—482）。

[2]驃騎諮議：官名。驃騎將軍府諮議參軍。諮議參軍，亦稱諮議參軍事，所在府署屬官，掌諷議。南朝王府、丞相府、公府、位從公府、州軍府皆有置，但無定員，亦不常置，職掌不定。其位甚尊，在列曹參軍上，州所置者常帶大郡太守，且有越次行府州事者。品級皆隨府主地位高下而定。宋七品。齊及梁初不詳。梁武帝天監七年（508）革選，釐定官品十八班，班多爲貴，諮議參軍六班至九班。陳七品至五品。驃騎將軍，南朝爲重號將軍，僅作爲軍府名號加授大臣、重要地方長官，無具體職掌。宋二品，開府者位

從公一品。齊及梁初不詳。天監七年革選，釐定將軍名號及班品，有一百二十五號十品二十四班，班多爲貴，驃騎將軍二十四班。陳一品。　沈憲：字彦璋，吴興武康（今浙江德清縣）人。歷仕南朝宋、齊，所在郡縣，皆有政績，被列爲良吏。本書卷三六有附傳，《南齊書》卷五三有傳。　家奴客：私家奴隸。　爲劫：做强盜。

[3]被劾：被揭發罪狀。

[4]晏然：安定，閑適，泰然自若，像什麽都没發生的樣子。

[5]任遐：字景遠，樂安博昌（今山東博興縣）人，任昉伯父。歷仕宋、齊，官至御史中丞、金紫光禄大夫。事見本書卷五九《任昉傳》、《南齊書》卷三四《虞玩之傳》。

[6]上表自理：呈上奏章自我辯解。《南齊書》卷三九《陸澄傳》有上表自辯詳文。

[7]外：泛指朝臣。

[8]尚書令：官名。南朝宋爲尚書省長官，綜理全國政務，出居外朝，成爲高級政務長官，參議大政。如録尚書事缺，則兼有宰相之名義。齊録尚書事定爲官號，成爲尚書省長官，令爲其副貳。梁罷録尚書事，遂復爲尚書省長官，正式成爲最高政務長官，居宰相之位，雖低於諸公、開府儀同三司，實爲百官之長。陳位尊權重，遂常缺，以僕射主省務。宋三品。齊及梁初不詳。梁武帝天監七年革選，釐定官品十八班，班多爲貴，尚書令十六班。陳一品，秩中二千石。　褚彦回：褚淵。字彦回，河南陽翟（今河南禹州市）人。宋明帝時任吏部尚書，明帝卒，遺詔與尚書令袁粲輔政。後助蕭道成建齊，官至尚書令、司空。本書卷二八有附傳，《南齊書》卷二三有傳。

[9]謏（xiǎo）聞膚見：孤陋寡聞，見識淺薄。謏，小。《玉篇・言部》："謏，小也。"

[10]貽：留下。　後昆：子孫後代。

永明元年，[1]累遷度支尚書，[2]尋領國子博士。[3]尚書令王儉謂之曰：[4]"昔曹志、繆悦爲此官，[5]以君係之，始無慙德。"[6]儉嘗問澄曰："崇禮門有鼓而未嘗鳴，[7]其義安在？"答曰："江左草創，[8]崇禮闥皆是茅茨，[9]故設鼓，有火則扣以集衆，相傳至今。"又與儉書陳："王弼注《易》，[10]玄學之所宗。[11]今若弘儒，鄭注不可廢。[12]并言《左氏》杜學之長。[13]《穀梁》舊有麋信，[14]近益以范甯，[15]不足兩立。世有一《孝經》，題爲鄭玄注，觀其用辭，不與注書相類。案玄自序所注衆書，亦無《孝經》。且爲小學之類，[16]不宜列在帝典。"[17]儉答曰："《易》體微遠，實貫群籍，豈可專據小王便爲該備，[18]依舊存鄭，高同來説。元凱注傳，[19]超邁前儒，《穀梁》小書，無俟兩注。存麋略范，率由舊式。[20]凡此諸議，並同雅論。疑《孝經》非鄭所注，僕以此書明百行之首，[21]實人倫所先，《七略》《藝文》並陳之六藝，[22]不與《蒼頡》《凡將》之流也。[23]鄭注虛實，前代不嫌，意謂可安，仍舊立置。"

[1]永明：南朝齊武帝蕭賾年號（483—493）。

[2]度支尚書：官名。尚書省度支曹長官，尚書省諸尚書之一。領度支、金部、倉部、起部四曹，掌全國貢税租賦統計、調撥、支出事。宋三品。齊及梁初不詳。梁武帝天監七年（508）革選，釐定官品十八班，班多爲貴，度支尚書十三班。陳三品，秩中二千石。

[3]領：官制術語。指正職以外兼領、暫攝别的官職。凡以高官而攝卑職稱領；以卑官行高職亦稱領，甚至以白衣領某職；受任

可稱領；未經期命，自爲署置亦可稱領。此爲已有實授之職，又兼任較低職務。　國子博士：官名。西晋武帝時立國子學，長官爲國子祭酒，下置國子博士一員，以教授生徒儒學，並備政治咨詢、祭典顧問。取履行清淳、通明典義者爲之，地位高於太學博士。南朝於國子學中沿置，常二員。宋六品。齊及梁初不詳。梁武帝天監七年革選，釐定官品十八班，班多爲貴，國子博士九班。陳四品，秩千石。

［4］王儉：字仲寶，琅邪臨沂（今山東臨沂市）人。歷仕南朝宋、齊，官至尚書令，總理政務。長於禮學，熟悉朝儀，齊初制度多爲其制定。本書卷二二有附傳，《南齊書》卷二三有傳。

［5］曹志：字允恭，譙國譙（今安徽亳州市）人。三國魏陳思王曹植子，入晋曾任國子博士，不以政事爲意，以聲色自娱。《晋書》卷五〇有傳。

［6］慙德：德行有缺陷，不圓滿。

［7］崇禮門：宫門名。南朝建康宫城内尚書省分上省、下省兩個院落，上省在西，其門爲崇禮門，下省在東，其門爲建禮門。周一良認爲："崇禮一詞，南朝史籍屢見"，其多指尚書省，"尚書省諸曹中，吏部最爲貴要，故南朝文獻中有時以崇禮代表吏部"（《魏晋南北朝史札記》，中華書局 1985 年版，第 162—163 頁）。

［8］江左：即江東。指長江下游以東地區。因自北方視之，江東在左，江西在右，故稱。東晋及南朝宋、齊、梁、陳各代的基業都在江左，故當時人又稱此五朝及其統治下的全部地區爲江左，南朝人則專稱東晋爲江左。

［9］崇禮闥：即崇禮門。《廣雅・釋宫》："闥，謂之門。"

［10］王弼：字輔嗣，山陽（今河南焦作市）人。幼聰慧負盛名，好論儒道，注《周易》《老子》，並著《道略論》，與何晏、夏侯玄等開玄學清談之風。官至曹魏尚書郎，齊王芳正始末，司馬氏專權，廢曹爽，弼以公事免。其事見《三國志》卷二八裴松之注。

［11］玄學：魏晋時代，何晏、王弼等發揮道家老、莊思想，融

合《周易》等儒家經義而形成的一種思潮。因爲談論玄虚的道理，故稱。

[12]鄭：鄭玄。字康成，北海高密（今山東高密市）人。東漢著名經學大家，以古文經學爲主，兼采今文經説，自成一家，號稱“鄭學”。注《周易》《尚書》《毛詩》《儀禮》《論語》等。《後漢書》卷三五有傳。

[13]杜：杜預。字元凱，京兆杜陵（今陝西西安市長安區）人。初仕曹魏爲尚書郎，入晋官至鎮南大將軍，後從荆州發兵平吴，以功封縣侯。曉音律、曆法、經學、法律、軍事，擅文章，著有《二元乾度曆》《春秋左氏經傳集解》《春秋長曆》等，自謂有“《左傳》癖”。《晋書》卷三四有傳。按，“并言《左氏》杜學之長”，馬宗霍《南史校證》引李慈銘《南史札記》云：“澄意本欲兼存賈、服，非僅稱杜學之長。”（湖南教育出版社 2008 年版，第 753 頁）

[14]《穀梁》：戰國穀梁赤所撰，爲春秋三傳之一。晋范甯作集解，唐楊士勛爲之疏。　麋信：身世不詳。唐楊士勛《春秋穀梁傳注疏序》：“釋《穀梁傳》者雖近十家。”陸德明《經典釋文》：“‘近十家’者，魏晋已來注《穀梁》者有尹更始、唐固、麋信、孔演、江熙、程闡、徐仙民、徐乾、劉瑶、胡訥之等。”知麋信爲魏晋時人。

[15]范甯：字武子，南陽順陽（今河南淅川縣）人。崇儒學，反對王弼、何晏的玄學。以《穀梁》無善釋，深研多年，著《春秋穀梁傳集解》。《晋書》卷七五有附傳。

[16]小學：此指蒙學教材。《東觀漢記》記漢順帝劉保“幼有簡厚之質……始入小學，誦《孝經》章句”，崔寔《四民月令》記冬十一月“硯水凍，命幼童讀《孝經》《論語》篇章，入小學”，可知《孝經》爲幼童啓蒙教育讀物。

[17]帝典：皇家經典。儒家著作被尊爲“經”，是漢以來歷代皇帝所爲，故稱。

［18］小王：指王弼。　該備：完備。

［19］元凱：即杜預。

［20］“《穀梁》小書”至“率由舊式”：馬宗霍《南史校證》云：“按此王儉答書語也。李慈銘《南史札記》曰：‘案《南齊書》，澄書言《穀梁》太元舊有糜信注，顔延之爲祭酒，益以范寧，糜猶如故，恐不足兩立。必謂范善，便當除糜，是澄意本去糜存范，而儉意反之。’”（第754頁）

［21］百行：指各種品德、行爲。

［22］《七略》：漢劉歆著，中國最早的圖書目録分類著作。《漢書·藝文志序》：“歆於是總群書而奏其《七略》，故有《輯略》、有《六藝略》、有《諸子略》、有《詩賦略》、有《兵書略》、有《術數略》、有《方技略》。”　《藝文》：指《漢書·藝文志》。　六藝：即《六經》。

［23］《蒼頡》：指《蒼頡篇》。古代字書。《漢書·藝文志》：“《蒼頡》一篇，上七章，秦丞相李斯作。”　《凡將》：指《凡將篇》。古代字書。漢司馬相如撰。《説文》常引其説。已佚，現有清任大椿《小學鉤沉》、馬國翰《玉函山房輯佚書》本。

儉自以博聞多識，讀書過澄。澄謂曰：“僕少來無事，[1]唯以讀書爲業；且年位已高。今君少便鞅掌王務，[2]雖復一覽便諳，[3]然見卷軸未必多僕。”[4]儉集學士何憲等盛自商略，[5]澄待儉語畢，然後談所遺漏數百千條，[6]皆儉所未覩。儉乃歎服。儉在尚書省，出巾箱、几案、雜服飾，[7]令學士隸事，[8]事多者與之，人人各得一兩物。澄後來，更出諸人所不知事，復各數條，并舊物奪將去。

[1]僕：第一人稱謙稱。

[2]今君：中華本作“令君”，其校勘記云：“‘令’各本作‘今’，據《南齊書》改。按王儉爲尚書令，故稱令君。”按，中華本是。　鞅掌：謂職事紛擾煩忙。語出《詩·小雅·北山》：“或栖遲偃仰，或王事鞅掌。”毛亨傳：“鞅掌，失容也。”孔穎達疏：“傳以鞅掌爲煩勞之狀，故云失容，言事煩鞅掌然，不暇爲容儀也。今俗語以職煩爲鞅掌。”　王務：朝廷公事。

[3]諳：熟記，精通。

[4]卷軸：泛指書籍。

[5]何憲：字子思，廬江灊（今安徽霍山縣）人。以强學見知，曾爲南朝齊揚州別駕、國子博士，武帝永明年間出使北魏。與孔逷均見知於尚書令王儉，時人呼二人爲“王儉三公”。本書卷四九、《南齊書》卷三四有附傳。

[6]然後談所遺漏數百千條：中華本改“千”作“十”，其校勘記云：“‘十’各本作‘千’，據《通志》改。”按，中華本是。

[7]巾箱：古代用以放置頭巾或文件、書卷的小箱子。　几案：一種矮小的桌子，也用以餽贈。以上二注參朱家平《〈南史〉標點瑣議》（《北京教育學院學報》2003年第4期）。

[8]隸事：拿出一些物品，讓人説出與這些物品相關的典故。本書卷四九《王諶傳》：“尚書令王儉嘗集才學之士，總校虛實，類物隸之，謂之隸事，自此始也。”

轉散騎常侍，[1]秘書監，[2]吴郡中正，[3]光禄大夫，[4]加給事中，[5]尋領國子祭酒。[6]竟陵王子良得古器，[7]小口方腹而底平，可容七八升，[8]以問澄。澄曰：“此名服匿，單于以與蘇武。”[9]子良詳視器底有字，彷彿可識，如澄所言。

［1］轉：官制術語。官吏調任曰轉。指轉任與原品秩相同的其他官職，或同職而調换任所，並無升級或降職之意。　散騎常侍：官名。初爲散騎省長官，侍從皇帝左右，諫諍得失，顧問應對，與侍中等共平尚書奏事。亦常用作宰相、諸公等加官。南朝出令之權復歸中書省，並撤銷散騎省，宋散騎常侍改屬集書省，齊改屬東省，梁改屬散騎省，陳因之。職以侍從左右、主掌圖書文翰、文章撰述、諫諍拾遺、收納轉呈文書奏事爲主。地位驟降。員皆四人。宋三品。齊及梁初不詳。梁武帝天監七年（508）革選，釐定官品十八班，班多爲貴，散騎常侍十二班。陳三品，秩中二千石。

［2］秘書監：官名。南朝時爲秘書省長官，掌圖書經籍之事，領著作省。宋三品。齊及梁初不詳。梁武帝天監七年革選，釐定官品十八班，班多爲貴，秘書監十一班。陳四品，秩中二千石。

［3］中正：皇帝選拔各州郡有聲望的人任此職，負責品藻當地士人，考察州郡人才。魏晋南北朝將人才按才能品德分成九等（九品），作爲政府選任官員的依據。《吕思勉讀史札記·丙帙·魏晋南北朝·中正非官》："《十七史商榷》云：'魏陳群始立九品官人之法。《三國志》《晋書》及《南史》諸列傳中，多有爲州郡大中正者，蓋以他官或老於鄉里者充之。掌鄉黨平論，人才臧否，清議係焉。乃《晋（書）·職官志》中絶不一見，何也？'……劉毅云：'置州都者，取州里清議，咸所歸服，將以鎮異同，一言議。'（《晋書·劉毅傳》）蓋於清議之中，擇一人爲之平騭，乃士大夫之魁首，而非設官分職之一也。"（上海古籍出版社1982年版，第853頁）

［4］光禄大夫：官名。漢始置，三國魏以後，三公等大臣告老就家拜此職，亦爲在朝顯職的加官，以示優崇，亦常用作卒後贈官。齊王芳正始元年（240），增置左、右光禄大夫，位在其上。晋以後，諸公告老不再加此職，但仍授予年老有病的致仕官員，無具體職掌。凡假銀章青綬者，稱銀青光禄大夫，或逕稱光禄大夫。加金章紫綬者，稱金紫光禄大夫。魏晋時因位在諸卿上，不復屬光禄

勳，南朝時仍屬光禄勳，掌宫殿門户。宋三品。齊及梁初不詳。梁武帝天監七年革選，釐定官品十八班，班多爲貴，光録大夫十三班。陳三品，秩中二千石。

［5］給事中：官名。因在殿中給事（執事）得名。南朝隸集書省，在通直散騎侍郎下、員外散騎侍郎上，選輕用卑。掌侍從皇帝左右、獻納得失、諫諍糾彈、收發傳達諸奏聞文書，雖可封駁，權不甚重，地位漸低。亦管圖書文翰、修史等事。宋五品。齊及梁初不詳。梁武帝天監七年革選，釐定官品十八班，班多爲貴，給事中四班。陳七品，秩六百石。

［6］國子祭酒：官名。西晋武帝時立國子學，置國子祭酒一員爲主管長官，掌教授生徒儒學，參議禮制，隸屬太常。南朝國子學省置無常，但祭酒常置，均一員。宋、齊及梁初品秩不詳。梁武帝天監七年革選，釐定官品十八班，班多爲貴，國子祭酒十三班。陳三品，秩中二千石。

［7］竟陵王子良：蕭子良。字雲英，南蘭陵蘭陵（今江蘇常州市武進區）人。齊武帝子，封竟陵郡王。本書卷四四、《南齊書》卷四〇有傳。竟陵，郡名。治萇壽縣，在今湖北鍾祥市。

［8］小口方腹而底平，可容七八升：中華本標點作“小口方腹，而底平可容七八升”。按，“小口方腹而底平”言形狀，“可容七八升”言容積，中華本標點誤（參見朱家平《〈南史〉標點瑣議》，《北京教育學院學報》2003 年第 4 期）。

［9］此名服匿，單于以與蘇武：按，丁福林《南齊書校議》云：“《漢書·蘇武傳》：‘單于弟于軒王弋射海上，武能網紡繳，檠弓弩，于軒王愛之，給其衣食。三歲餘，王病，賜武馬畜、服匿、穹廬。’則與蘇武服匿者，單于弟于軒王也。此云單于與之，非是。然以陸澄之博識强記，不容不知此，故頗疑‘單于’後乃有脱文。”（第 270 頁）單于，中國古代北方匈奴民族首領稱謂。蘇武，字子卿，京兆杜陵（今陝西西安市長安區）人。漢武帝時以中郎將職出使匈奴，以事被扣。匈奴單于威脅誘降，蘇武堅貞不屈，

在北海邊持漢節牧羊十九年。昭帝始元六年（前 81），匈奴與漢和親，獲釋回朝。《漢書》卷五四有傳。

隆昌元年，[1] 以老疾，轉光禄大夫，加散騎常侍，未拜，卒，謚静子。[2]

[1]隆昌：南朝齊鬱林王蕭昭業年號（494）。

[2]静子：《南齊書》卷三九《陸澄傳》作“靖子”。按，六朝時，文臣死後無封爵而得謚號者稱“子”（參見錢大昕《十駕齋養新録》卷二〇《沈恭子》）。

澄當世稱爲碩學，讀《易》三年不解文義，[1] 欲撰《宋書》竟不成。[2] 王儉戲之曰：“陸公，書厨也。”家多墳籍，[3] 人所罕見，撰《地理書》及《雜傳》，[4] 死後乃出。

[1]讀《易》三年不解文義：朱季海《南齊書校議》云：“亦由時尚玄言，澄隆象數故爾。觀其與儉書論《易》，殊得要領，非竟不解文義，豈初讀三年，有所不通，後來遂進邪?”（中華書局 2013 年版，第 132 頁）

[2]竟：最終。

[3]墳籍：泛指珍稀典籍。

[4]撰《地理書》及《雜傳》：《隋書・經籍志二》著録“《地理書》一百四十九卷，録一卷。陸澄合《山海經》已來一百六十家，以爲此書”，又“《地理書抄》二十卷。陸澄撰”“《雜傳》十九卷。陸澄撰”。

澄弟鮮，得罪宋世，當死。澄於路見舍人王道隆叩頭流血，[1]以此見原。[2]揚州主簿顧測以兩奴就鮮質錢，[3]鮮死，子暉誣爲買券。[4]澄爲中丞，測遂爲澄所抑，世以此少之。[5]

[1]舍人：官名。亦稱中書通事舍人、通事舍人、中書舍人。舊爲中書省屬官，入直閣内，掌呈奏案章。南朝漸用寒士、才能及皇帝親信擔任，入直禁中，於收納、轉呈文書章奏之本職外，漸奪中書侍郎出令之權。南朝齊至陳，自成舍人省，名義上隸屬中書省，實際上直接聽命於皇帝。專掌草擬、發布詔令，受理文書章奏，監督指導尚書省及諸中央、地方政府機構施行政務。梁多以他官兼領。至陳總國内機要，把持政務中樞，勢傾天下。宋名中書通事舍人，員四人，七品。南齊因之，品級不詳。梁名中書舍人，初品級不詳。梁武帝天監七年（508）革選，釐定官品十八班，班多爲貴，中書舍人四班。陳置五員，八品。　王道隆：吴興烏程（今浙江湖州市）人。深受宋明帝器重，官至中書通事舍人，擅權。後廢帝時爲右軍將軍，桂陽王劉休範謀反，戰死。本書卷七七、《宋書》卷九四有傳。

[2]見原：得到原諒、寬恕。

[3]揚州主簿：官名。揚州府屬吏。主簿，所在府署僚屬，掌典領文書簿籍、經辦事務。南朝諸公府，將軍、五校尉等軍府，列卿寺監、光禄大夫等，州、郡、縣皆置，其品位秩級隨府主地位高下而定。雖非掾吏之首，然地位較高，縣之主簿較州之主簿更甚。宋、齊、梁初品級不詳。梁武帝天監七年革選，釐定官品十八班，班多爲貴，主簿流内一班至六班，流外三班至七班。陳九品至七品。揚州，州名。治建康縣，在今江蘇南京市。　顧測：吴郡（今江蘇蘇州市）人。官至南朝齊揚州主簿。因隙與陸澄交惡，爲其所排抑。《全上古三代秦漢三國六朝文》存其文一篇。　質錢：典押

錢，典押之物可以贖回。

[4]子暉：《南齊書》卷三九《陸澄傳》作“子晫”。　買券：《南齊書·陸澄傳》作“賣券”。賣券，出售貨物的契約、契據。

[5]少：輕視。按，陸鮮子陸暉誣顧測及陸澄與顧測交惡事，《册府元龜》卷五二二有詳載：“陸澄爲御史中丞，弟鮮爲楊州主簿。顧測以兩奴就鮮質錢，鮮死，子晫誣爲買券。測與澄書相往反，後又牋與太守蕭緬云：‘證欲子之非，未近義方之訓，此趨販所不爲，况縉紳領袖，儒宗勝達乎？’測遂爲證所排抑，世以此少之。”

陸慧曉字叔明，[1]吴郡吴人，晋太尉玩之玄孫也。[2]自玩至慧曉祖萬載，世爲侍中，[3]皆有名行。慧曉伯父仲元，[4]又爲侍中，時人方之金、張二族。[5]

[1]陸慧曉：《南齊書》卷四六亦有傳。

[2]太尉：官名。與司徒、司空並爲三公。兩晋、南朝爲名譽宰相，多爲大臣加官，無實際職掌。晋、宋一品。齊及梁初不詳。梁武帝天監七年（508）革選，釐定官品十八班，班多爲貴，太尉十八班。陳一品，秩萬石。　玩：陸玩。字士瑶，吴郡吴（今江蘇蘇州市）人。初仕爲司馬睿丞相參軍，歷任侍中、吏部尚書。蘇峻叛亂，與兄陸曄等共守宫城。累至光禄大夫、尚書令、司空。《晋書》卷七七有傳。按，據《晋書·陸玩傳》，陸玩並未任太尉一職。

[3]侍中：官名。往來殿中奏事，故名。南朝宋爲門下之侍中省長官，侍衛皇帝左右，顧問應對，諫諍糾察，平議尚書奏事。或加予宰相、尚書等高級官員，使出入殿省，入宫議政。兼統宫廷内侍諸署。齊、梁、陳爲門下省長官，員四人。於侍奉生活起居、侍從左右、顧問應對、諫諍糾察、儐相威儀等侍從本職外，兼掌出納、璽封詔奏，有封駁權，上親皇帝，下接百官，因參預機密政務

而官顯職重，是中樞集團重要成員。陳亦用作親王之起家官。宋三品。齊及梁初不詳。梁武帝天監七年革選，釐定官品十八班，班多爲貴，侍中十二班。陳三品，秩中二千石。

[4]仲元：陸仲元。吴郡吴（今江蘇蘇州市）人。有才幹，仕宋歷任吏部郎、右衛將軍、侍中、吴郡太守。《宋書》卷五三有附傳。

[5]方：比作，歸類。　金、張二族：即西漢時的金日磾、張湯家族，歷世顯貴。見《漢書》卷六八《金日磾傳》、卷五九《張湯傳》。晋左思《詠史》詩有“金張藉舊業，七葉珥漢貂”句，即指此。

父子真，[1]仕宋爲海陵太守。[2]時中書舍人秋當見幸，[3]家在海陵，假還葬父，子真不與相聞。當請發人脩橋，又以妨農不許。彭城王義康聞而賞之。[4]王僧達貴公子孫，[5]以才傲物，爲吴郡太守，入昌門曰：[6]“彼有人焉。[7]顧琛一公兩掾，[8]英英門户；陸子真五世内侍，我之流亞。”[9]子真自臨海太守眼疾歸，爲中散大夫，[10]卒。

[1]子真：陸子真。《宋書》卷五三有附傳。

[2]仕宋爲海陵太守：《南齊書》卷四六《陸慧曉傳》同，而《梁書》卷二七《陸倕傳》載：“祖子真，宋東陽太守。”馬宗霍《南史校證》云：“檢《宋書·州郡志》，海陵郡屬南兖州，東陽郡屬揚州，然觀下文，則此當作‘海陵’爲是。”（第755頁）海陵，郡名。治建陵縣，在今江蘇泰州市東北。

[3]秋當：宋文帝寵臣。其事詳見本書卷三二《薛伯宗傳》、《宋書》卷四六《張邵傳》及《宋書》卷四四《謝晦傳》。

［4］彭城王義康：劉義康。小字車子，宋武帝之子。封彭城王。專總朝權，有善政。本書卷一三、《宋書》卷六八有傳。彭城，郡名。治彭城縣，在今江蘇徐州市。

［5］王僧達：琅邪臨沂（今山東臨沂市）人。少好學，善作文。宋爲宣城太守，文帝被弒，歸孝武帝，授尚書右僕射，屢任護軍將軍、吴郡太守、太常。後爲孝武帝以謀反罪名所殺。本書卷二一有附傳，《宋書》卷七五有傳。

［6］昌門：城門名。即閶門。南朝吴縣城西門，位於今江蘇蘇州市城西。

［7］彼有人焉：此地（吴郡）有人才。

［8］顧琛：字弘瑋，吴郡吴（今江蘇蘇州市）人。起家州從事，宋文帝末，爲隨王劉誕司馬、會稽太守。劉劭弒文帝，隨劉誕起兵，事平遷吴興太守，以功封永新縣五等侯。後以事免官。孝武帝大明三年（459）劉誕據廣陵城反，授其征南將軍，斬劉誕後歸孝武帝，歷吴興、吴二郡太守。　掾：官名。亦稱曹掾。南朝公府、將軍府和郡縣分曹辦公，掌管一曹的官吏稱掾。

［9］流亞：同類的人物。

［10］中散大夫：官名。三國兩晋南北朝皆置，爲閑散官職，掌顧問應對，多養老疾。宋七品。齊及梁初不詳。梁武帝天監七年（508）革選，釐定官品十八班，班多爲貴，中散大夫十班。陳四品，秩千石。

慧曉清介正立，[1]不雜交游，會稽内史同郡張緒稱之曰：[2]“江東裴、樂也。”[3]初應州郡辟，舉秀才，[4]歷諸府行參軍，[5]以母老還家侍養，十餘年不仕。

［1］清介正立：清高正直，行爲端莊。

［2］會稽内史同郡張緒稱之曰：中華本删“會稽内史”，其校

勘記云："'同郡'上各本有'會稽内史'四字。王懋竑《讀書記疑》、王鳴盛《十七史商榷》六二並云係衍文。按《南齊書》云：'會稽内史同郡張暢見慧曉童幼，便嘉異之。張緒稱之曰："江東裴、樂也。"'此删張暢語而以張緒亦吴郡吴人，遂并'會稽内史同郡'歸之，誤。今删正。"按，中華本是，應删"會稽内史"四字。會稽，郡名。治山陰縣，在今浙江紹興市。内史，官名。南朝郡國行政長官，掌郡國民政，職同太守。宋五品。齊、梁不詳。陳滿萬户郡國之内史六品，不滿萬户者七品。張緒，字思曼，吴郡吴（今江蘇蘇州市）人，張裕之孫，張演之子。仕齊官至吏部尚書，領國子祭酒。本書卷三一有附傳，《南齊書》卷三三有傳。

[3]裴、樂：指裴楷與樂廣，均爲晋代名人。裴楷，字叔則，河東聞喜（今山西聞喜縣）人。容儀俊爽，時稱"玉人"，博涉群書，尤精《老》《易》。《晋書》卷三五有附傳。樂廣，字彦輔，南陽淯陽（今河南南陽市）人。時稱風流善談，與王衍同爲西晋清談領袖。《晋書》卷四三有傳。

[4]秀才：選舉科目名稱。漢武帝時始定爲舉士科目，南朝宋、齊以策文五道，以簽題高下定等第。多出任要職，爲時所重。因州郡國多把持選舉，故秀才多出於世家豪族。

[5]行參軍：官名。亦稱行參軍事。三國蜀始置，以他官兼任，無固定職掌。晋初制度，中央除拜者爲參軍，諸府自辟者爲行參軍。晋末以後行參軍亦可除拜，唯品階例低於參軍。南朝公府、將軍府、州府均置，掌參議軍事或專負責某事。不署曹，員額不定。

齊高帝輔政，除爲尚書殿中郎。[1]鄰族來相賀，慧曉舉酒曰："陸慧曉年踰三十，婦父領選，[2]始作尚書郎，[3]卿輩乃復以爲慶邪？"

[1]除：官制術語。即拜官授職，或曰除舊官就新官。

［2］婦父領選：指岳父任吏部尚書。吏部尚書係尚書省吏部曹長官，掌領選。婦父，錢大昕《廿二史考異》卷三六云："按，婦父謂張岱也，子倕稱岱爲外祖可證。"按，陸慧曉子倕本卷有傳，云"幼爲外祖張岱所異"。

［3］尚書郎：官名。尚書臺郎官，别稱臺郎。南朝宋、齊置員二十，爲尚書省諸郎曹長官，分曹執行政務。章奏由中書、門下轉呈代奏。梁增至二十三郎，奏對始可不經轉呈，徑上皇帝。陳省爲二十一郎。宋六品。齊及梁初不詳。梁武帝天監七年（508）革選，釐定官品十八班，班多爲貴，尚書郎十一班，諸曹侍郎六班、郎中五班。陳皆四品，秩六百石。

高帝表禁奢侈，慧曉撰答詔草，爲帝所賞，[1]引爲太傅東閤祭酒。[2]齊建元初，遷太子洗馬。[3]廬江何點常稱：[4]"慧曉心如照鏡，遇形觸物，無不朗然。王思遠恒如懷冰，[5]暑月亦有霜氣。"當時以爲實録。

［1］帝：指南朝齊高帝蕭道成。

［2］太傅東閤祭酒：官名。太傅府屬吏。東閤祭酒，漢朝公府、州府、郡府皆建閣以供辦事官吏及幕僚居住，分東、西二閣，各置祭酒一人主閣内衆事。晋初凡位從公以上，其府各置西閣、東閣祭酒。南朝沿置，《宋書·百官志上》："主簿、祭酒、舍人主閣内事。"宋、齊、梁初品秩不詳。梁武帝天監七年（508）革選，釐定官品十八班，班多爲貴，公府祭酒二班至三班。宋順帝昇明二年（478），蕭道成進位太傅、都督中外諸軍事。詳見《南齊書》卷一《高帝紀上》。

［3］太子洗馬：官名。東宫屬官。"洗"亦作"先"，先馬即前驅。南朝因晋置八員，爲太子詹事屬官，掌太子圖籍、經書，太子出行則前導威儀。爲清簡之職，多由士族之士擔任。宋七品。齊及

梁初不詳。梁武帝天監七年革選，釐定官品十八班，班多爲貴，太子洗馬六班。陳六品，秩六百石。

［4］廬江：郡名。治舒縣，在今安徽舒城縣。　何點：字子晳，廬江灊（今安徽霍山縣）人。博通群書，有儒術，善談論，南朝宋、齊、梁皆徵召，不就。本書卷三〇有附傳，《南齊書》卷五四、《梁書》卷五一有傳。　常：通“嘗”。

［5］王思遠：琅邪臨沂（今山東臨沂市）人。曾任齊御史中丞，立身清正，奏劾不法不避權貴。官至度支尚書。本書卷二四有附傳，《南齊書》卷四三有傳。

慧曉與張融並宅，[1]其間有池，池上有二株楊柳。點歎曰：“此池便是醴泉，此木便是交讓。”及武陵王曄守會稽，[2]上爲精選僚吏，以慧曉爲征虜功曹，[3]與府參軍沛國劉璡同從述職。[4]璡清介士也，行至吴，謂人曰：“吾聞張融與慧曉並宅，其間有水，此必有異味。”故命駕往酌而飲之。曰：“飲此水，則鄙吝之萌盡矣。”

［1］張融：字思光，吴郡吴（今江蘇蘇州市）人。釋道兼修，神解過人，仕齊官至司徒左長史。本書卷三二有附傳，《南齊書》卷四一有傳。

［2］武陵王曄：蕭曄。字宣昭（《南齊書》作“宣照”），南蘭陵蘭陵（今江蘇常州市武進區）人。齊高帝第五子，封武陵王。本書卷四三、《南齊書》卷三五有傳。武陵，郡名。治臨沅縣，在今湖南常德市。

［3］征虜功曹：官名。征虜將軍府屬吏。征虜，征虜將軍省稱。南朝宋、齊、梁皆置，爲武官，亦作爲高級文職官員的榮譽加號。宋三品。齊及梁初不詳。梁武帝天監七年（508）革選，釐定將軍名號及班品，有一百二十五號十品二十四班，班多爲貴，置智威、

仁威、勇威、信威、嚴威五將軍代替此職，十六班。功曹，亦稱功曹史。掌選署功勞、吏員賞罰任免。魏、晋、南朝宋齊不開府將軍、太子二傅、特進、郡縣皆置，南朝梁、陳列卿、皇弟皇子府、嗣王府、蕃王府亦置。將軍等所置，初位於主簿下，入梁位於主簿上，郡縣所置位常在丞下、五官上。凡郡功曹多用本地大族，權重，郡守常委事於功曹。宋、齊及梁初品秩不詳。梁武帝天監七年革選，釐定官品十八班，班多爲貴，功曹二班至六班、流外一至六班。陳九品至七品。

[4]參軍：官名。亦稱參軍事，掌參謀軍務。漢末將軍等統兵出征，始置參軍佐主帥參謀軍事，三國魏時分正參軍、行參軍，晋末於朝廷除授外，始有府主自行板除。南朝正式定爲官名，王、公、將軍府及諸州多置，且多分曹執掌，並加職務名稱，如負責謀劃的稱諮議參軍，負責文翰的稱記室參軍等。宋七品。齊及梁初不詳。梁武帝天監七年革選，釐定官品十八班，班多爲貴，參軍一班至四班、流外二班至七班。陳九品至八品。此處爲征虜將軍府參軍。　沛國：郡國名。治相縣，在今安徽濉溪縣西北。　劉璡：字子瓛，沛國相（今安徽濉溪縣）人。性方軌正直，官至射聲校尉。本書卷五〇、《南齊書》卷三九有附傳。

何點薦慧曉於豫章王嶷，[1]補司空掾，[2]加以恩禮。累遷安西諮議、領冠軍録事參軍。[3]

[1]豫章王嶷：蕭嶷。字宣儼，南蘭陵蘭陵（今江蘇常州市武進區）人。齊高帝第二子，封豫章郡王。爲政寬厚，死後第庫無現錢。本書卷四二、《南齊書》卷二二有傳。豫章，郡名。治南昌縣，在今江西南昌市。

[2]司空掾：官名。司空府屬吏。司空，與太尉、司徒並爲三公。南朝爲名譽宰相，多爲大臣加官，無實際職掌。宋一品。齊及

梁初不詳。梁武帝天監七年（508）革選，釐定官品十八班，班多爲貴，司空十八班。陳一品，秩萬石。按，齊高帝建元二年（480）豫章王蕭嶷進位司空、揚州刺史。詳見《南齊書》卷二二《豫章文獻王傳》。

[3]安西諮議：官名。安西將軍府諮議參軍。安西將軍，與安東、安南、安北將軍合稱四安將軍，爲出鎮某一地區的軍事長官，或作爲刺史等地方官員兼理軍務的加官，權任很重。南朝梁、陳時加安前、安後、安左、安右將軍，合稱八安將軍。宋三品。齊及梁初不詳。梁武帝天監七年革選，釐定將軍名號及班品，有一百二十五號十品二十四班，班多爲貴，安西將軍二十一班。大通三年（529）改制，定二百四十二號三十四班將軍，安西將軍三十一班。陳擬三品，比秩中二千石。按，此時的安西將軍爲蕭鑑，字宣徹，齊高帝第十子。諮議參軍，亦稱諮議參軍事，所在府署屬官，掌諷議。南朝王府、丞相府、公府、位從公府、州軍府皆有置，但無定員，亦不常置，職掌不定。其位甚尊，在列曹參軍上，州所置者常帶大郡太守，且有越次行府州事者。品級皆隨府主地位高下而定。宋七品。齊及梁初不詳。梁武帝天監七年革選，釐定官品十八班，班多爲貴，諮議參軍六班至九班。陳七品至五品。　冠軍録事參軍：官名。冠軍將軍府屬吏。冠軍將軍，南朝置爲將軍名號。爲加官、散官性質的榮譽虚銜。宋三品。齊及梁初位在輔國將軍上，品級不詳。梁武帝天監七年罷，設智武、仁武、勇武、信武、嚴武五武將軍代之，大通三年復置，列武臣將軍班内。陳擬四品，比秩中二千石。録事參軍，爲録事曹長官，掌總録衆曹文簿，舉彈善惡，位在列曹參軍上。南朝公府、將軍府、州刺史開軍府者皆置。宋七品。齊及梁初不詳。梁武帝天監七年革選，釐定官品十八班，班多爲貴，録事參軍二班至六班。陳九品至七品。

武帝第三子廬陵王子卿爲南豫州刺史，[1]帝稱其小名謂司徒竟陵王子良曰：[2]“烏熊癡如熊，不得天下第一人爲行事，[3]無以壓一州。”既而曰：“吾思得人矣。”乃使慧曉爲長史、行事。[4]别帝，問曰：“卿何以輔持廬陵？”答曰：“静以脩身，儉以養性。静則人不擾，儉則人不煩。”王大悦。

[1]廬陵王子卿：蕭子卿。字雲長，南蘭陵蘭陵（今江蘇常州市武進區）人。齊武帝第三子，封廬陵王。本書卷四四、《南齊書》卷四〇有傳。廬陵，郡名。治石陽縣，在今江西吉水縣東北。南豫州：州名。南朝宋武帝永初三年（422）分豫州淮東置，治歷陽縣，在今安徽和縣。後省置無常。齊武帝永明二年（484）復置，治于湖縣，在今安徽當塗縣。

[2]司徒：官名。與太尉、司空並爲三公，爲名譽宰相，分掌政事。南朝多作爲加官，或與丞相、相國並置，職掌依舊。齊、陳丞相、相國皆爲贈官，司徒則實授，或録尚書事。宋一品。齊及梁初不詳。梁武帝天監七年（508）革選，釐定官品十八班，班多爲貴，司徒十八班。陳一品，秩萬石。

[3]行事：官名。南朝職官制度，全稱行某府（或某州）事。産生於東晋末年，指以他官代行某官職權。南朝多以較低官階代行較高官職，如以長史、司馬、太守代行刺史職權等。錢大昕《廿二史考異》卷二六云：“六朝時，府僚多領郡縣職……凡諸王沖幼出鎮開府，多以長史行府州事，或府主以事他出，亦以府僚行事。”除“行府州事”之外，還有“行郡事”“行國事”等。南朝時在以將軍、刺史身份出鎮宗王普遍年幼的情况下，以其長史等爲行事，實際負責軍府和州府的軍政事務，權力很大，對出鎮幼王兼有輔佐和防範的職能（參見魯力《南朝“行事”考》，《武漢大學學報》2008年第6期）。

[4]長史：官名。南朝時王府、公府、將軍府、州郡府皆置，

掌府内庶政，爲所在府署掾屬之長。置一員，有時亦分置左、右，其品秩依府主地位高下而定。宋七品至六品。齊及梁初不詳。梁武帝天監七年革選，釐定官品十八班，班多爲貴，長史六班至十班。陳八品至六品〔參見嚴耕望《中國地方行政制度史·魏晋南北朝地方行政制度（上）》，上海古籍出版社 2007 年版，第 184—189 頁〕。

後爲司徒右長史。[1]時陳郡謝朏爲左長史，[2]府公竟陵王子良謂王融曰：[3]"我府前世誰比？"融曰："明公二上佐，天下英奇，古來少見其比。"子良西邸抄書，[4]令慧曉參知其事。

[1]司徒右長史：官名。司徒府屬吏。三國魏分司徒長史置，與司徒左長史並爲司徒府僚屬之長，佐司徒總管府内諸曹，位次司徒左長史。兩晋、南朝沿置，南朝司徒（丞相）或置或缺，而左、右長史例置，統領諸曹，主持管理州郡農桑户籍、官吏考課。宋六品。齊及梁初不詳。梁武帝天監七年（508）革選，釐定官品十八班，班多爲貴，司徒右長史十班。陳四品，秩千石。

[2]陳郡：郡名。初治陳縣，在今河南周口市淮陽區。南朝宋移治項縣，在今河南沈丘縣。　謝朏：字敬沖，陳郡陽夏（今河南太康縣）人，謝莊子。歷仕宋、齊、梁，官至中書監。所著書及文章並行於世。本書卷二〇有附傳，《梁書》卷一五有傳。按，熊清元《〈南齊書〉研讀札記》以爲謝朏當是"謝瀹"之誤。因爲陸氏爲右長史當在齊武帝永明七年（489）至八年，而謝朏永明五年爲義興太守三年，徵爲都官尚書，又遷中書令、侍中。據推算，永明七年至八年，謝朏當在都官尚書任上，根本不可能爲司徒左長史。又考《南齊書·謝瀹傳》，謝瀹曾爲司徒左長史，推算恰在永明七年至八年（載《黄岡師專學報》1997 年第 3 期）。　左長史：官

名。此爲司徒左長史。三國魏分司徒長史置，與司徒右長史並爲司徒府僚屬之長，佐司徒總管府内諸曹，位在司徒右長史上。兩晋、南朝沿置，南朝司徒（丞相）或置或缺，而左、右長史例置，統領諸曹，主持管理州郡農桑户籍、官吏考課。宋六品。齊及梁初不詳。梁武帝天監七年革選，釐定官品十八班，班多爲貴，司徒左長史十二班。陳四品，秩千石。

[3]王融：字元長，琅邪臨沂（今山東臨沂市）人。仕齊累遷至寧朔將軍，與竟陵王子良相善，武帝病篤，欲立子良，事不成。鬱林王立，下獄賜死。博學有文才，有《王寧朔集》。本書卷二一、《南齊書》卷四七有傳。

[4]西邸：蕭子良之别邸，在今江蘇南京市雞籠山。

尋遷西陽王征虜、巴陵王後軍、臨汝公輔國三府長史，[1]行府州事。[2]復爲西陽王左軍長史，[3]領會稽郡丞，[4]行郡事。[5]隆昌元年，徙爲晋熙王冠軍長史、江夏内史，[6]行郢州事。[7]慧曉歷輔五政，立身清肅，僚佐以下造詣，必起送之。或謂慧曉曰：“長史貴重，不宜妄自謙屈。”答曰：“我性惡人無禮，不容不以禮處人。”未嘗輕士大夫，[8]或問其故，慧曉曰：“貴人不可卿，而賤者乃可卿，人生何容立輕重於懷抱。”終身常呼人位。[9]

[1]西陽王：南朝齊先後有西陽王蕭子明，齊武帝永明三年（485）封；蕭子文，齊明帝建武中封。此指前者。蕭子明，字雲光，南蘭陵蘭陵（今江蘇常州市武進區）人，齊武帝第十子。武帝永明八年，進號征虜將軍。建武二年（495），齊明帝誣其與蕭諶同謀反，見害。本書卷四四、《南齊書》卷四〇有傳。西陽，郡名。

治西陽縣，在今湖北黄岡市東。　巴陵王：南朝齊先後封三人爲巴陵王，即蕭子倫，齊武帝永明二年封；蕭昭秀，齊明帝建武二年封；蕭昭胄，齊東昏侯永元元年（499）封。此指前者。蕭子倫，字雲宗，南蘭陵蘭陵（今江蘇常州市武進區）人。齊武帝第十三子。歷南豫州刺史，南琅邪、彭城二郡太守。鬱林王隆昌元年（494）遷散騎常侍、左將軍。海陵王時被殺。本書卷四四、《南齊書》卷四〇有傳。巴陵，郡名。治巴陵縣，在今湖南岳陽市。　後軍：官名。後軍將軍省稱。與前軍、左軍、右軍將軍合稱四軍將軍，掌宫禁宿衛。員一人。宋四品。宋明帝泰始後，多以軍功得官，無復員限。齊及梁初官品不詳。梁武帝天監七年（508）革選，釐定官品十八班，班多爲貴，前軍將軍九班。陳五品，秩千石。按錢大昕《廿二史考異》卷三六云："巴陵王子倫以永明七年除南中郎將、南豫州刺史，此云後軍，不同。蓋軍號遞遷，史家不能悉書也。"　臨汝公：南朝齊先後有臨汝公蕭子卿，齊高帝建元元年（479）封，四年改封廬陵王；蕭昭文，齊武帝永明四年封。此指後者。蕭昭文，字季尚，南蘭陵蘭陵（今江蘇常州市武進區）人。齊武帝永明十年除輔國將軍、南豫州刺史，後繼任南朝齊第四任皇帝。本書卷五、《南齊書》卷五有紀。臨汝，縣名。治所在今江西撫州市臨川區西。　輔國：官名。輔國將軍省稱。爲優禮大臣的榮譽加號。宋明帝泰始五年（469）改名輔師將軍，後廢帝元徽二年（474）復舊。宋三品。齊爲小號將軍，品秩不詳。梁武帝天監七年罷，改置輕車、征遠、鎮朔、武旅、貞毅五號將軍代之。

[2]行府州事：指代行軍府、州刺史職事。參見本卷上文"行事"注。

[3]左軍長史：官名。左軍將軍府屬吏。左軍，左軍將軍省稱。與前軍、後軍、右軍將軍合稱四軍將軍，掌宫禁宿衛。員一人。宋四品。宋明帝泰始後，多以軍功得官，無復員限。齊及梁初官品不詳。梁武帝天監七年革選，釐定官品十八班，班多爲貴，左軍將軍九班。陳五品，秩千石。

［4］郡丞：官名。亦稱府丞。爲郡太守副貳，佐郡守掌衆事。宋八品。齊及梁初不詳。梁武帝天監七年革選，釐定官品十八班，班多爲貴，郡丞十班。陳萬户郡丞七品，萬户以下郡丞八品，秩皆六百石。

［5］行郡事：代行郡太守領導職事。參見本卷上文“行事”注。

［6］晋熙王：蕭銶。字宣攸，南蘭陵蘭陵（今江蘇常州市武進區）人。齊高帝第十八子，封晋熙王。鬱林王隆昌元年，出爲持節、督郢司二州軍事、冠軍將軍、郢州刺史。本書卷四三、《南齊書》卷三五有傳。晋熙，郡名。治懷寧縣，在今安徽潛山市。　江夏：郡名。治夏口城，在今湖北武漢市武昌區。

［7］行郢州事：代行郢州刺史領導職事。參見本卷上文“行事”注。郢州，州名。治夏口城，在今湖北武漢市武昌區。

［8］輕：汲古閣本同，殿本、百衲本作“卿”。按，作“卿”是。卿，敬詞。《史記》卷八六《刺客列傳》司馬貞索隱云：“卿者，時人尊重之號。猶如相尊美亦稱‘子’然也。”

［9］人位：指官階、職位。

建武初，[1]除西中郎長史，[2]行事、内史如故。俄徵黄門郎，[3]未拜，遷吏部郎。[4]尚書令王晏選門生補内外要局，[5]慧曉爲用數人而止。晏恨之。送女妓一人，欲與申好，慧曉不納。吏曹郎令史歷政來諮執選事，[6]慧曉任己獨行，未嘗與語。帝遣主書單景儁謂曰：[7]“都令史諳悉舊貫，可共參懷。”慧曉謂景儁曰：“六十之年，不復能諮都令史爲吏部郎也。[8]上若謂身不堪，便當拂衣而退。”帝甚憚之。後欲用爲侍中，以形短小乃止。

[1]建武：南朝齊明帝蕭鸞年號（494—498）。

[2]西中郎長史：官名。西中郎將府屬吏。西中郎，西中郎將省稱。東、西、南、北四中郎將之一。南朝時統兵，爲帥師征伐或鎮守某一地區之方面大員，地位重要，高於一般將領。多以宗室諸王擔任。宋四品。齊及梁初不詳。梁武帝天監七年（508）革選，以鎮兵、翊師、宣惠、宣毅四將軍代舊四中郎將，至大通三年（529）定二百四十二號三十四班將軍，又將四中郎將與四將軍並置，十七班。

[3]黄門郎：官名。黄門侍郎、給事黄門郎、給事黄門侍郎省稱，亦簡稱黄門。郎官給事於黄闥（宫門）之内者，始稱。南朝爲侍中省或門下省次官，侍從皇帝、顧問應對，出則陪乘，並掌管機密檔，位頗重要。南朝齊時因知詔令，稱爲"小門下"。皆四員。宋五品。齊及梁初不詳。梁武帝天監七年革選，釐定官品十八班，班多爲貴，黄門郎十二班。陳四品，秩二千石。

[4]吏部郎：官名。尚書吏部郎省稱。尚書省吏部曹長官通稱，屬吏部尚書，主管官吏選任、銓叙、調動事務，對五品以下官吏任免有建議權，資深者可轉侍郎。歷朝皆重其選，職位高於尚書省諸曹郎。南朝如加"參掌大選"名義，則可參議高級官吏之任免。宋六品。齊及梁初不詳。梁武帝天監七年革選，釐定官品十八班，班多爲貴，尚書吏部郎十一班。陳四品，秩六百石。

[5]王晏：字休默，一字士彦，琅邪臨沂（今山東臨沂市）人。宋末爲郢州主簿，漸受長史蕭賾親待。入齊，武帝蕭賾即位，官至吏部尚書。海陵王延興元年（494）轉尚書令，明帝蕭鸞即位，進爵爲公，遷驃騎大將軍。以位高權重爲蕭鸞所疑，誣以謀反被殺。本書卷二四有附傳，《南齊書》卷四二有傳。

[6]吏曹郎令史歷政來諳執選事：中華本改"郎"作"都"，其校勘記云："'都'各本作'郎'，據《南齊書》改。"按，中華本是。吏曹都令史，官名。亦稱吏部都令史。南朝宋、齊沿晋制於尚書省分曹置都令史八人，稱尚書都令史，協助尚書左、右丞管理

都省事務，監督諸曹尚書，參與政要。權任雖重，用人常輕。其中，吏部都令史即監督吏部尚書政務，吏部郎處理選事要得到吏部都令史允許。宋八品。齊官品不詳。至梁始重都令史之選，梁武帝詔令選用才幹，置殿中、吏部、金部、左民、中兵五都令史。梁武帝天監七年革選，釐定官品十八班，班多爲貴，尚書五都令史二班。陳沿置，五員。按，“吏曹都令史歷政來諮執選事”意爲吏曹都令史按照行政程序來咨詢執選事務，《南齊書》卷四六《陸慧曉傳》作“吏曹都令史歷政以來諮執選事”，多一“以”字。

[7]主書：官名。主書令史省稱（一説南朝陳去“令史”）。掌文書，位在正、書令史之上。魏晋南北朝尚書、中書、秘書等官署多置。中書省初用武官，南朝宋以後改用文吏。按，《南齊書·陸慧曉傳》作“主書”爲“左右”。　單景儁：南朝齊明帝身邊信臣，官主書令史，餘事不詳。

[8]六十之年，不復能諮都令史爲吏部郎也：意謂我是六十歲的老人了，不能因爲當了個吏部郎就要低聲下氣咨詢、請示吏部都令史。

出爲晋安王鎮北司馬、征北長史、東海太守，行府州事。[1]入爲五兵尚書，[2]行揚州事。[3]崔慧景事平，[4]領右軍將軍。[5]出監南徐州。[6]朝議又欲以爲侍中，王亮曰：[7]“濟、河須人，[8]今且就朝廷借之，以鎮南兖州。”[9]王瑩、王志皆曰：[10]“侍中彌須英華，方鎮猶應有選者。”亮曰：“角其二者，則貂璫緩、拒寇切。[11]當今朝廷甚弱，宜從切者。”乃以爲輔國將軍、南兖州刺史，加督。至鎮，俄爾以疾歸。卒，贈太常。[12]

[1]出爲晋安王鎮北司馬、征北長史、東海太守，行府州事：

按，丁福林《南齊書校議》云：“考南齊時爲晋安王者，先後有武帝第七子子懋及明帝長子寶義。子懋建元四年六月丙申封晋安王，元興元年九月爲明帝遣軍殺於江州之尋陽，事見本書《武帝紀》《海陵王紀》及《武十七王傳》；寶義於建武元年十一月庚辰封晋安王，梁受禪後降封謝沐縣公，尋封巴陵郡王，事見本書《明帝紀》及《明七王傳》。按上文載‘建武初’事，則是時慧曉所佐者當爲晋安王寶義。尋本書《明七王·巴陵隱王寶義傳》云：‘（建武）二年，出爲使持節、都督南徐州軍事、鎮北將軍、南徐州刺史。東昏即位，進征北大將軍，開府儀同三司。’故慧曉佐寶義時先後有鎮北司馬及征北長史之任也。然寶義既爲南徐州刺史，慧曉爲之上佐並行府州事，則應以帶南東海太守爲是。即此於‘東海太守’前佚一‘南’字。”（第313頁）晋安王，蕭寶義，字智勇，齊明帝長子。明帝建武元年（494），封晋安郡王。本書卷四四、《南齊書》卷五〇有傳。晋安，郡名。治候官縣，在今福建福州市。

鎮北司馬：官名。鎮北將軍府屬吏。司馬，官名。南朝諸公府、軍府皆置。爲所在府署高級幕僚。掌參贊軍務，管理府内武職，位僅次於長史。員一人，或分置左、右，其品秩隨府主地位高低而定。宋七品至六品。齊及梁初不詳。梁武帝天監七年（508）革選，釐定官品十八班，班多爲貴，司馬六班至十班。陳八品至五品。鎮北，鎮北將軍省稱。南朝宋時與鎮東、鎮南、鎮西將軍合稱四鎮將軍，多爲持節都督，出鎮方面，權勢頗重。梁、陳列爲八鎮將軍之一。宋三品。齊及梁初不詳。梁武帝天監七年革選，釐定將軍名號及班品，有一百二十五號十品二十四班，班多爲貴，鎮北將軍二十二班。大通三年（529）改制，定二百四十二號三十四班將軍，鎮北將軍三十二班。陳擬二品，比秩中二千石。按，據本書及《南齊書》之《晋安王子懋傳》，其曾先後爲平南將軍、鎮南將軍、征北將軍，未出任鎮北將軍。　征北長史：官名。征北將軍府屬吏。征北，征北將軍省稱。與征南、征東、征西合稱四征將軍，多爲持節都督，出鎮方面，地位顯要。宋三品，持節都督則進爲二品。齊及梁初不詳。梁武帝天監七年革選，釐定將軍名號及班品，有一百二十五號十品二十四班，班多爲貴，征北將軍二十三班。大通三年改制，定二百四十二號三十四班將軍，又爲三十三班。陳擬二品，比秩中二千石。　東海：郡名。即南東海郡。東晋僑置，治京口城，在今江蘇鎮江市。

[2]五兵尚書：官名。屬尚書省。三國魏始置，掌軍事樞務，主管全國軍事行政，領中兵、外兵、騎兵、别兵、都兵五郎曹。晋沿其制，又將中兵和外兵各分左右，共領七郎曹，仍稱五兵。南朝沿置，但宋、齊僅領中兵、外兵二曹，梁、陳僅領中兵、外兵、騎兵三曹。宋三品。齊及梁初不詳。梁武帝天監七年革選，官品十八班，班多爲貴，五兵尚書十三班。陳三品，秩中二千石。

[3]行揚州事：代行揚州刺史職事。參見本卷上文“行事”注。

[4]崔慧景：字君山，清河東武城（今河北清河縣）人。齊東昏侯即位，誅大臣，慧景憂懼，永元二年（500）舉兵反，敗亡。本書卷四五、《南齊書》卷五一有傳。

[5]右軍將軍：官名。與前軍、後軍、左軍將軍合稱四軍將軍，掌宫禁宿衛。員一人。宋四品。宋明帝泰始後，多以軍功得官，無復員限。齊及梁初官品不詳。梁武帝天監七年革選，釐定官品十八班，班多爲貴，右軍將軍九班。陳五品，秩千石。

[6]監：官制術語。非正式任職而督理其事。　南徐州：州名。南朝宋武帝永初二年（421）改徐州置。治京口城，在今江蘇鎮江市。

[7]王亮：字奉叔，琅邪臨沂（今山東臨沂市）人，王導六世孫。宋末拜駙馬都尉。入齊，爲晋陵太守，在職有美政。齊明帝建武末爲吏部尚書，選官注重資次。梁武帝受禪，爲侍中、尚書令，後爲中書監，加散騎常侍。本書卷二三有附傳，《梁書》卷一六有傳。

[8]濟：指濟水。古代四瀆之一，包括黄河南北兩部分。河北

部分源出今河南濟源市西王屋山；河南部分本爲從黄河分出的一條支脉，因分流處與河北濟口隔岸相對，古人遂目爲濟水的下游。濟水南北兩部分都屢經變遷。此謂河南部分，顧頡剛《禹貢》述之云："蓋濟水流至古菏澤，今山東定陶縣；又東北至鉅野澤，今鉅野縣境；又東北至壽張安山湖納汶水，其入海處今名小清河。這就是古濟水故道，也是《禹貢》濟水與兖州和豫、徐、青三州分界處。"〔侯仁之主編《中國古代地理名著選讀（第一輯）》，學苑出版社 2005 年版，第 11 頁〕　河：指淮河。古代四瀆之一。源於今河南桐柏山，流經安徽、江蘇兩省入洪澤湖。按，時兖州、南兖州處於濟水、淮河地區。

［9］南兖州：州名。僑置。東晋僑立兖州，宋時改爲南兖州，初治京口，在今江蘇鎮江市。宋文帝元嘉八年（431）移治廣陵縣，在今江蘇揚州市西北蜀岡上。

［10］王瑩：字奉光，琅邪臨沂（今山東臨沂市）人。宋時拜駙馬都尉。齊歷東陽、吴興太守，以善治著稱，遷中領軍，後蕭衍引爲左長史。入梁官至尚書令、左光禄大夫。居官有能名，謹慎清廉。本書卷二三有附傳，《梁書》卷一六有傳。　王志：字次道，琅邪臨沂（今山東臨沂市）人，王僧虔子。宋拜駙馬都尉。齊任宣城内史、東陽太守，有德政。梁授丹陽尹，爲政清静，灾年施粥賑饑民。轉授中書令，官至散騎常侍、金紫光禄大夫。性惇厚，長於草隸，時號"書聖"。本書卷二二有附傳，《梁書》卷二一有傳。

［11］貂璫緩、拒寇切：意思是做侍中非急切之需，而抵禦敵寇迫在眉睫。貂璫，貂尾和金銀璫，古代侍中、常侍的冠飾。

［12］太常：官名。漢至南朝宋、齊又尊稱太常卿。掌宗廟、祭祀、禮樂、賓客、車輿、天文、學校、陵園等事，官居清要，職務繁重。後職權逐漸分化削弱，屬官屢有增減。宋三品，於前代外又轄明堂、乘黄令。齊不領乘黄，增廪犧令，品級不詳。梁正式定名太常卿，爲十二卿之一，然亦常省稱爲太常，武帝天監七年革選，釐定官品十八班，班多爲貴，太常十四班。陳因梁制，三品，秩中

二千石。十二卿，《隋書·百官志上》："諸卿，梁初猶依宋齊，皆無卿名。天監七年，以太常爲太常卿，加置宗正卿，以大司農爲司農卿，三卿是爲春卿。加置太府卿，以少府爲少府卿，加置太僕卿，三卿是爲夏卿。以衛尉爲衛尉卿，廷尉爲廷尉卿，將作大匠爲大匠卿，三卿是爲秋卿。以光禄勳爲光禄卿，大鴻臚爲鴻臚卿，都水使者爲太舟卿，三卿是爲冬卿。凡十二卿，皆置丞及功曹、主簿。"

三子：僚、任、倕並有美名，[1]時人謂之三陸。初授慧曉兖州，[2]三子依次第各作一讓表，辭並雅麗，時人歎伏。僚學涉子史，長於微言。美姿容，鬚眉如畫。位西昌侯長史、蜀郡太守。[3]

[1]任：陸任。據本卷下文《陸繕傳》、《陳書》卷二三《陸繕傳》，陸繕父陸任官至"梁御史中丞"。

[2]兖州：州名。即上文所説"南兖州"。

[3]西昌侯：南朝齊先後有蕭鸞、蕭銶封西昌侯。蕭鸞即齊明帝，齊高帝即位，遷侍中，封西昌侯；蕭銶於明帝建武初封西昌侯。此不確定何人。西昌，縣名。治所在今江西泰和縣西。　蜀郡：郡名。治成都縣，在今四川成都市。

倕字佐公，[1]少勤學，善屬文。於宅内起兩茅屋，[2]杜絶往來，晝夜讀書，如此者數歲。所讀一徧，必誦於口。嘗借人《漢書》，失《五行志》四卷，乃暗寫還之，略無遺脱。幼爲外祖張岱所異。[3]岱嘗謂諸子曰："此兒，汝家陽元也。"[4]十七，舉本州秀才。刺史竟陵王子良開西邸，延英俊，倕預焉。

[1]倕：陸倕。《梁書》卷二七亦有傳。

[2]兩茅屋：《梁書·陸倕傳》作“兩間茅屋”，文意更爲明確。

[3]張岱：字景山，吴郡吴（今江蘇蘇州市）人。仕宋、齊，歷任吴興太守、吏部尚書、散騎常侍、給事中、金紫光禄大夫、南兗州刺史等。爲官清直。本書卷三一有附傳，《南齊書》卷三二有傳。

[4]陽元：魏舒。字陽元，任城樊（今山東濟寧市兗州區）人。少孤，爲外家寧氏所養。不修常人節，當世以爲無學。後自課百日習一經，對策升第，位至三公。《晋書》卷四一有傳。

梁天監初，[1]爲右軍安成王主簿，[2]與樂安任昉友，[3]爲《感知己賦》以贈昉，昉因此名以報之。[4]及昉爲中丞，簪裾輻湊，[5]預其讌者，殷芸、到溉、劉苞、劉孺、劉顯、劉孝綽及倕而已，[6]號曰“龍門之游”。雖貴公子孫不得預也。遷臨川王東曹掾。[7]

[1]天監：南朝梁武帝蕭衍年號（502—519）。

[2]安成王：蕭秀。字彦達，南蘭陵（今江蘇常州市武進區）中都里人。梁武帝七弟。梁國建立，封安成郡王。歷任南徐州、荆州刺史，在州有惠政。本書卷五二、《梁書》卷二二有傳。安成，郡名。治平都縣，在今江西安福縣東南。

[3]樂安：郡名。東漢始置，治高苑縣，在今山東鄒平市東北。南朝宋移治千乘縣，在今山東廣饒縣北。　任昉：字彦升（《梁書》作“彦昇”），樂安博昌（今山東博興縣）人。幼早知名，善作文。南朝齊王公表奏多請代筆，蕭衍起兵，使作禪讓文誥。入梁遷吏部郎中，掌著作。後爲秘書監。有《雜傳》《地記》及文章盛行於世。本書卷五九、《梁書》卷一四有傳。

［4］昉因此名以報之：任昉回文見《梁書》卷二七《陸倕傳》。

［5］簪裾輻湊：意爲顯貴聚集。簪裾，古代顯貴者的服飾，借指顯貴。

［6］殷芸：字灌蔬，陳郡長平（今河南西華縣）人。梁歷中書通事舍人、國子博士、秘書監、直東宮學士省等。本書卷六〇有附傳，《梁書》卷四一有傳。　到溉：字茂灌，彭城武原（今江蘇邳州市）人。有才學，官至國子祭酒。本書卷二五、《梁書》卷四〇有傳。　劉苞：字孝嘗，一字孟嘗，彭城（今江蘇徐州市）人。官至太子太傅丞、太子洗馬，居官有能名。性和直，以文藻著稱，文才爲梁武帝所重。本書卷三九有附傳，《梁書》卷四九有傳。　劉孺：字孝稚，本書避唐高宗李治諱改作"孝幼"，彭城（今江蘇徐州市）安上里人。少與從兄苞、孝綽齊名，以文章爲沈約、梁武帝所賞。仕梁爲晋陵太守，爲政吏民稱道，官至吏部尚書。有文集二十卷。本書卷三九有附傳，《梁書》卷四一有傳。　劉顯：字嗣芳，沛國相（今安徽濉溪縣）人。幼聰明，當世號稱神童。好學，博覽多通，甚爲沈約等名流推賞。仕南朝梁歷著作佐郎、中書通事舍人、國子博士等。本書卷五〇有附傳，《梁書》卷四〇有傳。　劉孝綽：本名冉，字孝綽，彭城（今江蘇徐州市）人。七歲能作文，號神童。仕梁歷著作佐郎、秘書丞、太府卿、廷尉卿、秘書監。文章爲當世所宗。本書卷三九、《梁書》卷三三有傳。

［7］臨川王：蕭宏。字宣達，南蘭陵（今江蘇常州市武進區）中都里人。梁武帝弟，封臨川王。武帝天監四年（505）率軍北伐攻至梁城，累加號至侍中、太尉。性寬和篤厚，在揚州刺史任二十餘年，未嘗因公務撤换郡縣守令。本書卷五一、《梁書》卷二二有傳。臨川，郡名。治南城縣，在今江西南城縣東南。　東曹掾：官名。公府屬吏。丞相府、公府辦事分曹，各曹辦事官員稱曹掾。東曹掾主東曹，職掌二千石長吏選擇遷除及軍吏。宋七品。齊及梁初不詳。梁武帝天監七年革選，釐定官品十八班，班多爲貴，皇弟皇子公府掾屬八班。按，東曹掾爲公府掾屬，不爲王府掾屬，《梁

書·陸倕傳》作“驃騎臨川王東曹掾”，意更明確。

梁武帝雅愛倕才，乃敕撰《新漏刻銘》，[1]其文甚美。遷太子中舍人，[2]又詔爲《石闕銘》，[3]敕褒美之，賜絹三十匹。累遷太常卿，卒。[4]子瓚早慧，[5]七歲通經，爲童子郎，[6]卒。次緬，有似於倕，一看殆不能别。

[1]《新漏刻銘》：《文選》卷五六作“新刻漏銘”。李善注引劉璠《梁典》曰：“天監六年，帝以舊漏乖舛，乃敕員外郎祖暅治之。漏刻成，太子中舍人陸倕爲文。”

[2]太子中舍人：官名。亦省稱太子中舍、中舍人、中舍。東宫屬官。與太子中庶子共掌東宫文翰，並掌侍從規諫太子、糾正違闕、綜典奏事文書、檢奏更直名册等。位在太子中庶子下、洗馬上。員四人。宋六品。齊及梁初不詳。梁武帝天監七年（508）革選，釐定官品十八班，班多爲貴，中舍人八班。陳五品，秩六百石。梁、陳又以功高者一人與中庶子祭酒，共掌其署坊禁令。

[3]《石闕銘》：《梁書》卷二七《陸倕傳》作“石闕銘記”。文見《文選》卷五六。石闕，清洪孫《補梁疆域志》卷一引《金陵記》：“梁天監七年於端門外立石闕，凡四，高五丈，廣三丈六尺。侯景亂，後宫多灰燼，而石闕猶存。”

[4]卒：按，梁元帝有《太常卿陸倕墓誌銘》，見《藝文類聚》卷四九。

[5]瓚：汲古閣本同，殿本作“纘”。按，應作“纘”，《梁書·陸倕傳》亦作“第四子纘”。

[6]童子郎：官名。授予未成年而通經者。《梁書·陸倕傳》作“童子奉車郎”。童子奉車郎掌侍從，授未成年者。梁武帝天監七年置。餘不詳。

繕字士儒，[1]倕兄子也。父任，御史中丞。幼有志尚，[2]以雅正知名。梁承聖中，[3]爲中書侍郎，[4]掌東宫官記。[5]魏平江陵，[6]繕微服遁還建鄴。[7]

[1]繕：陸繕。《陳書》卷二三亦有傳。　士儒：中華本改作"士繻"，其校勘記云："'繻'各本作'儒'，據《陳書》改。"按，中華本是。

[2]幼有志尚：中華本於"幼"上補"繕"字，其校勘記云："'繕'字各本並脱，據《陳書》補。"按，中華本是。

[3]承聖：南朝梁元帝蕭繹年號（552—555）。

[4]中書侍郎：官名。三國魏始置，中書省官員，掌草擬詔令、詔誥。南朝擬詔出令之職仍歸中書省，但事權悉由中書舍人執掌，侍郎職閑官清，成爲諸王起家官，如缺監、令，或亦主持中書省務。梁尤以功高者一人主省事，成爲中書省實際長官。員皆四人。宋五品。齊及梁初不詳。梁武帝天監七年革選，釐定官品十八班，班多爲貴，中書侍郎九班。陳四品，秩千石。

[5]東宫官記：汲古閣本、殿本作"東宫管記"。下文亦作"東宫管記"，底本誤，應改"官"作"管"。東宫管記，官名。掌東宫文書。管記，南朝梁、陳於東宫、相府、王府等置，掌文書，常以文學之士擔任，亦有以中書侍郎兼掌者。

[6]魏平江陵：指南朝梁元帝承聖三年，西魏軍攻克江陵（今湖北荊州市荊州區），並俘殺梁元帝蕭繹。蕭繹城陷被殺前燒毁所藏圖書十餘萬卷。

[7]建鄴：即建康。南朝都城，在今江蘇南京市。三國吴定都建業，西晋初改稱建鄴，後辟晋愍帝司馬鄴諱改稱建康，南朝延稱。

紹泰元年，[1]除司徒右長史、御史中丞，以父任所終，固辭。陳武帝作輔，[2]爲司徒司馬。[3]及受命，位侍中。出爲新安太守。[4]文帝嗣位，[5]徵爲中庶子，[6]領步兵校尉，[7]掌東宮管記。繕儀表端麗，進退閑雅，趨步躡履，文帝使太子諸王咸取則焉。[8]

[1]紹泰：南朝梁敬帝蕭方智年號（555—556）。

[2]陳武帝：陳霸先。字興國，小字法生。南朝陳開國皇帝。本書卷九，《陳書》卷一、卷二有紀。

[3]司徒司馬：官名。司徒府屬吏。

[4]新安：郡名。治始新縣，在今浙江淳安縣西北。

[5]文帝：南朝陳文帝陳蒨。字子華。本書卷九、《陳書》卷三有紀。

[6]中庶子：官名。太子中庶子省稱。東宮屬官。掌侍從、奏事、諫議等，並與太子中舍人共掌東宮文翰。南朝員皆四人。宋五品。齊及梁初不詳。梁武帝天監七年（508）革選，釐定官品十八班，班多爲貴，中庶子十一班。陳四品，秩二千石。梁、陳並以功高者一人爲祭酒，行則負璽，前後部護駕，與太子中舍人功高者同掌禁令。

[7]步兵校尉：官名。禁衛軍五營校尉之一，爲皇帝的侍衛武官，掌宮廷宿衛。不領營兵，仍隸中領軍（領軍將軍），用以安置勳舊武臣。宋四品。齊及梁初不詳。梁武帝天監七年革選，釐定官品十八班，班多爲貴，步兵校尉七班。陳六品，秩千石。或説梁改步騎校尉。

[8]取則：取作規範。

後復拜御史中丞，猶以父所終，固辭，不許，乃權换廨宇，[1]徙以居之。太建中，[2]歷度支尚書、侍中、太子詹事、尚書右僕射。[3]尋遷左僕射，[4]參掌選事。[5]别敕與徐陵等七人參議政事。[6]卒，贈特進，[7]謚曰安子。以繕東宫舊臣，特賜祖奠。[8]

[1]權换廨宇：暫且調换官舍。

[2]太建：南朝陳宣帝陳頊年號（569—582）。

[3]太子詹事：官名。省稱詹事。東宫屬官。總領東宫官屬、庶務。南北朝東宫地位極重，官屬齊備，擬於朝廷，時號宫朝。諸衛率各領其兵，常任征伐，詹事任總宫朝，當時稱其職比朝廷之尚書令、領軍將軍，位權甚重，有時亦參預朝政。宋三品。齊及梁初不詳。梁武帝天監七年（508）革選，釐定官品十八班，班多爲貴，太子詹事十四班。陳三品，秩中二千石。　尚書右僕射：官名。省稱右僕射。尚書省次官，尚書令副佐，位在尚書左僕射下。南朝時尚書令爲宰相之任，位尊權重，不親庶務，尚書省日常政務常由尚書僕射主持，諸曹奏事由左、右僕射審議聯署。其參議大政，諫議得失，監察糾彈百官，可封還詔旨，常受命主管官吏選舉。另左僕射又領殿中、主客二郎曹，右僕射與祠部尚書通職，不並置，置則領祠部、儀曹二郎曹。梁、陳常缺尚書令，僕射實爲尚書省主官，列位宰相。員皆一人。宋三品。齊及梁初不詳。梁武帝天監七年革選，釐定官品十八班，班多爲貴，尚書右僕射十五班。陳二品，秩中二千石。

[4]尋遷左僕射：據《陳書》卷五《宣帝紀》，宣帝太建七年（575）十二月，以王瑒爲尚書左僕射，以陸繕爲尚書右僕射，八年五月王瑒卒，故陸繕於六月甲寅遷尚書左僕射。左僕射，官名。見本卷上文“尚書右僕射”注。

[5]選事：銓選職官的工作。

[6]徐陵：字孝穆，東海郯（今山東郯城縣）人。年少通《莊子》《老子》。仕梁至通直散騎常侍，出使東魏。入陳官至尚書僕

射、太子少傅。有文集三十卷。本書卷六二有附傳，《陳書》卷二六有傳。

[7]特進：官名。初爲對大臣的優待名義，以賜列侯中有特殊地位者。南北朝係正式加官名號，用以安置閑退大臣。宋二品。齊及梁初不詳。梁武帝天監七年革選，釐定官品十八班，班多爲貴，特進十五班。陳二品，秩中二千石。

[8]祖奠：靈車去往墓地前的一種祭名。古人遠行前要祭祀道路神，稱作祖。今靈車將赴墓，猶如生人之遠行，故稱其祭爲祖奠。

繕子辯慧，年數歲，詔引入殿内，進止有父風，[1]宣帝因賜名辯慧字敬仁。[2]繕兄子見賢亦方雅，位少府卿，[3]卒。

[1]進止有父風：《陳書》卷二三《陸繕傳》作“應對進止有父風”。

[2]宣帝：南朝陳宣帝陳頊。字紹世。本書卷一〇、《陳書》卷五有紀。

[3]少府卿：官名。東漢至南朝宋、齊係對少府之尊稱，至南朝梁正式定爲官名，爲十二卿之一。職掌宫廷手工業及冶鑄、磚木、庫藏等事務。宋三品。齊及梁初不詳。梁武帝天監七年（508）革選，釐定官品十八班，班多爲貴，少府卿九班。陳沿置，三品，秩中二千石。

閑字遐業，[1]慧曉兄子也。有風槩，與人交不苟合，少爲同郡張緒所知。仕至揚州别駕。[2]齊明帝崩，[3]閑謂所親人曰：“宫車晏駕，[4]百司將聽冢宰。[5]主上地重才弱，[6]必不能振，難將至矣。”乃感心疾，不復預州事。

[1]閑：陸閑。《南齊書》卷五五《陸絳傳》、《梁書》卷二七《陸襄傳》亦載其事。

[2]揚州别駕：官名，揚州州府屬吏。别駕，又稱别駕從事史、别駕從事。因從刺史巡視轄境，别乘傳車隨行，故稱。初與治中同爲州上綱，事無不統。南朝時與西曹書佐共掌本府官吏及選舉事，雖地位尊崇，但職任比前代削弱，職任漸爲府佐所奪。宋六品。齊及梁初不詳。梁武帝天監七年（508）革選，釐定官品十八班，班多爲貴，揚州别駕十班，他州分六等，高者八班，低者二班。陳揚州别駕爲六品，他州高者六品，低者九品。按，《南齊書》卷五二《陸厥傳》、卷五五《陸絳傳》亦載閑官爲“揚州别駕”，然本卷下文《陸襄傳》載其官爲“揚州中從事”，《梁書·陸襄傳》載其官“揚州治中”，與此異。

[3]齊明帝：蕭鸞。字景栖。本書卷五、《南齊書》卷六有紀。

[4]宫車晏駕：帝王駕崩。宫車，帝王乘坐的車，借指帝王。

[5]冢宰：一般指宰相，《周禮·天官·冢宰》：“惟王建國……乃立天官冢宰，使帥其屬而掌邦治，以佐王均邦國。”南朝時指尚書令。

[6]主上地重才弱：中華本改“上”作“王”，其校勘記云：“‘主王’各本作‘主上’。按上‘仕至揚州别駕’，據《梁書·陸襄傳》，揚州謂揚州刺史始安王遥光。時州朝佐史稱所佐之王爲‘主王’，今改正。”按，中華本是。

永元末，[1]刺史始安王遥光據東府作亂，[2]或勸去之。閑曰：“吾爲人吏，何可逃死。”臺軍攻陷城，[3]閑以綱佐被收，[4]至杜姥宅，[5]尚書令徐孝嗣啓閑不預逆謀。[6]未及報，徐世摽命殺之。[7]閑四子：厥、絳、完、襄也。絳字魏卿，時隨閑，抱頸求代死，不獲，遂以身蔽刀刃，行刑者俱害之。

[1]永元：南朝齊東昏侯蕭寶卷年號（499—501）。

[2]刺史始安王遥光據東府作亂：指齊東昏侯永元元年八月，揚州刺史蕭遥光起兵反東昏侯，旋兵敗被殺。事詳《南齊書》卷四五《蕭遥光傳》。始安，郡名。治始安縣，在今廣西桂林市。東府，本西晋末司馬睿鎮建鄴（今江蘇南京市）時治所。東晋初，就東府爲皇宫。東晋成帝咸和（326—335）間，遭蘇峻之亂，宫闕被毁。其地後爲東晋及南朝揚州刺史治所。晋安帝義熙十年（414）曾於此築東府城。《資治通鑑》卷一四〇《晋紀二十六》孝武帝太元二年載，彪之曰："中興之初，即東府爲宫。"胡三省注："東府，在建康臺城之東。"約在今江蘇南京市通濟門附近。

[3]臺軍：指齊東昏侯蕭寶卷的軍隊。建康宫城又稱臺城，故稱。

[4]綱佐：主要佐官，這裏指揚州别駕。

[5]杜姥宅：在臺城南掖門外。在今江蘇南京市乾河沿南。東晋成帝杜皇后母裴氏於此建宅，故名。

[6]徐孝嗣：字始昌，東海郯（今山東郯城縣）人。宋時拜駙馬都尉。入齊深受武帝信用，歷吴興太守、吏部尚書等。後以擁立明帝功遷尚書令。明帝卒，謀廢東昏侯，未成被殺。本書卷一五有附傳，《南齊書》卷四四有傳。

[7]徐世摽：汲古閣本、殿本"摽"作"標"。按，應作"檦"。徐世檦，新蔡（今河南新蔡縣）人。齊東昏侯寵臣，歷任殿内主帥、直閣驍騎將軍，凡東昏侯諸殺戮，皆其用命。後有異志，爲東昏侯所殺。本書卷七七有傳。

厥字韓卿，[1]少有風槩，好屬文。齊永明九年，詔百官舉士，同郡司徒左西曹掾顧暠之表薦厥，[2]州舉秀才。

[1]厥：陸厥。《南齊書》卷五二亦有傳。

[2]司徒左西曹掾：官名。司徒府屬吏。左西曹掾，省稱左西掾，晋代司徒府僚屬增設左西曹後，改原西曹爲右西曹。南朝沿置。宋七品。齊及梁初不詳。梁武帝天監七年（508）革選，釐定官品十八班，班多爲貴，皇弟皇子公府掾屬八班。陳六品，秩四百石。　顧暠之：字士明。好學有義行。齊武帝永明末爲太子中舍人，兼尚書左丞，鬱林王時爲著作郎。事見本書卷二四、《南齊書》卷四三《王思遠傳》。

時盛爲文章，[1]吴興沈約、陳郡謝朓、琅邪王融以氣類相推轂，[2]汝南周顒善識聲韻。[3]約等文皆用宫商，[4]將平上去入四聲，[5]以此制韻，有平頭、上尾、蠭腰、鶴膝。[6]五字之中，音韻悉異，兩句之内，角徵不同，[7]不可增減。世呼爲“永明體”。[8]沈約《宋書·謝靈運傳》後又論其事，[9]厥與約書曰：

[1]文章：此處指包括詩歌在内的有韻之文。

[2]吴興：郡名。治烏程縣，在今浙江湖州市。　沈約：字休文，吴興武康（今浙江德清縣）人。博通群籍、善作文。蕭衍輔政，密勸代齊稱帝。入梁歷任尚書僕射、太子少傅、尚書令。本書卷五七、《梁書》卷一三有傳。　琅邪：郡名。治開陽縣，在今山東臨沂市北。　推轂：薦舉，援引。

[3]汝南：郡名。治上蔡縣，在今河南上蔡縣西南。　周顒：字彦倫，汝南安成（今河南汝南縣）人。歷仕宋、齊。泛通百家，

尤長佛理，有文聲，善音律。著《三宗論》爲時人所重。本書卷三四有附傳，《南齊書》卷四一有傳。　聲韻：指文詞聲律和文字音韻學上的聲、韻、調等。

[4]宫商：五音中的宫音與商音。宫商角徵羽五音，相當於音樂簡譜中的1、2、3、5、6。宫商的振幅大而振動數小，聲大而不尖；徵羽的振幅小而振動數多，聲細而尖。《文鏡秘府論》講到調聲三術，指出宫商是平聲，徵是上聲，羽是去聲，角是入聲，上去入即後來所説的仄聲。據下文“將平上去入四聲，以此制韻”句，此處“宫商”借指詩律中的平仄和聲韻中的四聲。

[5]將：持拿，用。

[6]平頭：作詩的聲病之一。指五言詩第一字、第二字不得與第六字、第七字同聲（同平、上、去、入）。一説，句首二字不得並是平聲。　上尾：作詩的聲病之一。指在詩歌聲律上犯雙聲（聲母相同）之病，即上句尾字與下句尾字，或第一句尾字與第三句尾字爲雙聲。一説第五字不得與第十字同聲（連韻者可不論）。　蠭腰：作詩的聲病之一。指五言詩第二字與第五字同聲。言兩頭粗，中間細，有似蜂腰。　鶴膝：作詩的聲病之一。指詩句的第五字與第十五字同聲。言兩頭細，中間粗，有似鶴膝。以上爲沈約等倡聲病説中之四種。

[7]角徵：參見上文“宫商”注。

[8]永明體：指南朝齊武帝永明年間沈約、謝朓、王融等所創的詩體，其特點是强調聲律，對近體詩的形成有重要影響。

[9]沈約《宋書·謝靈運傳》後又論其事：即《宋書》卷六七《謝靈運傳論》，文章闡發了沈約的文學思想。謝靈運，陳郡陽夏（今河南太康縣）人。少好學，博覽群書，文章爲當時之冠。宋時任永嘉太守，在任不理民事。後被告發謀反，處死。有文集傳於世，明人作輯本《謝康樂集》。本書卷一九、《宋書》卷六七有傳。

范詹事《自序》：[1]“性别宫商，識清濁，[2]特能適輕重，[3]濟艱難。古今文人多不全了斯處，縱有會此者，不必從根本中來。”[4]尚書亦云：[5]“自靈均以來，[6]此秘未覩。[7]或暗與理合，匪由思至。[8]張、蔡、曹、王曾無先覺，[9]潘、陸、顔、謝去之彌遠。”[10]大旨欲“宫商相變，[11]低昂舛節，[12]若前有浮聲，[13]則後須切響，[14]一簡之内，音韻盡殊，兩句之中，輕重悉異”。辭既美矣，理又善焉；但觀歷代衆賢，似不都闇此處，[15]而云“此秘未覩”，近於誣乎。案范云“不從根本中來”，尚書云“匪由思至”，斯則揣情謬於玄黄，[16]擿句著其音律也。[17]范又云“時有會此者”，尚書云“或闇與理合”。則美詠清謳，[18]有辭章調韻者，雖有差謬，亦有會合。[19]推此以往，可得而言。夫思有合離，前哲同所不免，[20]文有開塞，即事不得無之。[21]子建所以好人譏彈，[22]士衡所以遺恨終篇。[23]既曰遺恨，非盡美之作。理可詆訶，君子執其詆訶，[24]便謂合理爲闇，豈如指其合理，而寄詆訶爲遺恨邪。

[1]范詹事：范曄。字蔚宗，順陽（今河南淅川縣）人。仕宋官至吏部尚書、太子詹事。博學善文，曉音律，撰有《後漢書》。本書卷三三有附傳，《宋書》卷六九有傳。

[2]清濁：指五音中的清聲與濁聲。一般以宫、商爲濁聲，徵、羽爲清音。參見劉勰《文心雕龍·聲律》。

[3]輕重：指輕音與重音。

［4］根本：指聲韻理論。

［5］尚書：指沈約。

［6］靈均：屈原。羋姓，屈氏，名平，字原，又自名正則，字靈均，戰國時楚國丹陽秭歸（今湖北宜昌市）人。輔佐楚懷王，歷任左徒、三閭大夫，後受讒去職。秦軍攻破楚都郢，投汨羅江而死。著有《離騷》《九章》等傳世。《史記》卷八四有傳。

［7］此秘：指宮商聲韻。按，此語及以下所引語均出自《宋書》卷六七《謝靈運傳》。

［8］或暗與理合，匪由思至：指屈原以下作家之作品，有的衹是碰巧符合聲律，不是由理性的對聲韻規律的研究所得來。

［9］張、蔡、曹、王：指漢魏文學家張衡、蔡邕、曹操父子及王粲。

［10］潘、陸、顔、謝：指晋、宋文學家潘岳、陸機及顔延之、謝靈運。

［11］宮商：此處泛指宮、商、角、徵、羽五音。按，《南齊書》卷五二《陸厥傳》、《宋書·謝靈運傳》論皆作“宮羽”。

［12］低昂舛節：低高音互相變化節制。按,《宋書·謝靈運傳論》作“低昂互節”。低昂，指聲的大小高低。也即前用宮商，後用徵羽。

［13］浮聲：指宮商聲大而不尖。

［14］切響：指徵羽聲細而尖。

［15］但觀歷代衆賢，似不都闇此處：謂歷代衆賢並非不明白以上所述的音韻學問。按，此二句乃駁沈約“自靈均以來，此秘未覩”的觀點。

［16］揣情謬於玄黄：比喻從外表非本質的東西，來揣測人内心實情，定然荒謬。

［17］擿句著其音律:《南齊書·陸厥傳》“著”作“差”。按，應作“差”。擿句差其音律，意思是説斷章取義擇取某幾句指責其不懂音律。

[18]詠：汲古閣本同，殿本作“韻”。《南齊書·陸厥傳》亦作“詠”。

[19]會合：指暗合音韻規律。

[20]思有合離，前哲同所不免：意思是對聲律的認識，前賢和今人不免相同。

[21]文有開塞，即事不得無之：意思是作詩文時，有時思路順暢，有時思路滯澀，因而文中難免出現毛病。

[22]子建：曹植。字子建，曹操子，年少有才。建安文學主要代表作家之一，與曹操、曹丕並稱“三曹”。《三國志》卷一九有傳。其《與楊德祖書》云：“世人之著述，不能無病。僕嘗好人譏彈其文，有不善者，應時改定。”　譏彈：諷刺批評。

[23]士衡：陸機。字士衡，吴郡（今江蘇蘇州市）人。晋武帝時爲祭酒，博學精深，著有數百篇文章。八王之亂中被司馬穎所殺。《晋書》卷五四有傳。其《文賦》云：“恒遺恨以終篇，豈懷盈而自足。”

[24]君子：對沈約的敬稱。

自魏文屬論，[1]深以清濁爲言，[2]劉楨奏書，[3]大明體勢之致。齟齬妥怗之談，[4]操末續顛之説，[5]興玄黄於律吕，[6]比五色之相宣。[7]苟此秘未覩，兹論爲何所指邪？愚謂前英已早識宫徵，但未屈曲指的，若今論所申。[8]至於掩瑕藏疾，合少謬多，則臨淄所云[9]“人之著述，不能無病”者也。非知之而不改，謂不改則不知，斯曹、陸又稱“竭情多悔、不可力强”者也。[10]今許以有病有悔爲言，則必自知無悔無病之地。引其不了不合爲闇，何獨誣其一合一了之地乎？[11]意者亦質文時異，[12]今古好殊，[13]將急在情物，而緩於章句。[14]情物，文之所急，美惡猶且相半；章句，意之所緩，故合少語謬多。[15]義兼於斯，[16]必非不知明矣。《長門》《上林》，[17]殆非一家之賦；[18]《洛神》《池鴈》，[19]便成二體之作。[20]孟堅精正，[21]《詠史》無虧於東主；[22]平子恢富，[23]《羽獵》不累於憑虛。[24]王粲《初征》，[25]他文未能稱是；[26]楊脩敏捷，[27]《暑賦》彌日不獻。[28]率意寡尤，[29]則事促乎一日，翳翳愈伏，[30]而理賒於七步。[31]一人之思，遲速天懸，一家之文，工拙壤隔，[32]何獨宮商律吕必責其如一邪？論者乃可言未窮其致，不得言曾無先覺也。

[1]魏文屬論：指三國魏文帝曹丕的論文著作《典論·論文》。

[2]清濁爲言：《典論·論文》云："文以氣爲主，氣之清濁有體，不可力强而致。"

[3]劉楨：字公幹，東平（今山東東平縣）人。建安七子之一。曾爲曹操丞相掾屬。有文賦數十篇。《三國志》卷二一有傳。奏書：指劉楨《答魏太子丕借廓落帶書》，被評爲"辭旨巧妙"。詳見《三國志》卷二一《魏書·劉楨傳》裴松之注引《典略》。

[4]齟齬妥怗之談：語出陸機《文賦》："或妥帖而易施，或岨峿而不安。""岨峿"同"齟齬"。此處形容文詞抵觸，不順暢。《南齊書》卷五二《陸厥傳》作"岨峿"。妥怗，穩當，合適。怗，殿本同，汲古閣本作"帖"。

[5]操末續顛之説：作文章拿末尾來接開頭。語出陸機《文賦》："如失機而後會，恒操末以續顛。"

[6]興玄黄於律吕：在音律中總結出天地秩序規則。語出陸機《文賦》："謬玄黄之秩序，故淟涊而不鮮。"玄黄，黑與黄，指天

地的顏色。代指天地。律吕，古代校正樂律的器具，共有十二個。後泛指音律。

［7］比五色之相宣：猶如五色要相配。語出陸機《文賦》："暨音聲之疊代，若五色之相宣。"

［8］但未屈曲指的，若今論所申：意思是古人雖然早已知道聲韻，但還未能像今人這樣申明其中的道理。

［9］臨淄：指曹植。其曾封臨淄侯，故稱。

［10］竭情多悔：用盡心思，却不如意。語出陸機《文賦》："是以或竭情而多悔，或率意而寡尤。"

［11］引其不了不合爲闇，何獨誣其一合一了之地乎：中華本改"地"作"明"，其校勘記云："'明'各本作'地'。按'明'與'闇'爲對文，據《南齊書》改。"按，中華本是。

［12］質文時異：指不同時代對質文有不同的要求。質，指文章内容思想。文，指文章形式文辭。

［13］古今好（hào）殊：古今愛好不同。

［14］將急在情物，而緩於章句：指古人作文首先重内容，次重文辭表達形式。

［15］語誃：汲古閣本、殿本同，百衲本作"而謬"。《南齊書·陸厥傳》亦作"而謬"。按，應作"而謬"。

［16］義兼於斯：指兼有"不可力强"和"意之所緩"兩方面。

［17］《長門》《上林》：皆漢司馬相如所作之賦。前者寫陳皇后失寵，愁居長門宫，格調哀婉；後者寫漢帝田獵，文章恢宏。二賦均見《漢魏六朝百三家集·司馬文園集》。

［18］殆非一家之賦：意指《長門》《上林》兩賦内容風格懸殊。

［19］《洛神》《池鴈》：皆三國魏曹植所作。見《漢魏六朝百三家集·陳思王集》。

［20］便成二體之作：意指《洛神》與《池鴈》分别是賦、五言詩，兩種體例。

［21］孟堅：班固。字孟堅，扶風安陵（今陝西咸陽市東北）

人。東漢蘭臺令史、典校秘書。撰《漢書》，開創斷代體史書。又撰《白虎通義》《兩都賦》等。《後漢書》卷四〇有傳。　精正：指文筆純正。

［22］《詠史》：指班固《東都賦》所附《明堂》《辟雍》《靈臺》《寶鼎》《白雉》五詩。　東主：班固《兩都賦》假託“有西都賓問東都主人”，通過一主一賓相談，展開對東、西兩都的描寫。

［23］平子：張衡。字平子，南陽西鄂（今河南南陽市）人。東漢安帝、順帝時兩任太史令，後又拜侍中、河間相。精通天文、陰陽、曆算，又善文學和經學。著有《二京賦》等三十餘文。《後漢書》卷五九有傳。　恢富：指文筆恢弘富麗。見《漢魏六朝百三家集·張河間集》。

［24］《羽獵》：指張衡《西京賦》。因其中詳細描寫了天子出獵場面，故稱。　憑虛：指憑虛公子，《西京賦》中假託的人物，他與“安處先生”敘談歷史，借以展開出獵場面的描寫。

［25］王粲：字仲宣，山陽高平（今山東鄒城市）人。建安七子之一。漢獻帝初，受蔡邕器重，後辟曹操丞相掾，官至侍中。魏初參與禮儀制度的制定。所著詩、賦、論、議數十篇，《三國志》卷二一有傳。　《初征》：指王粲五言詩《從軍詩五首》。見《漢魏六朝百三家集·王侍中集》。

［26］他文未能稱是：謂王粲除《初征》外，其他作品都不甚佳。

［27］楊脩：字德祖，弘農華陰（今陝西華陰市）人。好學能文，才思敏捷。與曹植相善，曾助植謀立太子，不成被殺。《後漢書》卷五四有傳。

［28］《暑賦》彌日不獻：楊脩作《暑賦》，多日未寫成。詳見《三國志》卷一九《魏書·陳思王植傳》裴松之注引《典略》載楊修《答曹植書》。

［29］率意寡尤：指放任心情、思路順暢時寫的文章問題很少。

［30］翳翳愈伏：文理隱，難於表達。語出陸機《文賦》。

［31］七步：相傳三國魏曹植七步成詩，後因以七步形容才思敏捷。

［32］壤隔：指天壤之别。

約答曰：

宫商之聲有五，文字之别累萬。以累萬之繁，配五聲之約，高下低昂，非思力所學，[1]又非止若斯而已。十字之文，[2]顛倒相配，字不過十，巧歷已不能盡，[3]何况復過於此者乎？[4]靈均以來，未經用之於懷抱，固無從得其髣髴矣。若斯之妙，而聖人不尚，何邪？此蓋曲折聲韻之巧，無當於訓義，非聖哲玄言之所急也，[5]是以子雲譬之"雕蟲篆刻"，[6]云"壯夫不爲"。自古辭人豈不知宫羽之殊、商徵之别。雖知五音之異，而其中參差變動，所昧實多，故鄙意所謂"此秘未覩"者也。以此而推，則知前世文士，便未悟此處。若以文章之音韻，同弦管之聲曲，美惡妍蚩，[7]不得頓相乖反，譬猶子野操曲，[8]安得忽有闡緩失調之聲。以《洛神》比陳思他賦，[9]有似異手之作，故知天機啓則律吕自調，六情滯則音律頓舛也。[10]士衡雖云焕若縟錦，[11]寧有濯色江波，其中復有一片是衛文之服。[12]此則陸生之言，即復不盡者矣。韻與不韻，復有精麤，輪扁不能言之，[13]老夫亦不辯盡此。[14]

［1］所學：《南齊書》卷五二《陸厥傳》"學"作"舉"。所舉，所能做到。

［2］十字之文：五言詩每聯十字。此處泛指詩。

［3］巧歷：善於計算。語出《莊子·齊物論》："一與言爲二，二與一爲三，自此以往，巧歷不能得，而况其凡乎？"

［4］况：殿本同，汲古閣本作"洸"。

［5］玄言：《南齊書·陸厥傳》作"立言"。

［6］子雲：揚雄（一作"楊雄"）。字子雲，蜀郡成都（今四川成都市）人。西漢成帝時官至給事黄門。王莽稱帝，校書天禄閣，官爲大夫。善辭賦，以文章名世，辭賦名者有《甘泉賦》《長楊賦》等。《漢書》卷八七有傳。　雕蟲篆刻：比喻微小的技能。語出揚雄《法言·吾子》："或問：'吾子少而好賦？'曰：'然。童子雕蟲篆刻。'俄而曰：'壯夫不爲也。'"

［7］蚩：汲古閣本同，殿本作"媸"。

［8］子野：師曠。字子野。春秋時晋國樂師。　操曲：彈奏樂曲。

［9］陳思：指曹植。因生前封陳王，死後謚"思"，故稱。作有著名的《洛神賦》。

［10］頓舛：滯澀錯亂。

［11］焕若縟錦：形容文詞艷麗猶如五彩繽紛的刺綉。《南齊書·陸厥傳》"焕"作"炳"。本書避唐高祖李淵父李昞諱改。

［12］衛文之服：指粗布衣服。《左傳》閔公二年："衛文公大布之衣。"杜預注："大布，麤布。"按，"衛文之服"與上述"焕若縟錦"成對比。

［13］輪扁：亦作"輪邊"。春秋時齊國有名的造輪工匠。此處借指技巧高超的人。

［14］不辯盡此：《南齊書·陸厥傳》作"不盡辨此"。

約論四聲，妙有詮辯，而諸賦亦往往與聲韻乖。[1]

［1］乖：不順，不和諧。

時有王斌者，不知何許人。著《四聲論》行於時。斌初爲道人，博涉經籍，雅有才辯，善屬文，能昌導而脩容儀。[1]嘗獘衣於瓦官寺聽雲法師講《成實論》，[2]無復坐處，唯僧正慧超尚空席，[3]斌直坐其側。慧超不能平，乃駡曰："那得此道人，禄蔌似隊父唐突人。"[4]因命驅之。斌笑曰："既有叙勳僧正，[5]何爲無隊父道人。"不爲動。而撫機問難，辭理清舉，四坐皆屬目。後還俗，以詩樂自樂，人莫能名之。

［1］昌導而脩容儀：汲古閣本、殿本同，中華本作"唱導而不修容儀"，其校勘記云："'唱'各本作'昌'，'不'各本脱，並據《通志》改補。"按，中華本是。

［2］瓦官寺：一作瓦棺寺，亦稱瓦官閣。東晋哀帝興寧二年（364）建。在今江蘇南京市西南秦淮河畔鳳凰臺西花露崗上。官，殿本同，汲古閣本作"棺"。　雲法師：僧人法號單字"雲"，似不可解。《册府元龜》卷八二一云："常獘衣於瓦官寺，聰雲法師講《成實語》。"此處"聽"或爲"聰"之誤。　《成實論》：佛教典籍。印度訶利跋摩著，十六國後秦鳩摩羅什譯。二十卷（或十六卷）。

［3］僧正：僧官名。十六國後秦始置，統管僧尼。南朝歷代沿置。

［4］禄蔌：吃野菜。　隊父：睡在野郊路邊的老人。隊，同"隧"。　唐突：亂闖，詆觸。

［5］叙勳：評議勳勞。

永元元年，始安王遥光反，厥父閑被誅，厥坐繫尚方。[1]尋有赦，厥感慟而卒，年二十八。文集行於世。[2]

［1］尚方：原指古代製造器用的部門。因其多以獄徒服勞作，故亦以稱繫囚犯之所。

［2］文集行於世：《隋書·經籍志四》載"齊後軍法曹參軍《陸厥集》八卷"。

時有會稽虞炎以文學與沈約俱爲文惠太子所遇，[1]意眄殊常，[2]官至驍騎將軍。[3]

［1］文惠太子：蕭長懋。字雲喬，小字白澤，南蘭陵蘭陵（今江蘇常州市武進區）人。齊武帝長子，未即位而卒，謚文惠。本書卷四四、《南齊書》卷二一有傳。

［2］意眄：看重，關懷。

［3］驍騎將軍：官名。南朝禁衛六軍（領軍、護軍、左衛、右衛、游擊、驍騎）之一，領營兵，兼統宿衛之任，是護衛宫廷的主要將領之一。宋四品。齊及梁初不詳。梁武帝天監六年（507）四月置左、右驍騎將軍，天監七年革選，釐定官品十八班，班多爲貴，左、右驍騎將軍十一班。陳仍分置左、右，四品，秩二千石。

襄字師卿，[1]厥第四弟也。本名衰，字趙卿，有奏事者誤字爲襄，梁武帝乃改爲襄，字師卿。

［1］襄：陸襄。《梁書》卷二七亦有傳。

天監三年，都官尚書范岫表薦襄，[1]起家著作佐郎。[2]後昭明太子統聞襄業行，[3]啓武帝引與遊處。自廬陵王起室除太子洗馬，[4]遷中舍人，並掌管記。出爲揚州中從事，[5]以父終此官，[6]固辭。武帝不許，聽與府司馬換廨居之。

[1]都官尚書：官名。尚書省列曹尚書之一，係都官曹長官。南朝沿置，掌都官、水部、庫部、功論四曹，職掌軍事刑獄、水利工程，兼庫藏、考覈官吏之政。宋三品。齊及梁初不詳。梁武帝天監七年（508）革選，釐定官品十八班，班多爲貴，都官尚書十三班。陳三品，秩中二千石。　范岫：字懋賓，濟陽考城（今河南民權縣）人。歷仕宋、齊、梁，官至御史中丞、金紫光禄大夫。本書卷六〇、《梁書》卷二六有傳。

[2]著作佐郎：官名。協助著作郎修撰國史，集注起居。初稱佐著作郎，東晋改稱著作佐郎。南朝屬秘書省，爲清閑望重之職，多世族高門起家之選。員八人。宋六品。齊及梁初不詳。梁武帝天監七年革選，釐定官品十八班，班多爲貴，著作佐郎二班。陳七品，秩四百石。

[3]昭明太子統：蕭統。字德施，小字維摩。南蘭陵（今江蘇常州市武進區）中都里人。梁武帝長子，武帝天監初立爲太子。早慧，明於庶事且信佛能文。編有《文選》，另有《昭明太子集》。本書卷五三、《梁書》卷八有傳。

[4]廬陵王：蕭續。字世訢，南蘭陵（今江蘇常州市武進區）中都里人。梁武帝第五子，封廬陵郡王。本書卷五三、《梁書》卷二九有傳。　起室：汲古閣本、殿本、百衲本作“記室”。據《梁書》卷二七《陸襄傳》，“天監三年，都官尚書范岫表薦襄，起家擢拜著作佐郎，除永寧令。秩滿，累遷司空臨川王法曹，外兵，輕車廬陵王記室參軍。昭明太子聞襄業行，啓高祖引與遊處，除太子洗馬，遷中舍人，並掌管記”，可見，其由“記室”除“太子洗

馬”。底本誤。

[5]揚州中從事：官名。揚州州府屬吏。中從事，又稱治中從事史、治中從事、中從事史、治中。初與別駕同爲州上綱，事無不統。南朝時掌衆曹文書事，雖地位尊崇，但職任比前代削弱。宋六品。齊及梁初不詳。梁武帝天監七年革選，釐定官品十八班，班多爲貴，揚州治中九班，他州分五等，高者七班，低者一班。陳揚州治中六品，他州高者六品，低者九品。

[6]以父終此官：按，《梁書·陸襄傳》亦載陸襄父陸閑官“揚州治中”，而本卷上文《陸閑傳》及《南齊書》卷五五《陸絳傳》、卷五二《陸厥傳》皆載陸閑官“揚州別駕”。

昭明太子敬耆老，襄母年將八十，與蕭琛、傅昭、陸杲每月常遣存問，[1]加賜珍羞衣服。[2]襄母常卒患心痛，[3]醫方須三升粟漿。時冬月，日又逼暮，求索無所，忽有老人詣門貨漿量如方劑。始欲酬直，[4]無何失之，時以襄孝感所致。

[1]蕭琛：字彦瑜，南蘭陵（今江蘇常州市武進區）人。仕齊累遷至司徒記室，入梁官至金紫光禄大夫。不治産業，好音律。本書卷一八有附傳，《梁書》卷二六有傳。　傅昭：字茂遠，北地靈州（今寧夏吴忠市北武市）人。仕南朝齊官至中書通事舍人，入梁歷五兵、左民尚書，金紫光禄大夫。居官無所請託，不謀取私利，終日篤學，時人所宗。本書卷六〇、《梁書》卷二六有傳。

[2]羞：通“饈”。

[3]卒：通“猝”。

[4]直：通“值”。

後爲太子家令，[1]復掌管記，母憂去職。[2]襄年已五十，毁頓過禮，[3]太子憂之，日遣使誡喻。

[1]太子家令：官名。東宫屬官。南朝隸太子詹事，掌東宫刑獄、倉儲、飲食、奴婢。宋五品，清流者不爲之。齊不詳。梁始重其選，武帝天監七年（508）革選，釐定官品十八班，班多爲貴，家令十班。陳四品，秩千石。

[2]母憂：母喪。

[3]毁頓：居喪過哀，精神委頓。

大通七年，[1]爲鄱陽内史。[2]先是郡人鮮于琮服食脩道法，[3]常入山采藥，拾得五色幡旄，[4]又於地中得石璽，竊怪之。琮先與妻别室，望琮所處常有異氣，益以爲神。大同元年，[5]遂結門徒殺廣晋令王筠，[6]號上願元年，署置官屬。其黨轉相誑惑，有衆萬餘人，將出攻郡。襄先已率人吏脩城隍爲備，及賊至破之，生獲琮。時鄰郡豫章、安成等守宰案其黨與，因求貨賄，皆不得其實。或有善人盡室罹禍，唯襄郡枉直無濫。人作歌曰："鮮于抄後善惡分，[7]人無横死賴陸君。"[8]

[1]大通七年：中華本改作"中大通七年"，其校勘記云："'中'字各本並脱，據《梁書》補。按大通盡三年，其年十月改元中大通。然中大通盡六年，不得有七年，疑'七'字訛。"按，中華本是。中大通，南朝梁武帝蕭衍年號（529—534）。

[2]鄱陽：郡名。治鄱陽縣，在今江西鄱陽縣。

[3]鮮于琮：《梁書》卷二七《陸襄傳》、《資治通鑑》卷一五七《梁紀十三》"琮"並作"琛"。　服食：指道教徒服丹藥以養生。

[4]毦:《玉篇·毛部》云:"以毛羽爲飾。"《梁書·陸襄傳》作"毦"。

[5]大同:南朝梁武帝蕭衍年號(535—546)。

[6]廣晋:縣名。治所在今江西鄱陽縣石門街鎮。

[7]抄:《梁書·陸襄傳》作"平"。

[8]人無横死賴陸君:《梁書·陸襄傳》作"民無枉死,賴有陸君"。

又有彭、李二家,先因忿争,遂相誣告。襄引入内室,不加責誚,但和言解喻之。二人感恩,深自悔咎。乃爲設酒食令其盡歡,酒罷同載而還,因相親厚。人又歌曰:"陸君政,無怨家。鬬既罷,讎共車。"在政六年,郡中大寧。郡人李晛等四百二十人詣闕拜表,[1]陳襄德化,求於郡立碑,降敕許之。又表乞留襄,固乞還。[2]

[1]闕:本指皇宫門前兩邊供瞭望的高樓建築。此處借指皇帝居處、朝廷。

[2]固乞還:《梁書》卷二七《陸襄傳》作"襄固乞還",文意更爲明確。

太清元年,[1]爲度支尚書。侯景圍臺城,[2]以襄直侍中省。[3]城陷,襄逃還吴。景將宋子仙進攻錢唐,[4]會海鹽人陸黯舉義襲郡,[5]殺僞太守蘇單于,推襄行郡事。時淮南太守文成侯蕭寧逃賊入吴,[6]襄遣迎寧爲盟主,遣黯及兄子映公帥衆躡子仙,[7]與戰,黯敗走,[8]吴下軍聞之亦散。[9]襄匿于墓下,一夜憂憤卒。[10]

［1］太清：南朝梁武帝蕭衍年號（547—549）。

［2］侯景：字萬景，懷朔鎮（今内蒙古固陽縣）人。初爲北魏邊鎮戍兵，復依附高歡。東魏時，位至司徒、南道行臺。高歡死，歸附梁，受封河南王。梁武帝太清二年舉兵反，攻陷建康，困死梁武帝。又廢簡文帝，自立爲帝，國號漢。後被梁元帝部將王僧辯、陳霸先擊敗，北逃途中爲部將所殺。本書卷八〇、《梁書》卷五六有傳。　臺城：即建康宫，又名顯陽宫。位於今江蘇南京市雞籠山南、乾河沿北。本三國吴後苑城，東晋成帝時改建，咸和七年（332）新宫成，名曰建康宫，爲東晋、南朝臺省（中央政府）和宫殿所在地，故名"臺城"。臺城有六門：大司馬門、萬春門、東華門、西華門、太陽門、承明門。

［3］直：官制術語。當值充任，署理職事。屬臨時差遣之職。侍中省：官署名。即門下省。原爲東晋門下三省之一。南朝門下三省之散騎（集書）、西省各自獨立出來，侍中省遂專"門下"之號，徑稱門下省，兩名亦常互稱。掌陪侍皇帝出入，顧問應對，兼傳達詔令、收納尚書奏章等。長官爲侍中。

［4］宋子仙：侯景幹將。侯景稱帝後任太保。後敗於王僧辯，被俘斬首。事見本書卷八〇、《梁書》卷五六《侯景傳》。　錢唐：縣名。治所在今浙江杭州市。

［5］海鹽：縣名。治所在今浙江海鹽縣。

［6］淮南：郡名。治于湖縣，在今安徽當塗縣。　文成侯蕭寧：蕭寧。梁鄱陽嗣王蕭範之弟，封文成侯。《資治通鑑》卷一六三《梁紀十九》簡文帝大寶元年下有云："寧，範之弟也。"

［7］躡：《梁書》卷二七《陸襄傳》作"拒"。

［8］黯：殿本同，汲古閣本作"闇"。按，此指上文之陸黯，應以底本爲是。

［9］吴下軍聞之亦散：據《梁書》卷五六《侯景傳》，此事在梁武帝太清三年六月。吴下，指吴郡。

［10］一夜憂憤卒：《文苑英華》卷八四二載南朝陳江總《梁故

度支尚書陸君誄》，所述陸襄生平，與本傳略有異同。

襄弱冠遭家禍，釋服猶若居憂，終身蔬食布衣，不聽音樂，口不言殺害五十年。[1]侯景平，元帝贈侍中，[2]追封餘干縣侯。[3]

[1]“終身蔬食布衣”至“口不言殺害五十年”：北齊顏之推《顏氏家訓·風操》亦載：“吴郡陸襄，父閑被刑，襄終身布衣蔬飯，雖薑菜有切割，皆不忍食，居家惟以掐摘供厨。”

[2]元帝：南朝梁元帝蕭繹。字世誠。本書卷八、《梁書》卷五有紀。

[3]餘干：縣名。治所在今江西餘干縣。 縣侯：封爵名。開國縣侯省稱。按，南朝宋、齊、梁大體沿前代制，有（郡）王、公、侯、伯、子、男，又有開國郡公、縣公、郡侯、縣侯（三品）、縣伯、縣子、縣男及鄉侯（四品）、亭侯（五品）、關内（中）侯（六品），凡十五等。陳有郡王（一品）、嗣王（梁始置）、藩王（梁始置），又有開國郡公、縣公（以上二品）、縣侯（三品）、縣伯（四品）、縣子（五品）、縣男（六品）及沐食侯（七品）、鄉亭侯（八品）、開國中關外侯（九品），凡十二等。

雲公字子龍，[1]襄兄完子也。完位寧遠長史、琅邪彭城二郡丞。[2]

[1]雲公：陸雲公。《梁書》卷五〇亦有傳。

[2]寧遠長史：官名。寧遠將軍府屬吏。寧遠，寧遠將軍省稱。南朝宋五品。齊及梁初不詳。梁武帝天監七年（508）革選，釐定將軍名號及班品，有一百二十五號十品二十四班，班多爲貴，寧遠

與明威、振遠等將軍代舊寧朔將軍，十三班。大通三年（529）改制，定二百四十二號三十四班將軍，寧遠將軍二十三班。陳擬五品，比秩千石。　琅邪彭城：此當爲南琅邪及南彭城二郡。南琅邪，寄治白下城，在今江蘇南京市北金川門外幕府山南麓。南彭城，寄治白下城，虛置，無實土。

雲公五歲誦《論語》《毛詩》，九歲讀《漢書》，略能記憶。從祖倕與沛國劉顯質問十事，雲公對無所失，顯歎異之。及長，好學，有才思，爲平西湘東王繹行參軍。[1]雲公先製《太伯廟碑》，[2]吴興太守張纘罷郡經途，[3]讀其文歎曰："今之蔡伯喈也。"[4]纘至都掌選，言之武帝，召爲尚書儀曹郎，入直壽光省，[5]以本官知著作郎事。[6]累遷中書、黄門郎，[7]兼掌著作。

[1]平西：官名。平西將軍省稱。與平南、平東、平北將軍合稱四平將軍，南朝地位較高。宋三品。齊及梁初不詳。梁武帝天監七年（508）革選，釐定將軍名號及班品，有一百二十五號十品二十四班，班多爲貴，平西將軍二十班。大通三年（529）改制，定二百四十二號三十四班將軍，平西將軍三十班。陳擬三品，比秩中二千石。　湘東王繹：蕭繹。後即位爲梁元帝，初封湘東王。湘東，郡名。治臨烝縣，在今湖南衡陽市。

[2]《太伯廟碑》：《藝文類聚》卷二一收録，題爲《太伯碑》。

[3]張纘：字伯緒，范陽方城（今河北固安縣）人。仕梁歷任吴興太守、吏部尚書、尚書僕射、湘州刺史等。在任選用下層，不媚權貴，省併吏役，撫懷蠻族。本書卷五六、《梁書》卷三四有附傳。

[4]蔡伯喈：蔡邕。字伯喈，陳留圉（今河南杞縣）人。東漢

靈帝時任議郎，董卓專權時官至左中郎將。卓被誅，牽連被捕，死於獄中。著名文學家，尤善碑碣之文。《後漢書》卷六〇下有傳。

［5］壽光省：南朝梁文學侍從之臣入直之處所，設於臺城壽光殿。

［6］知著作郎事：掌著作郎職責事務。知，官制術語。管理，主管。六朝時，政府職官名和職能分離，職官名標記地位高低、待遇等級，而常以"録某事""都督某軍事""行某事""領某事"知某事""兼某事"等規定官員實際責任。著作郎，官名。亦稱大著作郎、大著作、著作、正郎等。掌國史及起居注的修撰，有時亦兼管秘書省所藏典籍。南朝爲清要之官，出任者多爲有名望的文學之士，有時亦以司空、侍中、尚書等官領典。宋爲宗室起家官，六品。齊及梁初不詳。梁武帝天監七年革選，釐定官品十八班，班多爲貴，著作郎六班。陳六品，秩六百石。

［7］中書、黄門郎：即中書侍郎、給事黄門侍郎。

雲公善弈碁，嘗夜侍坐，[1]武冠觸燭火，[2]帝笑謂曰："燭燒卿貂。"[3]帝將用爲侍中，故以此戲之。時天泉池新製鯿魚舟，[4]形狹而短，[5]帝暇日常泛此舟，朝中唯引太常劉之遴、國子祭酒到溉、右衛朱异，[6]雲公時年位尚輕亦預焉。

［1］坐：汲古閣本同，殿本無此字。

［2］武冠：冠名。亦稱武弁大冠、武弁、大冠、繁冠、建冠、籠冠。以黑色漆紗爲料，頂圓或橢圓，兩邊有耳垂下，下用絲帶繫結。造型高大，武官所戴。侍中、中常侍亦戴此冠，但加黄金璫，附蟬爲文，貂尾爲飾。湖南長沙馬王堆西漢墓出土之漆紗籠冠，爲此冠初期形制。武，汲古閣本同，殿本作"武帝"二字。按，應以底本爲是。

［3］貂：冠飾。自漢以下，中朝官侍中、常侍冠皆加貂尾爲飾。

［4］天泉池：池沼名。即天淵池，此避唐高祖李淵諱改。在京師建康宫城華林園内。　鯿魚舟：形似鯿魚的小舟。

［5］形狹而短：中華本作“形闊而短”，其校勘記云：“‘闊’各本作‘狹’，與鯿魚形不類，據《梁書》改。”

［6］劉之遴：字思貞，南陽涅陽（今河南鄧州市）人。仕梁任太學博士、中書通事舍人、南郡太守、太常卿等，侯景之亂卒。有文集行於世。本書卷五〇有附傳，《梁書》卷四〇有傳。　右衛：官名。右衛將軍省稱。與左衛將軍合稱二衛將軍，禁衛軍六軍（領軍、護軍、左衛、右衛、驍騎、游擊）之一。係禁衛軍主要將領，掌宫廷宿衛營兵。齊高帝建元二年（480）詔，二衛將軍每晚留一人宿直宫中。南朝後期亦領兵出征。宋四品。齊及梁初不詳。梁武帝天監七年（508）革選，釐定官品十八班，班多爲貴，左右衛將軍十二班。陳三品，秩二千石。　朱异：字彦和，吴郡錢唐（今浙江杭州市）人。博通經史文章，兼通書算棋藝。歷梁太學博士、中書舍人、太子右衛率、中領軍。任職掌權三十餘年，善阿諛以迎合帝意。勸武帝受降侯景，侯景反，慚愧發病卒。本書卷六二、《梁書》卷三八有傳。

太清元年卒，張纘時爲湘川，[1]與雲公叔襄、兄晏子書曰：[2]“都信至，承賢兄子、賢弟黄門殞逝，非唯貴門喪寶，實有識同悲。”[3]其爲士流稱重如此。

［1］湘川：汲古閣本、殿本作“湘州”。按，應爲“州”，據《梁書》卷五〇《陸雲公傳》及卷三四《張纘傳》，時張纘任湘州刺史。湘州，治臨湘縣，在今湖南長沙市。

［2］與雲公叔襄、兄晏子書：中華本未點斷。晏子，據下文《陸玠傳》及本書卷七《梁武帝紀下》、《魏書》、《北齊書》等，其

曾任梁大匠卿、散騎常侍。又，晏子應爲雲公從父兄，陸厥或陸絳之子。

［3］“都信至”至“實有識同悲”：按，張纘書全文參見《梁書·陸雲公傳》。

雲公從父兄才子，亦有才名，位太子中庶子、廷尉，[1]與雲公並有文集行於世。[2]

［1］廷尉：官名。又尊稱廷尉卿。中央最高司法審判機構長官，掌詔獄，總全國斷獄數。文武大臣有罪，由其直接審理收獄。又爲地方司法案件的上訴機關，負責覆核審決郡國疑獄。遇重大案件，或與同有治獄奏讞之責的御史中丞、司隸校尉三方會審。南朝因置建康三官分掌刑獄，廷尉職權較前代爲輕。宋三品。齊及梁初不詳。梁始正式定名“廷尉卿”，武帝天監七年（508）革選，釐定官品十八班，班多爲貴，廷尉卿十一班。陳三品，秩中二千石。

［2］與雲公並有文集行於世：《隋書·經籍志四》載“梁黄門郎陸雲公集十卷”。

雲公子瓊字伯玉，[1]幼聰慧，有思理。六歲爲五言詩，頗有詞采。大同末，雲公受梁武帝詔校定碁品，到溉、朱异以下並集。瓊時年八歲，於客前覆局，[2]由是都下號曰神童。[3]异言之武帝，召見，瓊風神警亮，[4]進退詳審，[5]帝甚異之。

［1］瓊：陸瓊。《陳書》卷三〇亦有傳。

［2］覆局：亦稱覆棋。謂棋局亂後，重行布棋如舊。《三國志》卷二一《魏書·王粲傳》：“（王粲）觀人圍棋，局壞，粲爲覆之。

棋者不信，以帊蓋局，使更以他局爲之。用相比較，不失一道。”

[3]都下：京都。

[4]警亮：機警聰明。

[5]詳審：周密且審慎。

十一，丁父憂，[1]毁瘠有至性，[2]從祖襄歎曰：“此兒必荷門基，所謂一不爲少。”及侯景作逆，攜母避地于縣之西鄉，[3]勤苦讀書，晝夜無怠，遂博學善屬文。

[1]丁父憂：遭遇父喪。

[2]毁瘠：因居喪過於哀傷而極度瘦弱。

[3]避地于縣之西鄉：《册府元龜》卷七九八作“避地于吴縣之北鄉”。

陳天嘉中，[1]以文學累遷尚書殿中郎。瓊素有令名，[2]深爲陳文帝所賞。及討周迪、陳寶應等，[3]都官符及諸大手筆，[4]並中敕付瓊。遷新安王文學，[5]掌東宫管記。

[1]天嘉：南朝陳文帝陳蒨年號（560—566）。

[2]令名：美好的名聲。

[3]周迪：臨川南城（今江西南城縣東南）人。有勇力，助平侯景之亂起家。仕梁官至高州刺史、江州刺史。入陳平王琳、熊曇朗有功，以官賞不至與留異相結謀反，兵敗被殺。本書卷八〇、《陳書》卷三五有傳。　陳寶應：晋安候官（今福建福州市）人。閩中著姓，梁時助平侯景亂，受晋安太守。入陳因姻親助留異、周迪起兵，兵敗被殺。本書卷八〇、《陳書》卷三五有傳。

[4]都：總理。　官符：官府下達的文書。　大手筆：國家的重要文章著作。

[5]新安王：陳伯固。字牢之，吴興長城（今浙江長興縣）人。陳文帝第五子，封新安王。歷丹陽尹、吴興太守、南徐州刺史、揚州刺史。在州不理政事，專事游獵。後助始興王陳叔陵反，兵敗被殺。本書卷六五、《陳書》卷三六有傳。　文學：亦稱文學掾、文學史。以通曉經書者擔任，職掌學校教育，教授諸生；或掌典章故事，備顧問侍從。初太子、諸王及世子、州郡、王國、侯國或有置。南朝宋王國置，六品。齊同。梁皇弟皇子府置，武帝天監七年（508）革選，釐定官品十八班，班多爲貴，文學五班。陳制同梁，七品。

及宣帝爲司徒，妙簡僚佐，吏部尚書徐陵薦瓊於宣帝，[1]言瓊“識具優敏，文史足用，進居郎署，歲月過淹，[2]左西掾缺，允膺兹選，雖階次小踰，其屈滯已積”。乃除司徒左西掾。尋兼通直散騎常侍，[3]聘齊。[4]

[1]吏部尚書：官名。尚書省吏部曹長官，位居列曹尚書之上，掌官吏銓選考課獎懲。南朝宋三品。齊及梁初不詳。梁武帝天監七年（508）革選，釐定官品十八班，班多爲貴，吏部尚書十四班。陳三品，秩中二千石。

[2]月：汲古閣本同，殿本作“已”。《陳書》卷三〇《陸瓊傳》亦作“月”。　淹：久。

[3]通直散騎常侍：官名。意與散騎常侍一樣值守。始屬散騎省，職同散騎常侍，參平尚書奏事，並掌諷諫、侍從，位頗重。南朝宋散騎常侍改屬集書省，齊改屬東省，梁改屬散騎省，陳因之，掌侍從左右，應對獻替，與散騎常侍通值。多爲加官，以衰老之士擔任，地位漸低。員皆四人。宋五品。齊及梁初不詳。梁武帝曾欲

提高其地位，以比御史中丞，但終不被人所重。天監七年革選，釐定官品十八班，班多爲貴，通值散騎常侍十一班。陳四品，秩二千石。

［4］聘：出使。

太建中爲給事黄門侍郎，轉中庶子，領大著作，撰國史。[1]後主即位，[2]直中書省，[3]掌詔誥。至德元年，[4]除度支尚書，參選事，掌詔誥，[5]并判廷尉、建康二獄事。[6]初，瓊父雲公奉梁武敕撰《嘉瑞記》，[7]瓊述其旨而續焉，自永定訖于至德，[8]勒成一家之言。遷吏部尚書，著作如故。瓊詳練譜牒，[9]雅有識監。[10]先是吏部尚書宗元饒卒，[11]尚書左僕射袁憲舉瓊，[12]宣帝未之用，至是居之，號爲稱職。

［1］撰國史：《隋書·經籍志二》著録"《陳書》四十二卷，訖宣帝，陳吏部尚書陸瓊撰"。

［2］後主：陳叔寶。南朝陳最後一位皇帝。本書卷一〇、《陳書》卷六有紀。

［3］中書省：官署名。南朝掌納奏、擬詔、出令，亦參議政令制定。因總國内機要，成爲實際上的政務中樞。多用以酬宗室、禮大臣，置監、令各一員，侍郎四員，以功高者一人主省内事，下設通事舍人入直禁中。

［4］至德：南朝陳後主陳叔寶年號（583—586）。

［5］參選事，掌詔誥：此六字，《陳書》卷三〇《陸瓊傳》作"參掌詔誥"四字。

［6］廷尉、建康二獄：陳時兩處刑獄。沈家本《歷代刑法考》云："陳代一用梁法，廷尉寺爲北獄，建康縣爲南獄，並置正、

監、評。”

[7]《嘉瑞記》:《隋書·經籍志二》著録“《嘉瑞記》三卷,陸瓊撰”。

[8]永定:南朝陳武帝陳霸先年號(557—559)。

[9]譜牒:亦作譜諜。記述宗族世系的書籍。

[10]監:汲古閣本、殿本、百衲本作“鑑”。底本誤。

[11]宗元饒:南郡江陵(今湖北荆州市荆州區)人。仕陳官至吏部尚書。明達政事,持法公平。本書卷六八、《陳書》卷二九有傳。

[12]尚書左僕射:按,《陳書·陸瓊傳》作“右僕射”。本書卷二六《袁憲傳》亦載:“(憲)遷右僕射,參掌選事。先是憲長兄樞爲左僕射,至是憲爲右僕射,臺省目樞爲大僕射,憲爲小僕射,朝廷榮之。” 袁憲:字德章,陳郡陽夏(今河南太康縣)人。仕陳歷御史中丞、吏部尚書、尚書右僕射等,宣帝卒,受遺詔顧命。居職正直、清白。陳亡入隋,歷昌州刺史、晋王府長史。本書卷二六有附傳,《陳書》卷二四有傳。

瓊性謙儉,不自封植,[1]雖位望日隆,而執志逾下。園池室宇,無所改作,車馬衣服,不尚鮮華,四時禄俸,皆散之宗族,家無餘財。暮年深懷止足,思避權要,恒謝疾不視事。

[1]封植:亦作“封殖”“封埴”。聚斂財物。

俄丁母憂。[1]初瓊之侍東宫,母隨在宫舍,[2]及喪還鄉,詔加贈,[3]後主自制誌銘,朝野榮之。瓊哀慕過毁,以至德四年卒。有集二十卷行於世。

[1]丁母憂：遭遇母喪。

[2]宫：汲古閣本同，殿本作“官”。按，《陳書》卷三〇《陸瓊傳》亦作“官”。

[3]詔加贈：中華本作“詔加賻贈”，其校勘記云：“‘賻’字各本並脱，據《陳書》補。”按，中華本是。賻贈，贈送財物幫助喪家。

子從典字由儀，[1]幼聰敏。年八歲，讀沈約集，見回文研銘，[2]援筆擬之，便有佳致。十二作《柳賦》，[3]其詞甚美。從父瑜特所賞愛。及瑜將終，命家中墳籍皆付之，從典乃集瑜文爲十卷，仍製集序，其文甚工。

[1]從典：陸從典。《陳書》卷三〇有附傳。

[2]回文研銘：用回文修辭所寫刻在硯臺上的銘文。回文，一種修辭方法，即某些詩文詞句，來回顛倒閱讀均能成句。研，通“硯”。

[3]十二：《陳書》卷三〇《陸瓊傳》作“年十三”。

從典篤好學業，博涉群書，位太子洗馬、司徒左西掾。陳亡入隋，位著作佐郎。尚書右僕射楊素奏從典續司馬遷《史記》迄于隋，[1]其書未就，坐弟受漢王諒職免。[2]後卒於南陽縣主簿。[3]

[1]楊素：字處道，弘農華陰（今陝西華陰市）人。初爲北周武帝賞識。入隋率軍平陳，屢敗突厥，位至尚書左僕射。後参與擁立太子楊廣，平定漢王諒，拜司徒。《隋書》卷四八有傳，《北史》卷四一有附傳。　司馬遷：字子長，夏陽（今陝西韓城市）人。漢

武帝時任太史令，著成中國第一部通史著作《史記》，開創了中國紀傳體史書的體例。《漢書》卷六二有傳。

[2]漢王諒：楊諒。字德章，又名傑。隋文帝楊堅第五子，封漢王。帝卒舉兵反，戰敗被禁錮，死於禁閉中。《隋書》卷四五、《北史》卷七一有傳。

[3]南陽縣：縣名。治所在今河南南陽市。

琰字温玉，[1]瓊之從父弟也。父令公，梁中軍宣城王記室參軍。[2]

[1]琰：陸琰。《陳書》卷三四亦有傳。

[2]中軍：官名。中軍將軍省稱。南朝置爲重號將軍。宋位比四鎮將軍，三品。齊位在四征將軍之上，品秩不詳。梁與中衛、中權、中撫將軍合稱四中將軍，作爲優禮大臣的虚號，衹授予在京師任職者，職任頗重。武帝天監七年（508）革選，釐定將軍名號及班品，有一百二十五號十品二十四班，班多爲貴，中軍將軍二十三班。大通三年（529）改制，定二百四十二號三十四班將軍，中軍將軍三十三班。陳擬二品，比秩中二千石。　宣城王：蕭大器。字仁宗，南蘭陵（今江蘇常州市武進區）中都里人。梁簡文帝嫡長子，初封宣城王，後立爲皇太子。侯景之亂被殺。本書卷五四、《梁書》卷八有傳。宣城，郡名。治宛陵縣，在今安徽宣城市宣州區。　記室參軍：官名。又稱記室參軍事。記室曹長官，掌書記文翰，起草表章文書。南朝王府、公府、軍府皆置。宋七品。齊及梁初不詳。梁武帝天監七年革選，釐定官品十八班，班多爲貴，記室參軍二班至六班。陳九品至七品。

琰幼孤，好學，有志操，州舉秀才。累遷宣惠始興王外兵參軍，[1]直嘉德殿學士。[2]陳文帝聽覽餘暇，頗留心史籍，以琰博學，善占誦，引置左右。嘗使製《刀銘》，琰援筆即成，無所點竄，帝嗟賞久之，賜衣一襲。俄兼通直散騎常侍，副琅邪王厚聘齊，至鄴而厚卒，[3]琰爲使主。時年二十餘，風氣韶亮，占對閑敏，齊士大夫甚傾心焉。太建初，爲武陵王明威府功曹史，[4]兼東宫管記。丁母憂去官，卒。至德二年，追贈司農卿。[5]

［1］宣惠始興王：陳伯茂。字鬱之，吴興長城（今浙江長興縣）人。陳文帝第二子，武帝永定三年（559）封始興王，文帝天嘉二年（561）進號宣惠將軍、揚州刺史。本書卷六五、《陳書》卷二八有傳。宣惠，官名。宣惠將軍省稱。南朝梁置，武帝天監七年（508）革選，釐定將軍名號及班品，有一百二十五號十品二十四班，班多爲貴，宣惠將軍十七班，與鎮兵、翊師、宣毅四將軍等代舊四中郎將。至大通三年（529）改制，定二百四十二號三十四班將軍，宣惠將軍二十七班，又與四中郎將並置。陳擬四品，比秩中二千石。始興，郡名。治曲江縣，在今廣東韶關市南武水西岸。　外兵參軍：官名。亦稱外兵參軍事。南朝諸公、軍府屬吏。掌本府外兵曹事務，兼備參謀咨詢。有以將軍、太守兼領者，其品位隨府主地位高低不等。

［2］嘉德殿學士：官名。南朝陳置爲文學侍從。

［3］鄴：指北齊都城鄴城。在今河北臨漳縣西南鄴鎮。

［4］武陵王：陳伯禮。字用之，陳文帝第十子，封武陵王。宣帝時任吴興太守，逼奪民財坐免官。陳亡後仕隋。本書卷六五、《陳書》卷二八有傳。　明威：官名。明威將軍省稱。南朝齊、梁、陳雜號將軍名號。梁武帝天監七年革選，釐定將軍名號及班品，有一百二十五號十品二十四班，班多爲貴，明威將軍十三班。大通三年移入輕車將軍班中。陳擬五品，比秩千石。另梁、陳“十明將軍”中亦有此號。陳擬六品，比秩千石。

[5]司農卿：官名。原係對大司農、司農之尊稱，至南朝梁正式定爲官名，爲十二卿之一。掌勸農、倉儲、園苑、供應宮廷膳饈等事。宋三品。齊及梁初不詳。梁武帝天監七年革選，釐定官品十八班，班多爲貴，司農卿十一班。陳因之，三品，秩中二千石。

琰寡慾，[1]鮮矜競，[2]遊心經籍，晏如也。[3]所製文筆，[4]多不存本，後主求其遺文，撰成二卷。[5]

[1]寡：殿本作同，汲古閣本作"爲"。按，底本是。《陳書》卷三四《陸琰傳》作"琰寡嗜慾"。

[2]矜競：矜誇争上。

[3]晏如：安定、安寧，恬適。

[4]筆：殿本同，汲古閣本作"華"。按，《陳書·陸琰傳》亦作"筆"。

[5]後主求其遺文，撰成二卷：《隋書·經籍志四》有"陳司農卿《陸琰集》二卷"。

弟瑜字幹玉，[1]少篤學，美詞藻，州舉秀才。再遷軍師晉安王外兵參軍、東宮學士。[2]兄琰時爲管記，並以才學娛侍左右，時人比之二應。[3]

[1]瑜：陸瑜。《陳書》卷三四有附傳。

[2]軍師：官名。軍師將軍省稱。南朝梁、陳等用作武官名號。梁武帝天監七年（508）革選，釐定將軍名號及班品，有一百二十五號十品二十四班，班多爲貴，軍師將軍十九班。陳四品，秩中二千石。　晉安王：陳伯恭。字肅之，吴興長城（今浙江長興縣）人。陳文帝第六子，封晉安王。曾任吴郡太守，留心政事。陳亡入

隋，官至太常卿。本書卷六五、《陳書》卷二八有傳。　東宫學士：官名。亦稱太子學士。南朝梁、陳置，侍從太子左右，解析經史，整理東宫圖籍。任者皆爲才學之士。臨時差遣任命，員額、品階不固定。

[3]二應：指應瑒、應璩兄弟。均以文章才學見稱。應瑒，字德璉，汝南南頓（今河南項城市）人。建安七子之一。應璩，字休璉。官至侍中。二人《三國志》卷二一均有附傳。

太建中，累遷太子洗馬，中舍人。瑜聰敏强記，常受《莊》《老》於汝南周弘正，[1]學《成實論》於僧滔法師，並通大旨。時皇太子好學，欲博覽群書，以子集繁多，命瑜抄撰，未就而卒。太子爲之流涕，親製祭文，仍與詹事江總論述其美，[2]詞甚傷切。至德二年，追贈光禄卿。[3]有集十卷。[4]瑜有從父兄玠，從父弟琛。

[1]常：通“嘗”。　周弘正：字思行，汝南安成（今河南汝南縣）人。侯景之亂，逃歸江陵，梁元帝授以左民尚書，勸元帝還都建康。入陳，歷太子詹事、國子祭酒、尚書右僕射。本書卷三四有附傳，《陳書》卷二四有傳。

[2]江總：字總持，濟陽考城（今河南民權縣）人。仕陳官至尚書令，不理政事，日與後主游宴後庭。陳亡入隋，爲上開府。善作文，有文集三十卷行於世。本書卷三六有附傳，《陳書》卷二七有傳。

[3]光禄卿：官名。原係對光禄勳之尊稱，至南朝梁正式定爲官名，爲十二卿之一。掌宫殿門户及部分宫廷供御事務。宋三品。齊及梁初不詳。梁武帝天監七年（508）革選，釐定官品十八班，班多爲貴，光禄卿十一班。陳因之，三品，秩中二千石。

[4]有集十卷：《隋書·經籍志四》著録“陳光禄卿《陸瑜集》

十一卷”。

玠字潤玉，[1]梁大匠卿晏子之子也。[2]弘雅有識度，好學能屬文。後主在東宫，徵爲管記，仍兼中舍人。尋以疾失明。將還鄉里，太子解衣贈之，爲之流涕。太建八年卒，至德二年，追贈少府卿。有集十卷。[3]

[1]玠：陸玠。《陳書》卷三四有附傳。

[2]大匠卿：官名。原係對將作大匠尊稱，至南朝梁正式定爲官名，爲十二卿之一。掌土木工程事，屬官有丞、功曹、主簿等。宋三品。齊及梁初不詳。梁武帝天監七年（508）革選，釐定官品十八班，班多爲貴，大匠卿十班。陳因之，三品，秩中二千石。

[3]有集十卷：《隋書·經籍志四》著録“陳少府卿《陸玠集》十卷”。

琛字潔玉，[1]宣毅臨川王長史丘公之子也。[2]少警俊，事後母以孝聞。後主嗣位，爲給事黄門侍郎、中書舍人，參掌機密。琛性頗疏，[3]坐漏泄禁中語，[4]詔賜死。

[1]琛：陸琛。《陳書》卷三四有附傳。

[2]宣毅：官名。宣毅將軍省稱。南朝梁置，武帝天監七年（508）革選，釐定將軍名號及班品，有一百二十五號十品二十四班，班多爲貴，宣毅將軍十七班，與鎮兵、翊師、宣惠四將軍等代舊四中郎將。至大通三年（529）改制，定二百四十二號三十四班將軍，宣毅將軍二十七班，又與四中郎將並置。陳擬四品，比秩中二千石。　臨川王：即陳文帝陳蒨。字子華。陳武帝永定元年

（557）十一月封臨川王。本書卷九、《陳書》卷三有紀。

［3］疏：不細緻，不謹慎。

［4］禁中：指帝王所居宫内。

陸杲字明霞，[1]吴郡吴人也。祖徽字休猷，[2]宋補建康令，清平無私，爲文帝所善。元嘉十五年，[3]除平越中郎將、廣州刺史，[4]加督，清名亞王鎮之，[5]爲士庶所愛詠。二十三年，爲益州刺史，[6]亦加督，卹隱有方，威惠兼著，寇盗静息，人物殷阜，蜀土安之。卒於官，身亡之日，家無餘財，文帝甚痛惜之，謚曰簡子。[7]父叡，揚州中從事。[8]

［1］陸杲：《梁書》卷二六亦有傳。

［2］徽：陸徽。《宋書》卷九二有傳。

［3］元嘉：南朝宋文帝劉義隆年號（424—453）。

［4］平越中郎將：官名。主管南越事務，設府置僚佐，治廣州，多兼任廣州刺史。南朝宋、齊、梁品秩不詳。陳擬六品，比秩千石。　廣州：州名。治番禺縣，在今廣東廣州市。

［5］名：殿本同，汲古閣本作“石”。按，汲古閣本誤。　王鎮之：字伯重，琅邪臨沂（今山東臨沂市）人。仕晋至廣州刺史，入南朝宋累遷宣訓衛尉。有能名。本書卷二四、《宋書》卷九二有傳。

［6］益州：州名。治成都縣，在今四川成都市。

［7］簡：殿本同，汲古閣本作“節”。

［8］揚州中從事：《梁書》卷二六《陸杲傳》作“揚州治中”，爲同職異稱。

杲少好學，工書畫，舅張融有高名，杲風韻舉止頗類，時稱曰“無對日下，[1]唯舅與甥”。爲尚書殿中曹郎，拜日，八坐丞郎並到上省交禮，[2]而杲至晚，不及時刻，坐免官。後爲司徒從事中郎。[3]梁臺建，[4]爲相國西曹掾。[5]

[1]日下：指京師。古以帝王比日，因稱皇帝所在之京都爲日下。

[2]八坐丞郎：即八座丞郎。尚書省一令（尚書令）、二僕射（左、右僕射）、五尚書（吏部、祠部、度支、左民、五兵），謂之八座，後泛指高官。又有左、右二丞及諸曹郎。統稱八座丞郎。上省：南朝建康宫城内尚書省分上省、下省兩個院落，上省在西，下省在東。通常認爲，上省包括朝堂及附屬辦事機構，而下省是尚書省諸曹的辦公處。然亦有觀點認爲上省爲尚書朝堂和諸曹辦公處，下省是尚書諸曹官員及家屬的宿舍區。

[3]司徒從事中郎：官名。司徒府屬吏。從事中郎，南朝公府、位從公府置，其職依時依府而異，或主吏，或分掌諸曹，或掌機密，或參謀議，地位較高。宋六品。齊及梁初不詳。梁武帝天監七年（508）革選，釐定官品十八班，班多爲貴，從事中郎九班至八班。陳五品至六品，秩六百石。

[4]梁臺建：指齊和帝中興二年（502），封蕭衍爲梁公，錫土封國，置梁國官屬。

[5]相國西曹掾：官名。相國府屬吏。相國，魏晋南朝不常置，位尊於丞相，職權品秩略同，非尋常人臣之職。此指蕭衍，其代齊前曾封相國，總百揆。

天監五年，位御史中丞。性婞直，[1]無所顧望。時山陰令虞肩在任贓汙數百萬，[2]杲奏收劾之。中書舍人黄睦之以肩事託杲，杲不答。梁武聞之以問杲，杲答曰："有之。"帝曰："識睦之不？"答曰："臣不識其人。"時睦之在御側，上指示曰："此人是也。"杲謂曰："君小人，何敢以罪人屬南司。"[3]睦之失色。領軍將軍張稷是杲從舅，[4]杲嘗以公事彈稷，稷因侍宴訴帝曰："陸杲是臣親通，[5]小事彈臣不貸。"[6]帝曰："杲職司其事，卿何得爲嫌。"杲在臺，[7]號不畏强禦。

[1]婞直：剛直。

[2]山陰：縣名。治所在今浙江紹興市。

[3]屬：同"囑"。託付。　南司：御史中丞的别稱。六朝時，因御史臺在尚書省（臺）之南而稱南臺，故稱御史臺長官爲南司。

[4]領軍將軍：官名。南朝掌禁衛軍及京都諸軍，爲禁衛軍最高統帥。齊規定，諸爲將軍官皆敬領軍、護軍，如諸王爲將軍，道相逢，則領、護讓道。宋三品。齊及梁初不詳。梁武帝天監七年（508）革選，釐定官品十八班，班多爲貴，領軍將軍十五班。陳三品，秩中二千石。　張稷：字公喬，吴郡吴（今江蘇蘇州市）人。仕齊至北徐州刺史、侍中。蕭衍起兵圍建康，殺東昏侯。入梁歷侍中、尚書右僕射、青冀二州刺史。本書卷三一有附傳，《梁書》卷一六有傳。按，據其本傳，張稷未曾任領軍將軍一職。　從舅：張稷是陸杲舅張融之族弟。故稱。

[5]親通：《梁書》卷二六《陸杲傳》作"通親"。即姻親。周一良《梁書札記·舅甥相糾彈》云："蓋舅甥不相糾彈乃東晋以來舊制。陸杲以甥糾舅，故張稷訴之。"（《魏晋南北朝史札記》，中華書局 1985 年版，第 282 頁）

[6]貸：饒恕。

[7]臺：此指御史臺。

爲義興太守，[1]在郡寬惠，爲下所稱。歷左户尚書，[2]太常卿。出爲臨川内史，將發，辭武帝，於坐通啓，求募部曲。[3]帝問何不付所由呈聞。[4]杲答所由不爲受。帝頗怪之，以其臨路不咎問。[5]後入爲金紫光禄大夫、特進。[6]卒，謚質子。

[1]義興：郡名。治陽羡縣，在今江蘇宜興市。

[2]左户尚書：官名。即左民尚書。本書避唐太宗李世民諱，改“户”爲“民”。南朝爲尚書省左民曹長官，五曹尚書之一，掌民事計賬、户籍及土木工程。宋三品。齊及梁初不詳。梁武帝天監七年（508）革選，釐定官品十八班，班多爲貴，左民尚書十三班。陳三品。

[3]部曲：本爲漢時軍隊之編制。魏晋以來，豪門大族之私人軍隊稱部曲。部曲帶有人身依附性質，經主人放免，可成爲平民。亦借指軍隊。

[4]所由：所由官省稱。猶言有關官吏。因事必經由其手，故稱。

[5]以其臨路不咎問：因爲陸杲臨行而没有怪罪追問。問，汲古閣本同，殿本作“間”。

[6]金紫光禄大夫：官名。指光禄大夫加金印紫綬者。南朝爲加官、贈官及退休大臣之榮銜，養老疾，無職事。宋二品。齊及梁初不詳。梁武帝天監七年革選，釐定官品十八班，班多爲貴，金紫光禄大夫十四班。陳三品，秩中二千石。

杲素信佛法，持戒甚精，著《沙門傳》三十卷。[1]

[1]《沙門傳》三十卷：《隋書·經籍志》未見著録。陸杲另有《繫觀世音應驗記》，見孫昌武校點《觀世音應驗記（三種）》（中華書局 1994 年版）。書中有云："今以齊中興元年敬撰此卷六十九條。"據知撰於南朝齊末年。又，《新唐書·藝文志》著録："陸果《繫應驗記》一卷。"按，"果"當是"杲"之誤。《繫應驗記》是《繫觀世音應驗記》之省稱。

弟煦，學涉有思理，[1]位太子家令，撰《晋書》未就。又著《陸史》十五卷，[2]《陸氏驪泉志》一卷，並行於時。

[1]學涉：學識修養。

[2]又：殿本同，汲古閣本作"文"。按，汲古閣本誤。《陸史》十五卷：《隋書·經籍志二》著録"《陸史》十五卷"，不題撰人，或是此書。

子罩字洞元，少篤學，多所該覽，善屬文。簡文居蕃，[1]爲記室參軍，撰帝集序。稍遷太子中庶子，掌管記，禮遇甚厚。大同七年，以母老求去，公卿以下祖道於征虜亭，[2]皇太子賜黄金五十斤，[3]時人方之疏廣。[4]母終，後位終光禄卿。

[1]簡文：南朝梁簡文帝蕭綱。字世纘，小字六通。本書卷八、《梁書》卷四有紀。　居蕃：謂皇帝即位前處於藩王地位。蕃，通"藩"。

[2]祖道：爲出行者祭祀路神，並飲宴送行。　征虜亭：東晋建，在今江蘇南京市江寧區方山南。係東晋、南朝京師三亭之一。

《讀史方輿紀要》卷二〇《南直二·江寧縣》云："晋太元元年征虜將軍謝安止此亭，因名。《金陵記》：'京師有三亭，新亭、冶亭、征虜亭也。'"

[3]斤：殿本同，汲古閣本作"金"。按，汲古閣本誤。

[4]疏廣：字仲翁，東海蘭陵（今山東蘭陵縣）人。西漢宣帝時官至太子太傅，後稱病返鄉，帝與太子賞賜黄金。《漢書》卷七一有傳。

初，簡文在雍州，[1]撰《法寶聯璧》，[2]罩與群賢並抄掇區分者數歲。中大通六年而書成，命湘東王爲序。其作者有侍中、國子祭酒南蘭陵蕭子顯等三十人，[3]以比王象、劉邵之《皇覽》焉。[4]

[1]雍州：州名。治襄陽縣，在今湖北襄陽市。

[2]《法寶聯璧》：見武秀成、趙庶洋《玉海藝文校證》（鳳凰出版社 2013 年版）。

[3]南蘭陵：郡名。治蘭陵縣，在今江蘇常州市武進區西北。　蕭子顯：字景陽，南朝齊宗室，入梁歷任國子祭酒、吏部尚書、吴興太守等。著有《後漢書》《齊書》（即《南齊書》）等。本書卷四二、《梁書》卷三五有附傳。

[4]王象：字羲伯，河内（今河南武陟縣）人。歷任曹魏散騎侍郎、常侍等。曾參與編撰《皇覽》。事見《三國志》卷二三《魏書·楊俊傳》裴松之注引《魏略》。　劉邵：即劉劭。字孔才，廣平邯鄲（今河北邯鄲市）人。歷任曹魏陳留太守、散騎常侍等。魏文帝時奉命編集《皇覽》。《三國志》卷二一有傳。　《皇覽》：書名。三國魏劉劭、王象等奉敕所撰。因整理五經群書，分類成篇以供皇帝閲讀，故稱。約八百餘萬字，今僅存部分。

論曰：陸澄學稱博古，而用不合今。夫干將見重於時，貴其所以立斷，於事未能周務，書厨得所譏矣。叔明持身有檢，殆爲人望，[1]雅道相傳，可謂載德者也。杲諒直見稱，[2]覃文以取達，亦足美乎。舊陸徽著傳，事迹蓋寡，今以附孫杲上云。[3]

[1]殆：殿本同，汲古閣本作“始”。按，汲古閣本誤。

[2]見：殿本同，汲古閣本作“毛”。按，汲古閣本誤。

[3]上：殿本同，汲古閣本爲墨釘。

南史　卷四九

列傳第三十九

庾杲之 叔父蓽　王諶 從叔摛 何憲[1] 孔逷　孔珪

劉懷珍 子靈哲 從父弟峻 劉沼 從子懷慰 懷慰子霽 杳 歊

懷珍從孫訏 懷珍族弟善明

[1]何憲：汲古閣本同作小字，殿本作大字。按，據正文應從底本小字作附傳人名。

庾杲之字景行，[1]新野人也。[2]祖深之，位義興太守，[3]以善政聞。父粲爲宋南郡王義宣丞相城局參軍，[4]王舉兵，見殺。

[1]庾杲之：《南齊書》卷三四亦有傳。

[2]新野：郡名。治新野縣，在今河南新野縣。

[3]祖深之，位義興太守：《南齊書·庾杲之傳》作"祖深之，雍州刺史"。中華本校勘記轉引張森楷《南史校勘記》："《南齊書》作'祖深之，雍州刺史'。《梁書·庾蓽傳》作'深之，應州刺史'。《宋書·孝武紀》有大明五年庾深之爲豫州刺史文；《海陵王休茂傳》稱深之轉海陵王司馬見害，贈雍州刺史。不云爲義興太

守，即守義興，亦非終於其官也。當以《南齊書》爲是。”按，張校是。義興，郡名。治陽羨縣，在今江蘇宜興市。

[4]宋南郡王義宣：劉義宣。彭城（今江蘇徐州市）綏輿里人。宋武帝劉裕子，文帝時封竟陵王，後改封南譙王，孝武帝時又改封南郡王。本書卷一三、《宋書》卷六八有傳。南郡，郡名。治江陵縣，在今湖北荆州市荆州區。　丞相城局參軍：官名。丞相府屬吏。城局參軍，城局參軍事省稱，亦省稱城局。城局賊曹長官，公府諸曹參軍之一，東晋末劉裕分賊曹置，掌治盜勞作事。南北朝諸公府、將軍府、州府多有置者。宋七品。齊及梁初不詳。梁武帝天監七年（508）革選，釐定官品十八班，班多爲貴，城局參軍流外七班至流内四班。陳九品至八品。

杲之幼有孝行，宋司空劉勔見而奇之，[1]謂曰："見卿足使江漢崇望，[2]杞梓發聲。"[3]解褐奉朝請，[4]稍遷尚書駕部郎。[5]清貧自業，食唯有韮葅、瀹韮、生韮雜菜。[6]任昉嘗戲之曰："誰謂庾郎貧，食鮭嘗有二十七種。"[7]

[1]司空：官名。與太尉、司徒並爲三公。南朝爲名譽宰相，多爲大臣加官，無實際職掌。宋一品。齊及梁初不詳。梁武帝天監七年（508）革選，釐定官品十八班，班多爲貴，司空十八班。陳一品，秩萬石。　劉勔：字伯猷，彭城（今江蘇徐州市）安上里人。仕南朝宋累遷至寧朔將軍、屯騎校尉。後廢帝元徽二年（474），率軍討桂陽王劉休範反，戰死，追贈司空。本書卷三九、《宋書》卷八六有傳。

[2]江漢：地區名。指長江、漢水流域。

[3]杞梓：杞、梓皆爲良木，比喻人材。

[4]解褐：解去平民所穿的布衣，換上官服。即入仕。　奉朝

請：官名。兩漢時本爲朝廷給予退休大臣、列侯、宗室、外戚等的一種政治優待。西晋成爲加官名號，東晋獨立爲官，亦作加官。南朝爲散騎（集書）省屬官，安置閑散，所施益濫。宋、齊品秩不詳。梁武帝天監七年革選，釐定官品十八班，班多爲貴，奉朝請二班。陳八品。

[5]尚書駕部郎：官名。尚書省駕部曹長官，掌輿輦、侍乘、郵驛、厩牧之事。宋六品。齊及梁初不詳。梁武帝天監七年革選，釐定官品十八班，班多爲貴，駕部郎中五班、駕部侍郎六班。陳四品，秩六百石。

[6]韮葅（zū）、瀹（yuè）韮、生韮雜菜：三種以韭菜爲主料製成的菜。韮葅，周王祭祀、宴享、供饌"七菹"之一，《周禮·天官·醢人》："朝事之豆，其實韭菹。"後世亦稱醃鹽韭，宋佚名《吴氏中饋録》："醃鹽韭：霜前揀肥韭無黄梢者，擇净，洗，控乾。於磁盆内鋪韭一層，糁鹽一層，候鹽韭匀鋪盡爲度。醃一二宿，翻數次，裝入磁器内。用原鹵加香油少許尤妙。"瀹韮，沸水煮韭菜。按，中華本作"韮葅瀹韮生韮雜菜"，宜點斷。

[7]食鮭（xié）嘗有二十七種：《南齊書》卷三四《庾杲之傳》本句下有"言三九也"四字，可知二十七指三"韮"（諧音"九"）。食鮭，吃菜肴。鮭，吴人謂魚菜總稱。

累遷尚書左丞。[1]王儉謂人曰：[2]"昔袁公作衛軍，[3]欲用我爲長史，[4]雖不獲就，要是意向如此。今亦應須如我輩人也。"乃用杲之爲衛將軍長史。安陸侯蕭緬與儉書曰：[5]"盛府元僚，寔難其選。庾景行汎淥水，依芙蓉，何其麗也。"時人以入儉府爲蓮花池，[6]故緬書美之。

[1]尚書左丞：官名。南朝爲尚書省佐官，位次尚書，與右丞

共掌尚書都省庶務，率諸都令史監督稽核諸尚書曹、郎曹政務，督録近道文書章奏；監察糾彈尚書令、僕射、尚書等文武百官，號稱“監司”；分管宗廟祠祀、朝儀禮制、選授官吏等文書奏事，職權甚重。宋六品。齊及梁初不詳。梁武帝天監七年（508）革選，官品十八班，班多爲貴，尚書左丞九班。陳四品，秩六百石。

［2］王儉：字仲寶，琅邪臨沂（今山東臨沂市）人。長於禮學，熟悉朝儀，齊初制度多爲其制定。本書卷二二有附傳，《南齊書》卷二三有傳。

［3］袁公：指袁粲。又名愍孫，字景倩，陳郡陽夏（今河南太康縣）人。蕭道成欲代宋自立，袁粲與荆州刺史沈攸之等謀起兵誅蕭道成，事泄被殺。本書卷二六有附傳，《宋書》卷八九有傳。衛軍：官名。即衛將軍。南朝時位在諸名號大將軍之上，多作爲軍府名號，以加大臣、重要州郡長官，無具體職掌。常以中書監、尚書令等權臣兼任，統兵出征。宋二品，開府者位從公者一品。梁、陳不置。

［4］長史：官名。南朝時王府、公府、將軍府、州郡府皆置，掌府内庶政，爲所在府署掾屬之長。置一員，有時亦分置左、右，其品秩依府主地位高下而定。宋七品至六品。齊及梁初不詳。梁武帝天監七年革選，釐定官品十八班，班多爲貴，長史六至十班。陳八品至六品〔參見嚴耕望《中國地方行政制度史·魏晋南北朝地方行政制度（上）》，上海古籍出版社 2007 年版，第 184—189 頁〕。

［5］安陸侯蕭緬：字景業，南蘭陵蘭陵（今江蘇常州市武進區）人。封安陸侯，歷任吴郡太守、郢州刺史、雍州刺史等。本書卷四一、《南齊書》卷四五有傳。安陸，縣名。治所在今湖北安陸市。

［6］時人以入儉府爲蓮花池：《南齊書》卷三四《庾杲之傳》作“時人呼儉府爲入芙蓉池”。

歷位黄門、吏部郎,[1]御史中丞,[2]參大選。[3]美容質，善言笑。嘗兼侍中夾侍,[4]柳世隆在御坐,[5]謂齊武帝曰:[6]“庾杲之爲蟬冕所映,[7]彌有華采，陛下故當與其即真。”[8]上甚悦。王儉仍曰:“國家以杲之清美，所以許其假職。若以其即真，當在胡諧之後。”[9]

[1]黄門、吏部郎：即黄門郎、吏部郎。黄門郎，官名。黄門侍郎、給事黄門郎、給事黄門侍郎省稱，亦簡稱黄門。郎官給事於黄闥（宫門）之内者，始稱。南朝爲侍中省或門下省次官，侍從皇帝、顧問應對，出則陪乘，並掌管機密檔，位頗重要。南朝齊時因知詔令，稱爲“小門下”。皆四員。宋五品。齊及梁初不詳。梁武帝天監七年（508）革選，釐定官品十八班，班多爲貴，黄門郎十二班。陳四品，秩二千石。吏部郎，官名。尚書吏部郎省稱，亦省稱郎中。尚書省吏部曹長官通稱，屬吏部尚書，主管官吏選任、銓叙、調動事務，對五品以下官吏任免有建議權，資深者可轉侍郎。歷朝皆重其選，職位高於尚書省諸曹郎。南朝如加參掌大選名義，則可參議高級官吏之任免。宋六品。齊及梁初不詳。梁武帝天監七年革選，釐定官品十八班，班多爲貴，尚書吏部郎十一班。陳四品，秩六百石。按，中華本作“黄門吏部郎”，宜點斷。

[2]御史中丞：官名。南朝亦稱南司，御史臺長官，掌督察百官、奏劾不法，外督部刺史，内受公卿奏事。宋四品。齊及梁初不詳。梁武帝天監七年革選，釐定官品十八班，班多爲貴，御史中丞十一班。陳三品，秩二千石。

[3]參大選：尚書吏部郎加參掌大選名義，可參議高級官吏之任免。

[4]兼：官制術語。即以本官正職兼任、兼行或兼領其他官職。南朝時，或於正式任命某職之前，先授予兼某職之名義，意即試某職。按，錢大昕《廿二史考異》卷三六云:“此‘兼’字當讀去聲，

蓋假職未真授之稱，與一人兼兩職之兼有別。”　侍中：官名。往來殿中奏事，故名。南朝宋爲門下之侍中省長官，侍衛皇帝左右，顧問應對，諫諍糾察，平議尚書奏事。兼統宫廷内侍諸署。齊、梁、陳爲門下省長官，員四人。於侍奉生活起居、侍從左右、顧問應對、諫諍糾察、儐相威儀等侍從本職外，兼掌出納、璽封詔奏，有封駁權，上親皇帝，下接百官，因參預機密政務而官顯職重，是中樞集團重要成員。陳亦用作親王之起家官。宋三品。齊及梁初不詳。梁武帝天監七年革選，釐定官品十八班，班多爲貴，侍中十二班。陳三品，秩中二千石。

［5］柳世隆：字彦緒，河東解（今山西臨猗縣）人。宋末爲江夏内史、行郢州事，入齊歷南豫州、南兖州刺史，尚書令。善清談與彈琴。本書卷三八有附傳，《南齊書》卷二四有傳。

［6］齊武帝：蕭賾。字宣遠。本書卷四、《南齊書》卷三有紀。

［7］蟬冕：亦稱貂蟬冠。侍中所戴冠，上有蟬飾，並插貂尾。

［8］陛下故當與其即真：意爲柳世隆想要齊武帝正式任命庾杲之爲侍中。真，謂官吏由臨時代理轉爲正式職務。

［9］“柳世隆在御坐”至“當在胡諧之後”：《南齊書》卷三四《庾杲之傳》與此處記載不同：“上每歎其（庾杲之）風器之美，王儉在座，曰：‘杲之爲蟬冕所照’，更生風采。陛下故當與其即真。’帝意未用也。”按，《南齊書》卷三七《胡諧之傳》云：“諧之風形瓌潤，善自居處，兼以舊恩見遇……上欲遷諧之，嘗從容謂諧之曰：‘江州有幾侍中邪？’諧之答曰：‘近世唯有程道惠一人而已。’上曰：‘當令有二。’後以語尚書令王儉。”據此可見本書所載較爲真實。胡諧之，豫章南昌（今江西南昌市）人。《南齊書》卷三七有傳。

武帝嘗與朝臣商略，酒後謂群臣曰：“我後當得何謚？”群臣莫有答者。王儉因目杲之，從容曰：“陛下壽等南山，方與日月齊明，千載之後，豈是臣子輕所仰量。”時人雅歎其辯答。

杲之嘗兼主客郎對魏使，[1]使問杲之曰：“百姓那得家家題門帖賣宅？”答曰：“朝廷既欲掃蕩京洛，剋復神州，所以家家賣宅耳。”魏使縮鼻而不答。

[1]主客郎：官名。尚書省主客曹長官通稱，掌接侍賓客和少數民族事務。宋六品。齊及梁初不詳。梁武帝天監七年（508）革選，釐定官品十八班，班多爲貴，主客郎五班。陳四品，秩六百石。

時諸王年少，不得妄稱接人，[1]敕杲之及濟陽江淹五日一詣諸王，[2]使申遊好。再遷尚書吏部郎、參大選事、太子右衛率，[3]加通直常侍。[4]九年卒，[5]上甚惜之，謚曰貞子。

[1]接人：與他人交游往來。

[2]濟陽：郡名。治濟陽縣，在今河南蘭考縣東北。　江淹：字文通，濟陽考城（今河南民權縣）人。少以文章著名，晚年才思漸退，時人謂之才盡。本書卷五九、《梁書》卷一四有傳。

[3]太子右衛率：官名。南朝皆置，爲東宫屬官，與太子左衛率合稱太子二率，掌東宫宿衛，亦統兵出征，職位頗重。宋五品。齊品秩不詳。梁武帝天監七年（508）革選，釐定官品十八班，班多爲貴，太子右衛率十一班。陳四品，秩二千石。

[4]通直常侍：官名。即通直散騎常侍。意與散騎常侍一樣值守。通，相通，一樣。始屬散騎省，職同散騎常侍，參平尚書奏事，並掌諷諫、侍從，位頗重。宋散騎常侍改屬集書省，齊改屬東

省，梁改屬散騎省，陳因之，掌侍從左右，應對獻替，與散騎常侍通值。多爲加官，以衰老之士擔任，地位漸低。宋五品。齊及梁初品秩不詳。梁武帝曾欲提高其地位，以比御史中丞，但終不被人所重。天監七年（508）革選，釐定官品十八班，班多爲貴，通值散騎常侍十一班。陳四品，秩二千石。

[5]九年卒：《南齊書》卷三四《庾杲之傳》載杲之臨終前上表，請求解職，可參閱。

蓽字休野，[1]杲之叔父也。仕齊爲驃騎功曹史。[2]博涉群書，有口辯。永明中與魏和親，[3]以蓽兼散騎常侍，[4]報使還，拜散騎侍郎、知東宫管記事。[5]

[1]蓽：庾蓽。《梁書》卷五三亦有傳。

[2]驃騎功曹史：官名，驃騎將軍府屬官。功曹史，省稱功曹。掌選署功勞、吏員賞罰任免。南朝宋、齊不開府將軍、太子二傅、特進、郡縣皆置，梁、陳列卿、皇弟皇子府、嗣王府、蕃王府亦置。宋、齊及梁初品秩不詳。梁武帝天監七年（508）革選，釐定官品十八班，班多爲貴，功曹二班至六班、流外一班至六班。陳九品至七品。驃騎將軍，南朝爲重號將軍，僅作爲軍府名號加授大臣、重要地方長官，無具體職掌。宋二品，開府者位從公一品。齊及梁初不詳。梁武帝天監七年革選，釐定將軍名號及班品，有一百二十五號十品二十四班，班多爲貴，驃騎將軍二十四班。陳擬一品，比秩中二千石。

[3]永明：南朝齊武帝蕭賾年號（483—493）。

[4]散騎常侍：官名。初爲散騎省長官，南朝出令之權復歸中書省，並撤銷散騎省，宋散騎常侍改屬集書省，齊改屬東省，梁改屬散騎省，陳因之。散騎常侍職以侍從左右、主掌圖書文翰、文章撰述、諫諍拾遺、收納轉呈文書奏事爲主。地位驟降。宋三品。齊

及梁初不詳。梁武帝天監七年革選，釐定官品十八班，班多爲貴，散騎常侍十二班。陳三品，秩中二千石。

[5]散騎侍郎：官名。南朝隸集書省，掌文學侍從、諫諍糾劾、收納章奏，地位漸輕。陳選功高者一人，與散騎常侍祭酒同掌糾劾禁令。員皆四人。宋五品。齊及梁初不詳。梁武帝天監七年革選，釐定官品十八班，班多爲貴，散騎侍郎八班。陳五品，秩千石。

知東宫管記事：官名。掌東宫管記職責事務。知，官制術語。管理，主管。六朝時，職官名和職能發生分離現象，職官名標記地位高低、待遇等級，而常以“録某事”“都督某軍事”“行某事”“領某事“知某事”“兼某事”等規定官員實際責任。東宫管記，掌東宫文書。管記，南朝梁、陳於東宫、相府、王府等置，掌文書，常以文學之士擔任，亦有以中書侍郎兼掌者。

後爲荆州别駕，[1]前後紀綱皆致富饒，[2]華再爲之，清身率下，杜絶請託，布被蔬食，妻子不免飢寒。齊明帝聞而嘉焉，[3]手敕褒美，州里榮之。初，梁州人益州刺史鄧元起功勳甚著，[4]名地卑瑣，[5]願名挂士流。[6]時始興忠武王憺爲州將，[7]元起位已高，而解巾不先州官，[8]則不爲鄉里所悉，元起乞上籍出身州從事，[9]憺命華用之，華不從。憺大怒，召華責之曰：“元起已經我府，卿何爲苟惜從事？”華曰：“府是尊府，州是華州，宜須品藻。”[10]憺不能折，[11]遂止。[12]

[1]荆州别駕：官名。荆州府屬吏。别駕，又稱别駕從事史、别駕從事。因從刺史巡視轄境，别乘傳車隨行，故謂。初與治中同爲州上綱，事無不統。南朝時與西曹書佐共掌本府官吏及選舉事，雖地位尊崇，但職任比前代削弱，職任漸爲府佐所奪。宋六品。齊

及梁初不詳。梁武帝天監七年（508）革選，釐定官品十八班，班多爲貴，揚州別駕十班，他州分六等，高者八班，低者二班。陳揚州別駕爲六品，他州高者六品，低者九品。荆州，州名。治江陵縣，在今湖北荆州市荆州區。

[2]紀綱：《梁書》卷五三《庾蓽傳》作“綱紀”。按，應從《梁書》，綱紀一般指公府及州郡主簿，此處特指州府別駕。《文選》卷三六傅季友《爲宋公修張良廟教》李善注：“綱紀，謂主簿也。”《資治通鑑》卷九三《晋紀十五》太寧二年下胡三省注：“綱紀，綜理府事者也，參佐諸僚屬也。”

[3]齊明帝：蕭鸞。字景栖。本書卷五、《南齊書》卷六有紀。

[4]梁州：州名。治南鄭縣，在今陝西漢中市東。按，此處梁州當爲“荆州”。理由有二：其一，據本書卷五五、《梁書》卷一〇《鄧元起傳》，鄧元起南郡當陽人，南郡屬荆州；其二，下文講元起出身寒族，“而解巾不先州官，則不爲鄉里所悉”，遂“願名挂士流”“乞上籍出身州從事”，但終被荆州別駕庾蓽反對。綜上兩條，此處“梁州”應是“荆州”之誤。　益州：州名。治成都縣，在今四川成都市。按，齊和帝即位前鄧元起歷任弘農太守、平西軍事、武寧太守等，任益州刺史乃入梁後事。　鄧元起：字仲居，南郡當陽（今湖北當陽市）人。少有膽略勇力、任俠好施。本書卷五五、《梁書》卷一〇有傳。

[5]名地卑瑣：出身等級微賤。

[6]士流：出身士族的人。

[7]始興忠武王憺：蕭憺。字僧達，南蘭陵（今江蘇常州市武進區）中都里人，梁武帝蕭衍弟。封始興王，任荆州刺史，在州勵精圖治。死後謚號忠武。本書卷五二、《梁書》卷二二有傳。始興，郡名。治曲江縣，在今廣東韶關市南武水西岸。　州將：即刺史。南朝時刺史總兵權，故稱。

[8]解巾不先州官：做官不從州署屬官開始。解巾，脱下頭巾，喻出任官職。

［9］上籍：登記户籍簿册。　從事：官名。亦稱從事史。從事意爲差事。三公、州郡、將軍、校尉府屬官。名目不一，有治中、别駕、都官、議曹、西曹、功曹、郡國、文學、祭酒等，皆掌文書簿籍之類。位在主簿下。梁武帝天監七年革選，釐定官品十八班，班多爲貴，從事流内一班，流外三班至七班。陳九品。此爲州從事，州部屬吏，由長官自行辟除，主管督促文書，察舉非法。

［10］品藻：鑒别流品，品評人物。

［11］折：反對，扭轉，使屈服。

［12］遂止：庾蓽反對鄧元起"上籍出身州從事"事，本書《鄧元起傳》亦載："初，元起在荆州，刺史隨王板元起爲從事，别駕庾蓽堅執不可，元起恨之。及大軍至都，蓽在城内甚懼。城平，而元起先遣迎蓽，語人曰：'庾别駕若爲亂兵所殺，我無以自明。'因厚遺之。"按，《鄧元起傳》載任用鄧元起者爲隨王蕭子隆，本卷爲始興忠武王憺，必有一誤。據本文及《鄧元起傳》，庾蓽天監元年卒，其任荆州别駕當在齊世，且反對鄧元起爲從事史的時間當在齊明帝褒美庾蓽以及鄧元起隨蕭衍起兵功克建康城之前。又據《梁書・始興王憺傳》，蕭憺於齊和帝中興二年（502）春被授荆州刺史，入梁刺史如故，而《南齊書》卷四〇《隨郡王子隆傳》載隨王蕭子隆齊武武永明八年（490）爲荆州刺史，海陵王延興元年（494）被蕭鸞殺害，其任荆州刺史時間與庾蓽反對鄧元起爲從事史時間吻合，應以隨王板授鄧元起州從事爲是。

累遷會稽郡丞，[1]行郡府事。[2]時承彫弊之後，百姓凶荒，米斗至數千，[3]人多流散。蓽撫循甚有理，[4]唯守公禄，清節愈厲，至有經日不舉火。太守永陽王聞而饋之，[5]蓽謝不受。

［1］會稽郡丞：官名。會稽郡府屬吏。郡丞，亦稱府丞。爲郡

太守副貳，佐郡守掌衆事。梁武帝天監七年（508）革選，釐定官品十八班，班多爲貴，郡丞十班。陳萬户郡丞七品，萬户以下郡丞八品，秩皆六百石。會稽，郡名。治山陰縣，在今浙江紹興市。

[2]行郡府事：官名。代行郡太守領導職事。行事，南朝職官制度，全稱“行某府（或某州）事”“某府（或某州）行事”。産生於東晋末年，指以他官代行某官職權。南朝多以較低官階代行較高官職，如以長史、司馬、太守代行刺史職權等。錢大昕《廿二史考異》卷二六：“六朝時，府僚多領郡縣職……凡諸王沖幼出鎮開府，多以長史行府州事，或府主以事他出，亦以府僚行事。”除“行府州事”之外，還有“行郡事”“行國事”等類型（參見魯力《南朝“行事”考》，《武漢大學學報》2008年第6期）。

[3]米斗至數千：《梁書》卷五三《庾蓽傳》無“斗”字。

[4]蓽撫循甚有理：《梁書·庾蓽傳》“理”上有“治”字。

[5]永陽王：蕭伯游。字士仁，南蘭陵（今江蘇常州市武進區）中都里人，梁武帝兄子。武帝天監元年四月任會稽太守，次年襲封永陽郡王。《梁書》卷二三有傳。

天監元年卒，[1]停屍無以斂，柩不能歸。梁武帝聞之，[2]詔賜絹百疋，穀五百斛。

[1]天監：南朝梁武帝蕭衍年號（502—519）。

[2]梁武帝：殿本同，汲古閣本無“梁”字。

初，蓽爲西楚望族，[1]兄子杲之又有寵於齊武帝，蓽早歷顯官。鄉人樂藹有幹用，[2]素與蓽不平，互相陵競。藹事齊豫章王嶷，[3]嶷薨，藹仕不得志，自步兵校尉求助戍歸荆州。[4]時蓽爲州别駕，益忽藹。及梁武帝踐祚，藹以西朝勳，[5]爲御史中丞，華始得會稽行事，既耻之矣；會職事微有譴，[6]帝以藹其鄉人也，使宣旨誨之。[7]華大憤，故發病卒。

[1]西楚：地區名。指今安徽淮水以北、江蘇西北部、河南南部和湖北北部地方。　望族：有聲勢的世家豪族。

[2]樂藹：字蔚遠，南陽淯陽（今河南南陽市）人。仕齊官至尚書左丞、給事黄門侍郎，勤政愛民。入梁任御史中丞、廣州刺史。本書卷五六、《梁書》卷一九有傳。

[3]豫章王嶷：蕭嶷。字宣儼，南蘭陵蘭陵（今江蘇常州市武進區）人。齊高帝蕭道成第二子，封豫章郡王。本書卷四二、《南齊書》卷二二有傳。豫章，郡名。治南昌縣，在今江西南昌市。

[4]步兵校尉：官名。禁衛軍五營校尉之一，爲皇帝的侍衛武官，掌宫廷宿衛士。不領營兵，仍隸中領軍（領軍將軍），用以安置勳舊武臣。南朝宋四品。齊及梁初不詳。梁武帝天監七年（508）革選，釐定官品十八班，班多爲貴，步兵校尉七班。陳六品，秩千石。或説梁改步騎校尉。

[5]藹以西朝勳：《梁書·樂藹傳》載："（永明）九年，豫章王嶷薨，藹解官赴喪，率荆、湘二州故吏，建碑墓所。累遷車騎平西録事參軍、步兵校尉，求助戍西歸。南康王爲西中郎，以藹爲諮議參軍。義師起，蕭穎胄引藹及宗夬、劉坦，任以經略。梁臺建，遷鎮軍司馬、中書侍郎、尚書左丞。時營造器甲，舟艦軍糧，及朝廷儀憲，悉資藹焉。尋遷給事黄門侍郎，左丞如故。和帝東下，道兼衛尉卿。"西朝，指南朝齊末和帝荆州政權。齊東昏侯永元三年（501），蕭衍奉荆州刺史南康王蕭寶融，起兵攻京師建康。寶融即位於江陵，因其地在建康之西，故稱西朝。

[6]譴：過錯。

[7]誨：教導，明示。

子喬復仕爲荆州别駕，時元帝爲荆州刺史，[1]而州人范興話以寒賤仕叨九流，[2]選爲州主簿，[3]又皇太子令及之，故元帝勒喬聽興話到職。及屬元日，[4]府州朝賀，喬不肯就列，曰："庾喬忝爲端右，[5]不能與小人范興話爲鴈行。"[6]元帝聞，乃進喬而停興話。興話羞慙還家憤卒。世以喬爲不墜家風。

[1]元帝：南朝梁元帝蕭繹。本書卷八、《梁書》卷五有紀。

[2]九流：魏晋南北朝時以九品官人法選官，將士人劃分九個等級，故稱。

[3]州主簿：官名。州府屬吏。主簿，所在府署僚屬，掌典領文書簿籍，經辦事務。南朝諸公府，將軍、五校尉等軍府，列卿寺監、光禄大夫等，州、郡、縣皆置，其品位秩級隨府主地位高下而定。雖非掾吏之首，然地位較高，縣之主簿較州之主簿更甚。宋、齊、梁初品級不詳。梁武帝天監七年（508）革選，釐定官品十八班，班多爲貴，主簿流内一班至六班，流外三班至七班。陳九品至七品。

[4]屬（zhǔ）：恰遇，正值。　元日：正月初一。

[5]端右：本指宰輔重臣，尤指尚書令。此處指州署重要官員。

[6]鴈行：指官員在官署排班次。

喬子夐少聰慧，家富於財，好賓客，食必列鼎。又狀貌豐美，頤頰開張，[1]人皆謂夐必爲方伯，[2]無餒乏之慮。及魏剋江陵，[3]卒致餓死。時又有水軍都督褚蘿面甚尖危，[4]有從理入口，[5]竟保衣食而終。

[1]頤頰開張：腮頰長得開闊有氣勢。

［2］方伯：本指一方諸侯之長，後泛稱地方長官。

［3］魏尅江陵：梁元帝承聖三年（554），西魏軍攻克江陵（今湖北荆州市荆州區）並俘殺梁元帝蕭繹。蕭繹城陷被殺前燒毁所藏圖書十餘萬卷。

［4］水軍都督：官名。三國時吴置，爲水軍統帥。南朝其制不詳。

［5］從理入口：相術術語。古時相士認爲鼻側口旁有縱理紋達口角者，主餓死。

王諶字仲和，[1]東海郯人，[2]晋少傅雅玄孫也。[3]祖慶，[4]員外常侍。[5]父元閔，護軍司馬。[6]

［1］王諶：《南齊書》卷三四亦有傳。

［2］東海：郡名。治郯縣，在今山東郯城縣。

［3］少傅：官名。太子少傅省稱。與太子太傅並稱太子二傅。南朝時掌監護、輔翼、教導太子。宋三品。齊及梁初不詳。梁武帝天監七年（508）革選，釐定官品十八班，班多爲貴，少傅十五班。陳二品，秩中二千石。　雅：王雅。字茂達。東海郯（今山東郯城縣）人。爲東晋孝武帝所寵信，多預朝廷機密，拜太子少傅。有知人之稱，官至左僕射。《晋書》卷八三有傳。

［4］慶：《南齊書·王諶傳》作“萬慶”。

［5］員外常侍：官名。員外散騎常侍省稱。職同散騎常侍。初爲正員之外添差之散騎常侍，無員數，後爲定員官，屬散騎省（東省、集書省）。南朝宋以後常用以安置閑退官員、衰老之士，地位漸低。宋、齊品秩不詳。梁武帝時復重其選，以其職依正員，品視黄門郎，但終不爲人所重。天監七年革選，釐定官品十八班，班多爲貴，員外常侍十班。陳四品，秩二千石。

［6］護軍司馬：官名。護軍將軍府屬吏。司馬，南朝諸公府、

軍府皆置。爲所在府署高級幕僚。掌參贊軍務，管理府内武職，位僅次於長史。員一人，或分置左、右，其品秩隨府主地位高低而定。宋七品至六品。齊及梁初不詳。梁武帝天監七年革選，釐定官品十八班，班多爲貴，司馬六班至十班。陳八品至五品。護軍將軍，禁衛軍六軍（領軍、護軍、左衛、右衛、驍騎、游擊）之一，南朝掌督護京師以外諸軍，負責京城保衛。屬官有長史、司馬、功曹、主簿、五官等，出征時置參軍。權任頗重，諸將軍皆敬之。南齊規定，諸爲將軍官皆敬領軍、護軍，如諸王爲將軍，道相逢，則領、護讓道。宋三品。齊及梁初不詳。梁武帝天監七年革選，釐定官品十八班，班多爲貴，護軍將軍十五班。陳三品，秩中二千石。

宋大明中，[1]沈曇慶爲徐州，[2]辟諶爲迎主簿，[3]又爲州迎從事、湘東王彧國常侍、鎮北行參軍。[4]及彧即帝位，是爲明帝，除司徒參軍，[5]帶薛令，[6]兼中書舍人。[7]諶有學義，見親遇，常在左右。帝所行慘僻，[8]諶屢諫不從，請退，坐此繫尚方。[9]

[1]大明：南朝宋孝武帝劉駿年號（457—464）。

[2]沈曇慶：吴興武康（今浙江德清縣）人。宋孝武帝大明元年（457）爲徐州刺史，爲官清正有政績。本書卷三四有附傳，《宋書》卷五四有傳。　爲徐州：做徐州刺史。徐州，州名。僑寄鍾離郡，治燕縣，在今安徽鳳陽縣臨淮關鎮。

[3]迎主簿：官名。六朝時，官吏上任，地方吏民隆重迎接。主持此事的主簿爲迎主簿。迎主簿往往由一州門第、德行、才學俱優者擔任，是一種入仕資格（參見汪徵魯《南朝“迎吏”“送故吏”新探》，《中國史研究》2004 年第 4 期）。

[4]迎從事：官名。南朝宋置，爲州屬官，掌迎接新任長官諸事，多爲長官親信。　湘東王彧：劉彧。字休炳，小字榮期，彭城

（今江蘇徐州市）人。初封淮陽王，改封湘東王，後即位，是爲宋明帝。本書卷三、《宋書》卷八有紀。湘東，郡名。治臨烝縣，在今湖南衡陽市。　國常侍：官名。即王國常侍。王府屬吏，掌侍從左右、顧問應對。南朝宋、齊分設左右，品秩不詳。梁武帝天監七年革選，釐定官品十八班，班多爲貴，王國常侍流外五班至七班、流内一班至二班。陳九品。　鎮北行參軍：官名。鎮北將軍府屬吏，攝行參軍職權。鎮北，鎮北將軍省稱。南朝宋時與鎮東、鎮南、鎮西將軍合稱四鎮將軍，多爲持節都督，出鎮方面，權勢頗重。梁、陳列爲八鎮將軍之一。宋三品。齊及梁初不詳。梁武帝天監七年革選，釐定將軍名號及班品，有一百二十五號十品二十四班，班多爲貴，鎮北將軍二十二班。大通三年（529）改制，定二百四十二號三十四班將軍，鎮北將軍三十二班。陳擬二品，比秩中二千石。行參軍，亦稱行參軍事。三國蜀始置，以他官兼任，無固定職掌。晋初制度，中央除拜者爲參軍，諸府自辟者爲行參軍。晋末以後行參軍亦可除拜，唯品階例低於參軍。南朝公府、將軍府、州府均置，掌參議軍事或專負責某事。不署曹，員額不定。參見本卷上文“行事”注。

［5］除：官制術語。即拜官授職，或曰除舊官就新官。　司徒參軍：官名。司徒府屬吏。司徒，與太尉、司空並爲三公，爲名譽宰相，分掌政事。南朝多作爲加官，或與丞相、相國並置，職掌依舊。南齊、陳丞相、相國皆爲贈官，司徒則實授，或録尚書事。宋一品。齊及梁初不詳。梁武帝天監七年革選，釐定官品十八班，班多爲貴，司徒十八班。陳一品，秩萬石。參軍，亦稱參軍事，掌參謀軍務。南朝正式定爲官名，王、公、將軍府及諸州多置，且多分曹執掌，並加職務名稱，如負責謀劃的稱諮議參軍、負責文翰的稱記室參軍等。宋七品。齊及梁初不詳。梁武帝天監七年革選，釐定官品十八班，班多爲貴，參軍一班至四班、流外二班至七班。陳九品至八品。

［6］帶：官制術語。南北朝時一些中央官員兼任地方郡守、縣

令，受俸禄，但不理事，是皇帝的一種恩賜。　薛：縣名。治所在今山東滕州市南。

［7］中書舍人：官名。亦稱中書通事舍人、通事舍人、舍人。舊爲中書省屬官，入直閣内，掌呈奏案章。南朝漸用寒士、才能及皇帝親信擔任，入直禁中，於收納、轉呈文書章奏之本職外，漸奪中書侍郎出令之權。南朝齊至陳，自成舍人省，名義上隸屬中書省，實際上直接聽命於皇帝。專掌草擬、發布詔令，受理文書章奏，監督指導尚書省及諸中央、地方政府機構施行政務。梁多以他官兼領。至陳總國内機要，把持政務中樞，勢傾天下。宋名中書通事舍人，七品。齊因之，品秩不詳。梁名中書舍人，初品秩不詳，武帝天監七年革選，釐定官品十八班，班多爲貴，中書舍人四班。陳置五員，八品。

［8］慘僻：殘酷，怪僻。

［9］尚方：原指古代製造器用的部門。因其多以獄徒服勞作，故亦以稱繫囚犯之所。

後拜中書侍郎。[1]明帝好圍棋，置圍棋州邑，以建安王休仁爲圍棋州都大中正，[2]諶與太子右率沈勃、尚書水部郎庾珪之、彭城丞王抗四人爲小中正，[3]朝請褚思莊、傅楚之爲清定訪問。[4]後爲尚書左丞，領東觀祭酒，[5]即明帝所置總明觀也。[6]遷黄門郎。

［1］中書侍郎：官名。三國魏始置，中書省官員，掌草擬詔令、詔誥。南朝擬詔出令之職仍歸中書省，但事權悉由中書舍人執掌，侍郎職閑官清，成爲諸王起家官，如缺監、令，或亦主持中書省務。梁尤以功高者一人主省事，成爲中書省實際長官。宋五品。齊及梁初不詳。梁武帝天監七年（508）革選，釐定官品十八班，班多爲貴，中書侍郎九班。陳四品，秩千石。

［2］建安王休仁：劉休仁。宋文帝子，初封建安王，改封始安王。本書卷一四、《宋書》卷七二有傳。建安，郡名。治建安縣，在今福建建甌市。　大中正：皇帝選拔各州郡有聲望的人任此職，負責品藻當地士人、考察州郡人才。魏晋南北朝將人才按才能品德分成九等（九品），作爲政府選任官員的依據。《吕思勉讀史札記·丙帙·魏晋南北朝·中正非官》："《十七史商榷》云：'魏陳群始立九品官人之法。《三國志》《晋書》及《南史》諸列傳中，多有爲州郡大中正者，蓋以他官或老於鄉里者充之。掌鄉黨平論，人才臧否，清議係焉。乃《晋（書）·職官志》中絶不一見，何也？'……劉毅云：'置州都者，取州里清議，咸所歸服，將以鎮異同，一言議。'（《晋書·劉毅傳》）蓋於清議之中，擇一人爲之平騭，乃士大夫之魁首，而非設官分職之一也。"（上海古籍出版社1982年版，第853頁）　圍棋州都大中正：按，此爲明帝劉彧的戲語，下"小中正""清定訪問"同。

［3］太子右率：官名。即太子右衛率。南朝皆置，爲東宫屬官，與太子左衛率合稱太子二率，掌東宫宿衛，亦統兵出征，職位頗重。宋五品。齊品秩不詳。梁初品秩不詳，武帝天監七年革選，釐定官品十八班，班多爲貴，太子右衛率十一班。陳四品，秩二千石。　沈勃：吴興武康（今浙江德清縣）人。好文章，善琴、圍棋。宋明帝時爲太子右衛率，還鄉里募兵備北伐，收受賄賂。後爲後廢帝所誅。本書卷三六、《宋書》卷六三有附傳。　尚書水部郎：官名。尚書省水部曹長官通稱。亦稱水部郎中，資深者稱侍郎。掌水道工程舟楫橋樑等。宋六品。齊及梁初不詳。梁武帝天監七年革選，釐定官品十八班，班多爲貴，水部侍郎六班，水部郎中五班。陳四品，秩六百石。　彭城丞：官名。即彭城郡丞。郡丞，亦稱府丞。爲郡太守副貳，佐郡守掌衆事。宋八品。齊及梁初不詳。梁武帝天監七年革選，釐定官品十八班，班多爲貴，郡丞十班。陳萬户郡丞七品，萬户以下郡丞八品，秩皆六百石。彭城，郡名。治彭城縣，在今江蘇徐州市。　王抗：琅邪（今山東臨沂市）人。善弈

棋，齊武帝時，曾受敕品棋。官至給事中卒。本書卷一八《蕭思話傳》云："當時能棋人琅邪王抗第一品……齊高帝使思莊與王抗交賭，自食時至日暮，一局始竟……抗、思莊並至給事中。永明中，敕使抗品棋。"

[4]褚思莊：吴郡（今江蘇蘇州市）人。善弈棋。官至給事中卒。事見本書卷一八《蕭思話傳》。

[5]領：官制術語。指正職以外兼領、暫攝别的官職。凡以高官而攝卑職稱領；以卑官行高職亦稱領，甚至以白衣領某職；受任可稱領；未經期命，自爲署置亦可稱領。此爲已有實授之職，又兼任較低職務。　東觀祭酒：官名。亦稱總明觀祭酒。東觀原爲漢宫著書及藏書之所，南朝宋、齊建總明觀，亦稱東觀，爲學術機關和學校的名稱，置祭酒一人爲主官。據《南齊書·百官志》"總明觀祭酒一人"，"泰始六年，以國學廢，初置總明觀，玄、儒、文、史四科，科置學士各十人，正令史一人，書令史二人，幹一人，門吏一人，典觀吏二人。建元中，掌治五禮。永明三年，國學建，省"。

[6]總明觀：官署名。宋明帝泰始六年（470）置，掌科教，總管儒、玄、文、史四學。齊武帝永明三年（485）廢。《資治通鑑》卷一三二《宋紀十四》泰始六年條："戊寅，立總明觀，置祭酒一人，儒、玄、文、史學士各十人。"胡三省注："文帝元嘉十五年，立儒、玄、文、史四學，今置總明觀祭酒以總之。"參見本卷上文"東觀祭酒"注。

齊永明初，累遷豫章王太尉司馬。[1]武帝與諶相遇於宋明之世，甚委任之。歷黄門郎，領驍騎將軍，[2]太子中庶子。[3]

[1]太尉司馬：官名。太尉府屬吏。太尉，與司徒、司空並爲三公。兩晋、南朝爲名譽宰相，多爲大臣加官，無實際職掌。晋、

宋一品。齊及梁初不詳。梁武帝天監七年（508）革選，釐定官品十八班，班多爲貴，太尉十八班。陳一品，秩萬石。按《南齊書》卷三《武帝紀》，豫章王蕭嶷於建元四年（482）三月任太尉。

［2］驍騎將軍：官名。南朝禁衛六軍（領軍、護軍、左衛、右衛、游擊）之一，領營兵，兼統宿衛之任，是護衛宫庭的主要將領之一。宋四品。齊及梁初不詳。梁武帝天監六年四月置左、右驍騎將軍，天監七年革選，釐定官品十八班，班多爲貴，左、右驍騎將軍十一班。陳仍分置左、右，四品，秩二千石。

［3］太子中庶子：官名。東宫屬官，掌侍從、奏事、諫議等，並與太子中舍人共掌東宫文翰。南朝員皆四人。宋五品。齊及梁初不詳。梁武帝天監七年革選，釐定官品十八班，班多爲貴，中庶子十一班。陳四品，秩二千石。梁、陳並以功高者一人爲祭酒，行則負璽，前後部護駕，與太子中舍人功高者同掌禁令。按，據《南齊書》卷三四《王諶傳》，除黄門郎、領驍騎將軍、遷太子中庶子，事在永明五年（487）。

諶貞正和謹，朝廷稱爲善人，多與之厚。八年，轉冠軍將軍、長沙王車騎長史，[1]徙廬江王中軍長史，[2]又徙西陽王子明征虜長史，[3]行南兖府州事。[4]諶少貧，常自紡績，及通貴後，每爲人説之，世稱其達。九年卒。

［1］轉：官制術語。官吏調任曰轉。指轉任與原品秩相同的其他官職，或同職而調换任所，並無升級或降職之意。　冠軍將軍：官名。南朝置爲將軍名號，爲加官、散官性質的榮譽虚銜。宋三品。齊及梁初位在輔國將軍上，品秩不詳。梁武帝天監七年（508）罷，設智武、仁武、勇武、信武、嚴武五武將軍代之，大通三年（529）復置，列武臣將軍班内。陳擬四品，比秩中二千石。　長沙王：蕭晃。字宣明，小字白象，南蘭陵蘭陵（今江蘇常州市武進

區）人。齊高帝蕭道成第四子。本書卷四三、《南齊書》卷三五有傳。　車騎長史：官名。車騎將軍府屬吏。車騎將軍，作戰時領車騎士，故名。南朝多爲軍府名號加授大臣、重要州郡長官，無具體職掌。宋二品。齊及梁初不詳。梁武帝天監七年革選，釐定將軍名號及班品，有一百二十五號十品二十四班，班多爲貴，車騎將軍二十四班。大通三年改制，定二百四十二號三十四班將軍，車騎將軍三十四班。陳擬一品，比秩中二千石。

［2］廬江王：《南齊書》卷三四《王諶傳》作“廬陵王”。按，應從《南齊書》，檢《南齊書》與本書，齊世無“廬江王”封號，而據《南齊書》卷三《武帝紀》、卷四〇《廬陵王子卿傳》，武帝第三子蕭子卿，字雲長，於齊高帝建元四年（482）六月封廬陵王，武帝永明六年（488）“遷秘書監，領右衛將軍，尋遷中軍將軍”，與王諶永明八年徙廬江王中軍長史時間吻合。　中軍長史：官名。中軍將軍府屬吏。中軍將軍，南朝置爲重號將軍。宋位比四鎮將軍，三品。齊位在四征將軍之上，品秩不詳。梁與中衛、中權、中撫將軍合稱四中將軍，作爲優禮大臣的虛號，衹授予在京師任職者，職任頗重。武帝天監七年革選，釐定將軍名號及班品，有一百二十五號十品二十四班，班多爲貴，中軍將軍二十三班。大通三年改制，定二百四十二號三十四班將軍，中軍將軍三十三班。陳擬二品，比秩中二千石。

［3］西陽王子明：蕭子明。字雲光，南蘭陵蘭陵（今江蘇常州市武進區）人，齊武帝第十子。武帝永明元年封武昌王。三年，失國璽，改封西陽。本書卷四四、《南齊書》卷四〇有傳。西陽，郡名。治西陽縣，在今湖北黄岡市東。　征虜長史：官名。征虜將軍府屬吏。征虜將軍，南朝宋、齊、梁皆置，爲武官，亦作爲高級文職官員的榮譽加號。宋三品。齊及梁初不詳。梁武帝天監七年革選，釐定將軍名號及班品，有一百二十五號十品二十四班，班多爲貴，置智威、仁威、勇威、信威、嚴威五將軍代替此職，皆十六班。

［4］行南兖府州事：官名。代行郡太守領導職事。南兖，州名。僑置。東晋僑立兖州，宋時改爲南兖州，初治京口，在今江蘇鎮江市。宋文帝元嘉八年（431）移治廣陵縣，在今江蘇揚州市西北蜀岡上。

諶從叔摛，[1]以博學見知。尚書令王儉嘗集才學之士，[2]總校虚實，類物隸之，謂之隸事，[3]自此始也。儉嘗使賓客隸事多者賞之，事皆窮，唯廬江何憲爲勝，乃賞以五花簟、白團扇。坐簟執扇，容氣甚自得。摛後至，儉以所隸示之，曰："卿能奪之乎?"摛操筆便成，文章既奥，辭亦華美，舉坐擊賞。[4]摛乃命左右抽憲簟，手自掣取扇，登車而去。儉笑曰："所謂大力者負之而趨。"竟陵王子良校試諸學士，[5]唯摛問無不對。

［1］摛：王摛。《南齊書》卷三九亦有傳，僅數語："時東海王摛，亦史學博聞，歷尚書左丞。竟陵王子良校試諸學士，唯摛問無不對。永明中，天忽黄色照地，衆莫能解。摛云是榮光。世祖大悦，用爲永陽郡。"

［2］尚書令：官名。南朝宋爲尚書省長官，綜理全國政務，出居外朝，成爲高級政務長官，參議大政。如録尚書事缺，則兼有宰相之名義。齊録尚書事定爲官號，成爲尚書省長官，令爲其副貳。梁罷録尚書事，遂復爲尚書省長官，正式成爲最高政務長官，居宰相之位，雖低於諸公、開府儀同三司，實爲百官之長。陳位尊權重，遂常缺，以僕射主省務。宋三品。齊及梁初不詳。梁武帝天監七年（508）革選，釐定官品十八班，班多爲貴，尚書令十六班。陳一品，中二千石。

［3］隸事：拿出一些物品，讓人説出與這些物品相關的典故。

[4]擊賞：激賞，讚賞。

[5]竟陵王子良：蕭子良。字雲英，南蘭陵蘭陵（今江蘇常州市武進區）人。齊武帝次子，封竟陵郡王。本書卷四四、《南齊書》卷四〇有傳。竟陵，郡名。南朝齊治萇壽縣，在今湖北鍾祥市。

爲秣陵令，[1]清直，請謁不行。羽林隊主潘敞有寵二宫，[2]勢傾人主。婦弟犯法，敞爲之請摛，摛投書於地，更鞭四十。敞怒譖之，明日而見代。

[1]秣陵：縣名。治所在今江蘇南京市中華門外。

[2]羽林隊主：官名。統帶羽林軍士，負責宫廷侍衛。隊主，南朝宋始置。千人以上爲軍，百人以上爲隊。領兵千人以上稱軍主，其下設軍副，不足千人的稱隊主，下設隊副。南朝多以雜號將軍領之。其品級由所領人數而定（參見周一良《魏晋南北朝史札記》之《北齊書札記》“軍主・幢主・隊主”條，中華書局1985年版，第408—411頁）。　二宫：指皇帝與太子。

永明八年，天忽黄色照地，衆莫能解。司徒法曹王融上《金天頌》。[1]摛曰：“是非金天，所謂榮光。”武帝大悦，用爲永陽郡。[2]後卒於尚書左丞。[3]

[1]司徒法曹：官名。司徒府屬吏。法曹，法曹掾省稱。南朝爲公府、將軍府所置法曹之長官，掌檢定法律，審議、判决案件等。宋七品。齊及梁初不詳。梁武帝天監七年（508）革選，釐定官品十八班，班多爲貴，公府掾六班至八班。陳七品。　王融：字元長，琅邪臨沂（今山東臨沂市）人。少即博覽群書，有文才，初

爲司徒法曹。本書卷二一有附傳，《南齊書》卷四七有傳。

[2]用爲永陽郡：做永陽郡太守。按，永陽郡，《續漢書·郡國志五》載“分漢陽、上郡（上邽）爲永陽”，又《三國志·魏書·武帝紀》載建安十九年（214）省“永陽郡”，是漢時有永陽郡。魏、晋及南朝宋、齊史志未見記載，而至梁武帝天監二年，改營陽郡置永陽郡，治營浦縣，在今湖南道縣西北。所以此處齊武帝用王摛“爲永陽郡”存疑。

[3]後卒於尚書左丞：據《南齊書·禮志上》，王摛還曾任國子博士。

何憲字子思，[1]廬江灊人。[2]博涉該通，群籍畢覽，天閣寶秘，[3]人間散逸，無遺漏焉。任昉、劉渢共執秘閣四部書，[4]試問其所知，自甲至丁，書説一事，并叙述作之體，連日累夜，莫見所遺。宗人何遁，退讓士也，見而美之，願與爲友。

[1]何憲：《南齊書》卷三四有附傳。

[2]灊：縣名。治所在今安徽霍山縣東北。

[3]天閣：即尚書臺。《初學記》卷一一引《宋元嘉起居注》：“領曹郎中荀萬秋每設事緣私游，肆其所之。豈可復參列士林，編名天閣，請免萬秋所居官。”

[4]劉渢：字處和，南陽（今河南南陽市）人。本書卷七三有傳。　秘閣：一般指宫中收藏珍貴圖書之處，亦指尚書省。此指南朝秘書省所轄的皇家圖書和檔案館。　四部：群書分類。西漢以下多有沿革，至東晋李充重分四部，以五經爲甲部，史記爲乙部，諸子爲丙部，詩賦爲丁部。錢大昕《元史藝文志》云：“自劉子駿校理秘文，分群書爲六略……是時固無四部之名，而史家亦未别爲一類也。晋荀勗撰《中經簿》，始分甲乙丙丁四部，而子猶先於史。

至李充重分四部，五經爲甲部，史記爲乙部，諸子爲丙部，詩賦爲丁部，而經、史、子、集之次始定。厥後王亮、謝朏、任昉、殷鈞撰書目，皆循四部之名。”（詳見高路明《古籍目録與中國古代學術研究》，江蘇古籍出版社 1997 年版）關於任昉校秘閣四部書之事，《梁書》卷一四《任昉傳》載：“尋轉御史中丞，秘書監，領前軍將軍。自齊永元以來，秘閣四部，篇卷紛雜，昉手自讎校，由是篇目定焉。”

憲位本州別駕，國子博士。[1]永明十年使于魏。

[1]國子博士：官名。西晋武帝時立國子學，長官爲國子祭酒，下置國子博士一員，以教授生徒儒學，並備政治咨詢、祭典顧問。取履行清淳、通明典義者爲之，地位高於太學博士。南朝於國子學中沿置。宋六品。齊及梁初不詳。梁武帝天監七年（508）革選，釐定官品十八班，班多爲貴，國子博士九班。陳四品，秩千石。

時又有孔逷字世遠，[1]會稽山陰人也。[2]好典故學，[3]與王儉至交。昇明中爲齊臺尚書儀曹郎，[4]屢箴闕禮，多見信納。上謂王儉曰：“逷真所謂儀曹，不忝厥職也。”儉爲宰相，[5]逷常謀議幄帳，[6]每及選用，頗失鄉曲情。[7]儉從容啓上曰：“臣有孔逷，猶陛下之有臣。”永明中爲太子家令，[8]卒。時人呼孔逷、何憲爲王儉三公。[9]及卒，儉惜之，爲撰祭文。

[1]孔逷：《南齊書》卷三四有附傳。

[2]山陰：縣名。治所在今浙江紹興市。

[3]典故：有出處、依據的故事典例。

[4]昇明：南朝宋順帝劉準年號（477—479）。　齊臺：即齊國。指昇明三年（479）三月甲辰，宋朝廷以十郡封蕭道成爲齊公，備九錫之禮，始置齊國官署。　尚書儀曹郎：官名。南朝時爲尚書省儀曹長官通稱，尚書省祠部尚書屬官。亦稱郎中，資深者可轉侍郎。掌吉凶禮制。宋六品。齊及梁初不詳。梁武帝天監七年（508）革選，釐定官品十八班，班多爲貴，儀曹侍郎六班，儀曹郎中五班。陳四品，秩六百石。

[5]宰相：南朝時，相國、丞相號宰相，非尋常人臣之職，多用以安置權臣；三公爲名譽宰相；諸公、將軍、開府儀同三司等大臣加録尚書事銜者爲實際主持政務的真宰相；録尚書事缺，則尚書令、尚書僕射亦可爲真宰相。時王儉任尚書令，故稱。

[6]幄帳：指軍政大臣謀劃決策的幕府。

[7]鄉曲情：同鄉情誼。

[8]太子家令：官名。東宫屬官，南朝隸太子詹事，掌東宫刑獄、倉儲、飲食、奴婢。宋五品，清流者不爲之。齊不詳。梁始重其選，武帝天監七年革選，釐定官品十八班，班多爲貴，家令十班。陳四品，秩千石。

[9]三公：原指太尉、司徒、司空，這裏用以比喻重要謀士。

孔珪字德璋，[1]會稽山陰人也。祖道隆，位侍中。父靈産，泰始中，[2]晋安太守，[3]有隱遁之志。於禹井山立館，[4]事道精篤。吉日於静屋四向朝拜，涕泣滂沲。東出過錢唐北郭，[5]輒於舟中遥拜杜子恭墓。[6]自此至都，[7]東向坐，[8]不敢背側。元徽中，[9]爲中散大夫，[10]頗解星文，[11]好術數。[12]齊高帝輔政，[13]沈攸之起兵，[14]靈産白高帝曰："攸之兵衆雖强，以天時冥數而觀，無能爲也。"高帝驗其言，擢遷光禄大夫，[15]以簏盛靈産上靈臺，[16]令其占候。[17]餉靈産白羽扇、素隱几，[18]曰："君有古人之風，故贈君古人之服。"當世榮之。

［1］孔珪：《南齊書》卷四八亦有傳。按，《南齊書》作"孔稚珪"，此爲唐人避唐高宗小字"雉奴"而省。

［2］泰始：南朝宋明帝劉彧年號（465—471）。

［3］晋安：郡名。治候官縣，在今福建福州市。

［4］禹井山：即禹陵。在今浙江紹興市南，相傳禹死葬此地。

［5］錢唐：湖名。一名上湖，即今浙江杭州市西湖。

［6］杜子恭：東晋錢唐（今浙江杭州市）人。有道術，東南道教祖師。死後葬西湖北郭。《宋書》卷一〇〇《自序》："錢唐人杜子恭通靈有道術，東土豪家及京邑貴望，並事之爲弟子，執在三之敬。警累世事道，亦敬事子恭。子恭死，門徒孫泰、泰弟子恩傳其業，警復事之。"

［7］都：指京師建康。

［8］東向坐：從錢唐到建康，行進路綫向西北方向，而靈産始終面朝東向杜子恭墓的方向，以示虔誠崇拜。

［9］元徽：南朝宋後廢帝劉昱年號（473—477）。

［10］中散大夫：官名。三國兩晋南北朝皆置，爲閑散官職，掌顧問應對，多養老疾。宋七品。據《唐六典》卷二引《齊職儀》，齊七品。梁武帝天監七年（508）革選，釐定官品十八班，班多爲貴，中散大夫十班。陳四品，秩千石。

［11］星文：即星象，古人據星體的明暗、色澤及位置等現象占測人事的吉凶禍福。

［12］術數：陰陽五行生克變化的理論，用以推測人事吉凶禍福。

［13］齊高帝輔政：指宋順帝昇明元年（477），中領軍蕭道成

廢蒼梧王，立順帝，進位侍中、司空、録尚書事，輔政。詳見《南齊書》卷一《高帝紀上》。

[14]沈攸之：字仲達，吴興武康（今浙江德清縣）人。順帝昇明元年起兵反對蕭道成輔政，兵潰爲百姓所殺。本書卷三七有附傳，《宋書》卷三四有傳。

[15]光禄大夫：官名。漢始置，三國魏以後，三公等大臣告老就家拜此職，亦爲在朝顯職的加官，以示優崇；亦常用作卒後贈官。齊王芳正始元年（240），增置左、右光禄大夫，位在其上。晋以後，諸公告老不再加此職，但仍授予年老有病的致仕官員，無具體職掌。凡假銀章青綬者，稱銀青光禄大夫，或逕稱光禄大夫。加金章紫綬者，稱金紫光禄大夫。魏晋時因位在諸卿上，不復屬光禄勳，南朝時仍屬光禄勳，掌宫殿門户。宋三品。齊及梁初不詳。梁武帝天監七年革選，釐定官品十八班，班多爲貴，光録大夫十三班。陳三品，秩中二千石。

[16]靈臺：古時帝王觀察天文、星象、妖祥、灾異的高臺。

[17]占候：指觀星望氣。

[18]隱几：几案。

珪少學涉有美譽，[1]太守王僧虔見而重之，[2]引爲主簿。舉秀才，[3]再遷殿中郎。[4]高帝爲驃騎，[5]取爲記室參軍，[6]與江淹對掌辭筆。[7]爲尚書左丞，父憂去官。[8]與兄仲智還居父山舍。仲智妾李氏驕妬無禮，珪白太守王敬則殺之。[9]

[1]學涉：指廣學博覽。

[2]王僧虔：琅邪臨沂（今山東臨沂市）人。仕齊官至湘州刺史、侍中、左光禄大夫、開府儀同三司。卒後追贈司空。好文史，解音律，尤善隸書。本書卷二二有附傳，《南齊書》卷三三有傳。

［3］秀才：選舉科目名稱。漢武帝時始定爲舉士科目，南朝宋、齊以策文五道，以簽題高下定等第。多出任要職，爲時所重。因州郡國多把持選舉，故秀才多出於世家豪族。

［4］殿中郎：官名。尚書殿中郎省稱，亦稱尚書殿中曹郎。尚書省諸曹郎之一，隸尚書左僕射。掌宫廷禮樂等事，常擬詔書，多用文學之士。宋六品。齊及梁初不詳。梁武帝天監七年（508）革選，釐定官品十八班，班多爲貴，尚書殿中侍郎六班、尚書殿中郎中五班。陳四品，秩六百石。

［5］高帝爲驃騎：指宋後廢帝元徽五年（477）蕭道成廢蒼梧王，立宋順帝，進位司空、録尚書事、驃騎大將軍。詳見《南齊書》卷一《高帝紀上》。

［6］記室參軍：官名。又稱記室參軍事。記室曹長官，掌書記文翰、起草表章文書。南朝王府、公府、軍府皆置。宋七品。齊及梁初不詳。梁武帝天監七年革選，釐定官品十八班，班多爲貴，記室參軍二班至六班。陳九品至七品。

［7］辭筆：指公文、信札。

［8］父憂：父喪。

［9］王敬則：臨淮射陽（今江蘇寶應縣）人，僑居晋陵南沙（今江蘇常熟市）。以屠狗爲業。後殺前廢帝，擁立宋明帝即位，任直閣將軍。明帝死，後廢帝即位，敬則又殺後廢帝，脅衆擁蕭道成。入齊出爲南兖州刺史，官至開府儀同三司。齊明帝即位，猜忌舊臣，出爲會稽太守。因憂懼起兵反，敗死。本書卷四五、《南齊書》卷二六有傳。

永明中，歷位黄門郎、太子中庶子、廷尉。[1]江左承用晋時張、杜律二十卷，[2]武帝留心法令，數訊囚徒，詔獄官詳正舊注。先是尚書删定郎王植撰定律，[3]奏之，削其煩害，録其允衷，取張斐注七百三十一條，[4]杜預注七百九十一條，[5]或二家兩釋於義乃備者，又取一百七條，其注相同者取一百三條，集爲一書，凡一千五百三十二條，[6]爲二十卷。請付外詳校，擿其違謬。詔從之。於是公卿、八座參議，[7]考正舊注，有輕重處，竟陵王子良下意多使從輕。其中朝議不能斷者，則制旨平決。至九年，珪表上律文二十卷，[8]録序一卷，又立律學助教，依《五經》例，詔報從之。事竟不行。轉御史中丞。

[1]廷尉：官名。又尊稱廷尉卿。中央最高司法審判機構長官，掌詔獄，總全國斷獄數。文武大臣有罪，由其直接審理收獄。又爲地方司法案件的上訴機關，負責覆核審决郡國疑獄。遇重大案件，則或與同有治獄奏讞之責的御史中丞、司隸校尉三方會審。南朝因置“建康三官”分掌刑獄，廷尉職權較前代爲輕。宋三品。齊及梁初不詳。梁始正式定名“廷尉卿”，武帝天監七年（508）革選，釐定官品十八班，班多爲貴，廷尉卿十一班。陳三品，秩中二千石。

[2]江左：即江東，長江下游以東地區。因自北方視之，江東在左，江西在右，故稱。東晋及南朝宋、齊、梁、陳各代的基業都在江左，故當時人又稱這五朝及其統治下的全部地區爲江左，南朝人則專稱東晋爲江左。　張、杜律：指晋張斐、杜預所注之刑律。詳見《晋書》卷三四《杜預傳》。

[3]尚書删定郎：官名。尚書省删定曹長官通稱，吏部尚書屬官。主持法令起草修改。宋六品。齊及梁初不詳。梁武帝天監七年革選，釐定官品十八班，班多爲貴，删定郎五班。陳四品，秩六百石。

[4]張斐：仕晋，爲明法掾，繼杜預後注律。參見《晋書·刑

法志》。按，《南齊書》卷四八《孔稚珪傳》、《隋書·經籍志二》亦作"張斐"，《晋書》作"張裴"。

［5］杜預：字元凱，京兆杜陵（今陝西西安市長安區）人。仕晋，文帝時與賈充等定律令，既成，預爲之注解。詔頒行天下。《晋書》卷三四有傳。按，《南齊書·孔稚珪傳》載："張斐、杜預同注一章，而生殺永殊。"意思是杜注律從寬，張注律從嚴，故云"同注一章，而生殺永殊"。

［6］凡一千五百三十二條：中華本改作"凡一千七百三十二條"並出校勘記："'七'各本作'五'，據上所舉條數核之，'五'爲'七'之誤，今改正。"

［7］八座：尚書省一令（尚書令）、二僕射（左、右僕射）、五尚書（吏部、祠部、度支、左民、五兵），謂之八座，後泛指高官。

［8］表上律文二十卷：上表詳文見《南齊書·孔稚珪傳》。

建武初，[1]爲平西長史、南郡太守。[2]珪以魏連歲南伐，百姓死傷，乃上表陳通和之策，[3]帝不從。徵侍中，不行，留本任。

［1］建武：南朝齊明帝蕭鸞年號（494—498）。

［2］平西長史：官名。平西將軍府屬吏。平西將軍，與平南、平東、平北將軍合稱四平將軍，南朝地位較高。宋三品。齊及梁初不詳。梁武帝天監七年（508）革選，釐定將軍名號及班品，有一百二十五號十品二十四班，班多爲貴，平西將軍二十班。大通三年（529）改制，定二百四十二號三十四班將軍，平西將軍三十班。陳擬三品，比秩中二千石。　南郡：郡名。治江陵縣，在今湖北荆州市荆州區。

［3］上表陳通和之策：上表詳文見《南齊書》卷四八《孔稚珪傳》。

珪風韻清疏，好文詠，飲酒七八斗。與外兄張融情趣相得，[1]又與琅邪王思遠、廬江何點、點弟胤並款交，[2]不樂世務。居宅盛營山水，憑几獨酌，傍無雜事。門庭之内，草萊不翦。中有蛙鳴，或問之曰："欲爲陳蕃乎？"[3]珪笑答曰："我以此當兩部鼓吹，[4]何必效蕃。"王晏嘗鳴鼓吹候之，[5]聞群蛙鳴，曰："此殊聒人耳。"珪曰："我聽鼓吹，殆不及此。"晏甚有慙色。

[1]張融：字思光，吴郡吴（今江蘇蘇州市）人。好玄談，釋道兼修，神解過人，仕齊官至司徒左長史。有集十卷行世。本書卷三二有附傳，《南齊書》卷四一有傳。

[2]琅邪：郡名。治開陽縣，在今山東臨沂市北。　王思遠：琅邪臨沂（今山東臨沂市）人。曾任齊御史中丞，立身清正，奏劾不法不避權貴。官至度支尚書卒。本書卷二四有附傳，《南齊書》卷四三有傳。　何點：字子晳，廬江灊（今安徽霍山縣）人。博通群書，有儒術，善談論，南朝宋、齊、梁皆徵召，不就。本書卷三〇、《南齊書》卷五四有附傳，《梁書》卷五一有傳。　胤：何胤。字子季，後更字胤叔。仕齊累遷至中書令，撰定新禮。入梁徵爲特進，不就，志懷隱遁。有儒術，注《周易》《毛詩》《禮記》等。本書卷三〇、《南齊書》卷五四、《梁書》卷五一有附傳。

[3]陳蕃：字仲舉，汝南平輿（今河南平輿縣）人。歷任樂安、豫章太守，遷太尉、太傅。愛結交名士，與李膺等反對宦官專權。參預靈帝與外戚竇武謀誅宦官，事泄被殺。《後漢書》卷六六有傳。

[4]兩部鼓吹：鼓吹本爲皇帝出行儀仗的組成部分，南朝時往往賜予皇親國戚或有功大臣，以示尊崇。高級儀仗分爲前部鼓吹、後部鼓吹，即立、坐兩部樂隊演奏。前部鼓吹在前開道，以鉦、鼓等大型樂器爲主，樂工步行演奏；後部鼓吹殿後，以簫、笳、鼙等

小型樂器爲主，樂工或步行，或在馬上演奏。稚珪以之戲喻蛙鳴，後遂以“兩部鼓吹”爲蛙鳴的出典。

［5］王晏：字休默，一字士彦，琅邪臨沂（今山東臨沂市）人。入齊，武帝蕭賾即位，官至吏部尚書。明帝蕭鸞即位，進爵爲公，遷驃騎大將軍。以位高權重爲蕭鸞所疑，誣以謀反被殺。本書卷二四有附傳，《南齊書》卷四二有傳。

永元元年，[1]爲都官尚書，[2]遷太子詹事，[3]加散騎常侍。三年，珪疾，東昏屏除，[4]以床舁之走，[5]因此疾甚，遂卒。贈金紫光禄大夫。[6]

［1］永元：南朝齊東昏侯蕭寶卷年號（499—501）。　元年：《建康實録》卷一六作“二年”。

［2］都官尚書：官名。尚書省列曹尚書之一，係都官曹長官。南朝沿置，掌都官、水部、庫部、功論四曹，職掌軍事刑獄、水利工程，兼庫藏、考覈官吏之政。宋三品。齊及梁初不詳。梁武帝天監七年（508）革選，釐定官品十八班，班多爲貴，都官尚書十三班。陳三品，秩中二千石。

［3］太子詹事：官名。省稱詹事。東宫屬官，總領東宫官屬、庶務。南北朝東宫地位極重，官屬齊備，擬於朝廷，時號宫朝。諸衛率各領其兵，常任征伐，詹事任總宫朝，當時稱其職比朝廷之尚書令、領軍將軍，位權甚重，有時亦參預朝政。宋三品。齊及梁初不詳。梁武帝天監七年革選，釐定官品十八班，班多爲貴，太子詹事十四班。陳三品，秩中二千石。明張溥《漢魏六朝百三家集》收有孔稚珪《孔詹士集》，有詩文十卷。

［4］屏除：《南齊書》卷七《東昏侯紀》載：“陳顯達事平，漸出遊走，所經道路，屏逐居民，從萬春門由東宫以東至于郊外，數十百里，皆空家盡室。巷陌懸幔爲高障，置仗人防守，謂之‘屏

除’。”

[5]舁（yú）：抬。

[6]金紫光禄大夫：官名。指光禄大夫加金印紫綬者。南朝爲加官、贈官及退休大臣之榮銜，養老疾，無職事。宋二品。齊及梁初不詳。梁武帝天監七年革選，釐定官品十八班，班多爲貴，金紫光禄大夫十四班。陳三品，秩中二千石。

劉懷珍字道玉，[1]平原人，[2]漢膠東康王寄之後也。[3]其先劉植爲平原太守，因家焉。祖昶從慕容德南度河，[4]因家于北海都昌。[5]宋武帝平齊，[6]以爲青州中從事，[7]位至員外常侍。伯父奉伯，宋世位至陳、南頓二郡太守。[8]

[1]劉懷珍：《南齊書》卷二七亦有傳。所述甚詳，且與本傳相異。

[2]平原：郡名。治平原縣，在今山東平原縣西南。

[3]漢膠東康王寄：劉寄。西漢景帝子，景帝中元二年（前148）封膠東王，死後謚號“康”。《漢書》卷五三有傳。

[4]慕容德：字玄明，昌黎棘城（今遼寧義縣）人。鮮卑族。前燕政權建立者慕容皝少子，前燕亡，入前秦，爲苻秦張掖太守。及兄慕容垂建立後燕政權，其參斷政事，出鎮鄴（今河北臨漳縣西南）。東晉安帝隆安二年（398），從鄴南遷滑臺（今河南滑縣東南），稱燕王，建元，史稱南燕。隆安四年於廣固（今山東青州市西北）稱帝。後爲劉裕所滅。《晋書》卷一二七有載記。　河：指黄河。

[5]北海：郡名。治劇縣，在今山東壽光市南。　都昌：縣名。治所在今山東昌邑市西。

[6]宋武帝平齊：指東晋安帝義熙六年（410），劉裕滅南燕政

權，平定齊地（今山東一帶）之事。

[7]青州中從事：官名。青州州府屬吏。中從事，又稱治中從事史、治中從事、中從事史、治中。初與别駕同爲州上綱，事無不統。南朝時掌衆曹文書事，雖地位尊崇，但職任比前代削弱。晉、宋六品。齊及梁初不詳。梁武帝天監七年（508）革選，釐定官品十八班，班多爲貴，揚州治中九班，他州分五等，高者七班，低者一班。陳揚州治中六品，他州高者六品，低者九品。青州，州名。東晉治東陽城，在今山東青州市。南朝宋先治東陽城，孝武帝孝建三年（456）移治歷城（今山東濟南市），大明八年（464）還治東陽城。明帝泰始四年（468）分青州高密、北海、平昌、長廣、東萊五郡置東青州，泰始五年正月青州之地皆没於魏。泰始六年與冀州合僑置於鬱洲（今江蘇連雲港市東雲臺山一帶）。齊沿之。至梁置南、北二青州，僑寄今江蘇連雲港市贛榆區西。

[8]伯父奉伯，宋世位至陳、南頓二郡太守：錢大昕《廿二史考異》卷三六云："下文《懷慰傳》又云'祖奉伯，宋元嘉中爲冠軍長史'，蓋以長史帶郡守也。然一篇之中，前後重出，當删此而存彼。"陳、南頓，雙頭郡名。南朝宋共治項城，在今河南沈丘縣。

懷珍幼隨奉伯至壽陽，[1]豫州刺史趙伯符出獵，[2]百姓聚觀，懷珍獨避不視，奉伯異之，曰："此兒方興吾家。"本州辟主簿。

[1]壽陽：縣名。治所在今安徽壽縣。

[2]豫州：州名。治壽陽縣，在今安徽壽縣。　趙伯符：字潤遠，下邳僮（今安徽泗縣）人。少好弓馬，仕南朝宋爲竟陵太守、寧遠將軍，屢破竟陵蠻。文帝元嘉二十一年（444），轉豫州刺史。本書卷一八、《宋書》卷四六有附傳。

元嘉二十八年，[1]亡命司馬順則聚黨東陽，[2]州遣懷珍將數千人討平之。宋文帝問破賊事，[3]懷珍讓功不肯當，親人怪問焉，懷珍曰："昔國子尼耻陳河間之級，[4]吾豈能論邦域之捷哉。"時人稱之。

[1]元嘉：南朝宋文帝劉義隆年號（424—453）。

[2]亡命：指爲非作惡不顧性命之徒。　東陽：城名。在今山東青州市。按，本書卷二《宋文帝紀》所述與此有異："（元嘉二十八年）五月乙酉，亡命司馬順則自號齊王，據梁鄒城。"又《資治通鑑》卷一二六《宋紀八》元嘉二十八年條亦云："（三月）青州民司馬順則自稱晋室近屬，聚衆號齊王。梁鄒戍主崔勳之詣州，五月乙酉，順則乘虚襲梁鄒城。"胡三省注："梁鄒縣，漢屬濟南郡，晋省；宋置梁鄒戍，爲平原太守治所。《水經注》：濟水自管縣東過梁鄒縣北，又東北過臨濟縣南。參而考之，其地蓋在唐齊州臨濟縣界。"按，臨濟縣在今山東高青縣。

[3]宋文帝：劉義隆。小字車兒，宋武帝第三子。本書卷二、《宋書》卷五有紀。

[4]國子尼：國淵。字子尼，東漢末樂安蓋（今山東沂源縣）人。師事鄭玄，玄稱之"國器"。後爲曹操辟除，曹操征關中，以子尼爲居府長史，統留事。田銀、蘇伯反於河間（今河北獻縣），子尼討平，獻首級時，子尼不肯居功，曹操問其故。子尼曰："河間在封域之内，銀等叛逆，雖克捷有功，淵竊耻之。"意謂由於自己掌領無方，故封域内纔出現叛逆，深以爲耻。《三國志》卷一一有傳。

江夏王義恭出鎮盱台，[1]道遇懷珍，以應對見重，取爲驃騎長史兼墨曹行參軍。[2]孝建初，[3]爲義恭大司馬參軍、直閤將軍，[4]隨府轉太宰參軍。[5]

[1]江夏王義恭：劉義恭。宋武帝子。文帝元嘉元年（424）封江夏王。元嘉二十八年都督十三州，移鎮盱眙（今江蘇盱眙縣），修治館宇，擬制東城。劉劭弒文帝即位，歸孝武帝，授太傅。孝武帝死，受遺詔輔政，謀廢前廢帝，被殺。本書卷一三、《宋書》卷六一有傳。江夏，郡名。治夏口城，在今湖北武漢市武昌區。　盱台：縣名。即盱眙。治所在今江蘇盱眙縣東北。

[2]驃騎長史兼墨曹行參軍：《南齊書》卷二七《劉懷珍傳》、《册府元龜》卷七二七同。中華本校勘記云："'史'字疑衍文。按宋、齊官制，諸曹有'署正參軍'，有'署行參軍'，其行參軍無署者爲'長兼員'。此不當有'史'字。"按，中華本是。長兼，官制術語。南朝假職未真授之官有兼、長兼之稱。宋沈括《夢溪筆談》卷二云："古之兼官，多是暫時攝領。有長兼者，即同正官。"兼墨曹行參軍，攝行墨曹行參軍職權。

[3]孝建：南朝宋孝武帝劉駿年號（454—456）。

[4]大司馬參軍：官名。大司馬府屬吏。大司馬，本爲高級將帥稱號，南朝不常授，多用作贈官，爲優禮大臣的榮譽虚銜。宋一品。齊及梁初不詳。梁武帝天監七年（508）革選，釐定官品十八班，班多爲貴，大司馬十八班。陳一品，秩萬石。　直閤將軍：官名。南北朝始置，爲皇帝左右侍衛之官。領禁衛兵，掌朝廷正殿便殿閣及諸門上下之安全保衛，在南朝宫廷政變中舉足輕重。南朝梁時亦領兵出征，地位顯要。其官品史無明載（參見張金龍《南朝直閤將軍制度考》，《中國史研究》2002年第2期）。

[5]隨府轉太宰參軍：指隨江夏王升遷，由大司馬府參軍轉爲太宰府參軍。按，宋孝武帝孝建三年（456）冬十月，義恭又進位太宰。見《宋書》卷六《孝武帝紀》。太宰，晋置太師、太傅、太保三上公，因避司馬師諱，改太師爲太宰，居上公之首。常與太

傅、太保並掌朝政，爲宰相之任。南朝用作贈官，多用以安置元老勳舊大臣，名義尊榮，無職掌。宋一品。齊及梁初不詳。梁武帝天監七年革選，釐定官品十八班，班多爲貴，太宰十八班。陳一品，秩萬石。

大明二年，以軍功拜樂陵、河間二郡太守，[1]賜爵廣晋縣侯。[2]司空竟陵王誕反，[3]郡人王弼門族甚盛，勸懷珍起兵助誕。懷珍殺之，帝嘉其誠。除豫章王子尚車騎參軍，[4]母憂去職。[5]服闋，[6]見江夏王義恭，義恭曰："别子多年，那得不老？"對曰："公恩未報，何敢便老。"義恭善其對。

[1]以軍功拜樂陵、河間二郡太守：《南齊書》卷二七《劉懷珍傳》詳載其事："大明二年，虜圍泗口城，青州刺史顔師伯請援。孝武遣懷珍將步騎數千赴之，於麋溝湖與虜戰，破七城。拜建武將軍、樂陵河間二郡太守。"樂陵，郡名。南朝宋僑置。治樂陵縣，在今山東博興縣南。河間，郡名。南朝宋僑置。治樂城縣，在山東壽光市東南。

[2]廣晋：縣名。治所在今江西鄱陽縣石門街鎮。　縣侯：爵名。開國縣侯省稱。按，南朝宋、齊、梁大體沿前代制，有（郡）王、公、侯、伯、子、男，又有開國郡公、縣公、郡侯、縣侯（三品），縣伯、縣子、縣男及鄉侯（四品），亭侯（五品），關内（中）侯（六品），凡十五等。陳有郡王（一品）、嗣王（梁始置）、藩王（梁始置），又有開國郡公、縣公（以上二品）、縣侯（三品）、縣伯（四品）、縣子（五品）、縣男（六品）及沐食侯（七品）、鄉亭侯（八品）、開國中關外侯（九品），凡十二等。

[3]竟陵王誕：劉誕。字休文，宋文帝第六子。初封廣陵王，改封隨郡王，復改封竟陵王。本書卷一四、《宋書》卷七九有傳。

竟陵，郡名。南朝宋治石城，在今湖北鍾祥市。

[4]豫章王子尚：劉子尚。字孝師，宋孝武帝第二子。初封西陽王，改封豫章王。本書卷一四、《宋書》卷八〇有傳。

[5]母憂：母喪。

[6]服闋：守喪期滿除服。

累遷黄門郎，領虎賁中郎將。[1]桂陽王休範反，[2]加懷珍前將軍，[3]守石頭。[4]出爲豫州刺史，加督。建平王景素反，[5]懷珍遣子靈哲領兵赴建鄴。[6]沈攸之在荆楚，遣使人許天保説結懷珍，斬之，[7]送首於齊高帝，封中宿縣侯，[8]進平南將軍，[9]增督二州。[10]

[1]虎賁中郎將：官名。禁衛軍官，主宿衛。西晋時領有營兵，東晋無營兵，哀帝興寧二年（364）罷。南朝宋武帝永初元年（420）復置，屬領軍將軍。齊、梁、陳沿置。宋五品。齊及梁初不詳。梁武帝天監七年（508）革選，釐定官品十八班，班多爲貴，虎賁中郎將五班。陳七品，秩六百石。

[2]桂陽王休範：劉休範。宋文帝第十八子，初封順陽王，改封桂陽王。後廢帝元徽二年（474）舉兵反，攻至新亭，兵敗被殺。本書卷一四、《宋書》卷七九有傳。

[3]前將軍：官名。漢代爲重號將軍，魏晋權位漸低，南朝成爲軍府名號，用作加官，常不載官品。

[4]石頭：指石頭城。在今江蘇南京市西清凉山。本楚威王所置金陵邑，三國孫權重築改名石頭城。負山面江，控扼江險，形如虎踞，爲江防要塞。

[5]建平王景素：劉景素。宋文帝之孫，嗣父劉宏建平王位，後廢帝時爲南徐州刺史。愛好文章，知禮有才義之士，深得朝野稱譽，以此爲後廢帝猜忌，遂於元徽四年（476）據州舉兵反，旋爲

臺軍所破，斬之。本書卷一四、《宋書》卷七二有附傳。建平，郡名。治巫縣，在今重慶巫山縣。

[6]建鄴：即建康。南朝都城，在今江蘇南京市。三國孫吴定都建業，西晋初改稱建鄴，後避晋愍帝司馬鄴諱改稱建康，南朝延稱。按，劉景素據京口（今江蘇鎮江市）反，懷珍遣子靈哲領兵赴建鄴援臺軍。

[7]斬之：《南齊書》卷二七《劉懷珍傳》作“懷珍斬之”，意更明確。

[8]中宿：縣名。治所在今廣東清遠市西北。

[9]平南將軍：官名。與平北、平東、平西將軍合稱四平將軍，南朝地位較高。宋三品。齊及梁初不詳。梁武帝天監七年革選，釐定將軍名號及班品，有一百二十五號十品二十四班，班多爲貴，平南將軍二十班。大通三年（529）改制，定二百四十二號三十四班將軍，平南將軍三十班。陳擬三品，比秩中二千石。

[10]增督二州：據《南齊書·劉懷珍傳》，“增督南豫、北徐二州”。

初，宋孝武世，[1]齊高帝爲舍人，懷珍爲直閤，相遇早舊。懷珍假還青州，高帝有白驄馬，齧人，不可騎，送與懷珍别。懷珍報上百匹絹。[2]或謂懷珍曰：“蕭公此馬不中騎，是以與君耳。君報百匹，不亦多乎？”懷珍曰：“蕭君局量堂堂，[3]寧應負人此絹。吾方欲以身名託之，豈計錢物多少。”

[1]宋孝武：南朝宋孝武帝劉駿。本書卷二、《梁書》卷六有紀。

[2]“高帝有白驄馬”至“懷珍報上百匹絹”：《南齊書》卷二七《劉懷珍傳》作：“上有白驄馬，齧人，不可騎，送與懷珍别。

懷珍報上百匹絹。”《南齊書》前後兩個“上”字均指蕭道成。本書修史者改前一“上”爲“高帝”，而忽略後一“上”字，易使人誤讀爲“上百匹”。

[3]局量：胸襟氣度。

高帝輔政，以懷珍内資未多，[1]徵爲都官尚書，領前將軍。以第四子晃代爲豫州刺史。[2]或疑懷珍不受代，[3]高帝曰：“我布衣時，懷珍便推懷投款，况在今日，寧當有異。”晃發經日，疑論不止，上乃遣軍主房靈人領百騎進送晃。[4]謂靈人曰：“論者謂懷珍必有異同，[5]我期之有素，必不應爾。[6]卿是其鄉里，故遣卿行，非唯衛新，亦以迎故。”[7]懷珍還，乃授相國右司馬。[8]

[1]内資：指任朝官的資歷。

[2]晃：蕭晃。見本卷上文“長沙王”注。

[3]或疑懷珍不受代：意爲有的人懷疑懷珍會起異心，不接受晃代其爲豫州刺史。

[4]上：此處依然指蕭道成，非指宋順帝。　軍主：官名。南朝宋始置。千人以上爲軍，百人以上爲隊。領兵千人以上稱軍主，其下設軍副，不足千人的稱隊主。其品級由所領人數而定，最高者可至三品（參見周一良《魏晋南北朝史札記》之《北齊書札記》“軍主·幢主·隊主”條）。　房靈人：《南齊書》卷二七《劉懷珍傳》作“房靈民”，係唐人避唐太宗李世民諱改。　進送：《南齊書·劉懷珍傳》作“追送”。馬宗霍《南史校證》云：“上文云‘晃發經日’，則此當作‘追送’爲是。”（湖南教育出版社 2008 年版，第 772 頁）

[5]異同：偏義複詞。偏在“異”。指起疑心。

［6］我期之有素，必不應爾：我對其向來有期望，一定不會如他們所講的那樣。有素，由來已久。應，當、該。爾，如此。

［7］非唯衛新，亦以迎故：不僅護衛新刺史蕭晃到任，也是迎接舊刺史回建康。

［8］相國右司馬：官名。相國府屬吏。相國，南朝不常置，位尊於丞相，職權品秩略同，非尋常人臣之職。按，據《宋書》卷一〇《順帝紀》昇明三年（479）三月，蕭道成由太傅進爲相國。

及齊臺建，朝士人人争爲臣吏，以懷珍爲宋臺右衛。[1]懷珍謂帝曰："人皆迎新，臣獨送故，豈以臣篤於本乎。"齊建元元年，[2]轉左衛將軍，[3]加給事中，[4]改封霄城侯。[5]

［1］宋臺：指宋政權官署。　右衛：官名。右衛將軍省稱。與左衛將軍合稱二衛將軍，禁衛軍六軍（領軍、護軍、左衛、右衛、驍騎、游擊）之一。係禁衛軍主要將領，掌宫廷宿衛營兵。南朝齊高帝建元二年（480）詔，二衛將軍每晚留一人宿直宫中。南朝後期亦領兵出征。宋四品。齊及梁初不詳。梁武帝天監七年（508）革選，釐定官品十八班，班多爲貴，左右衛將軍十二班。陳三品，秩二千石。

［2］建元：南朝齊高帝蕭道成年號（479—482）。

［3］左衛將軍：官名。參見本卷上文"右衛將軍"注。

［4］給事中：官名。因在殿中給事（執事）得名。南朝隸集書省，在通直散騎侍郎下、員外散騎侍郎上，選輕用卑。掌侍從皇帝左右、獻納得失、諫諍糾彈、收發傳達諸奏聞文書，雖可封駁，權不甚重，地位漸低。亦管圖書文翰、修史等事。宋五品。齊及梁初不詳。梁武帝天監七年革選，釐定官品十八班，班多爲貴，給事中四班。陳七品，秩六百石。

［5］霄城：縣名。治所在今湖北天門市東。《建康實録》卷一五作“宣城”。

懷珍年老，以禁旅辛勤，求爲閑職，轉光禄大夫，卒。遺言薄葬。贈雍州刺史，謚敬侯。

子靈哲字文明，[1]位齊郡太守、前軍將軍。[2]靈哲所生母嘗病，靈哲躬自祈禱，夢見黄衣老公與藥曰：“可取此食之，疾立可愈。”靈哲驚覺，於枕間得之，如言而疾愈。藥似竹根，於齋前種，葉似莧玼。[3]

［1］靈哲：劉靈哲。《南齊書》卷二七有附傳。

［2］齊郡：按，據《南齊書·劉靈哲傳》，靈哲於齊“建元初，歷寧朔將軍，臨川王前軍諮議，廬陵内史，齊郡太守，前軍將軍”。又據《南齊書·州郡志上》“建元初，徙齊郡治瓜步”及本卷下文載“齊國建，上欲置齊郡於都下。議者以江右土沃，流人所歸，乃置於瓜步”，是知齊建元初齊郡治瓜步。瓜步鎮，在今江蘇南京市六合區東南瓜步山下瓜埠。　前軍將軍：官名。與後軍、左軍、右軍將軍合稱四軍將軍，掌宫禁宿衛。員一人。宋四品，明帝泰始（465—472）後，多以軍功得官，無復員限。齊及梁初不詳。梁武帝天監七年（508）革選，釐定官品十八班，班多爲貴，前軍將軍九班。陳五品，秩千石。

［3］莧玼：植物名。即荸薺。

嫡母崔氏及兄子景焕，泰始中爲魏所獲。靈哲爲布衣，不聽樂。及懷珍卒，當襲爵，靈哲固辭，以兄子在魏，存亡未測，無容越當茅土。[1]朝廷義之。

[1]無容越當茅土：指家中親人正在受難，自己不應當封爵位賜榮。

靈哲傾産贖嫡母及景焕，累年不能得。武帝哀之，[1]令北使者請之，魏人送以還南，[2]襲懷珍封爵。靈哲位兖州刺史，[3]隆昌元年卒。[4]

[1]武帝：南朝齊武帝蕭賾。

[2]以還：殿本同，汲古閣本無“以”字。按，底本是。

[3]兖州：州名。治淮陰縣，在今江蘇淮安市淮陰區西南甘羅城。按，據《南齊書·州郡志上》，南朝齊以“兖州”爲“北兖州”，此處即指“北兖州”。

[4]隆昌：南朝齊鬱林王蕭昭業年號（494）。

峻字孝標，[1]本名法武，懷珍從父弟也。父琁之，[2]仕宋爲始興内史。[3]

[1]峻：劉峻。《梁書》卷五〇亦有傳。

[2]父琁之：“琁之”，《梁書·劉峻傳》作“珽”。《魏書》卷四三、《北史》卷三九《劉休賓傳》均作“旋之”。《魏書·劉休賓傳》載：“劉休賓字處幹，本平原人。祖昶，從慕容德度河，家於北海之都昌縣。父奉伯，劉裕時北海太守。休賓少好學，有文才，兄弟六人，乘民、延和等皆有時譽……休賓叔父旋之。”據此可略知劉孝標家世。

[3]始興：郡名。治曲江縣，在今廣東韶關市東南。　内史：官名。南朝郡國行政長官，掌郡國民政，職同太守。宋五品。齊、梁不詳。陳滿萬户郡國之内史六品，不滿萬户者七品。

峻生期月而琁之卒，其母許氏攜峻及其兄法鳳還鄉里。宋泰如初，魏剋青州，[1]峻時年八歲，爲人所略爲奴至中山。[2]中山富人劉寶愍峻，[3]以束帛贖之，[4]教以書學。魏人聞其江南有戚屬，更徙之代都。[5]居貧不自立，與母並出家爲尼僧，既而還俗。峻好學，寄人廡下，自課讀書，常燎麻炬，從夕達旦。時或昏睡，爇其鬚髮，[6]及覺復讀，其精力如此。時魏孝文選盡物望，[7]江南人士才學之徒，咸見申擢，峻兄弟不蒙選授。[8]

[1]宋泰如初，魏剋青州：汲古閣本、殿本、百衲本“如”作“始”。按，底本誤，應據諸本改。又按，據本書卷三《宋明帝紀》，泰始五年（469）春正月“乙丑，魏剋青州，執刺史沈文秀以歸”，知其事在泰始五年，《南齊書》卷二八《劉善明傳》及本卷下文《劉善明傳》記載同。此言“泰始初”，不確。

[2]略：掠賣。　中山：郡名。治盧奴縣，在今河北定州市。

[3]劉寶：《梁書》卷五〇《劉峻傳》作“劉實”。

[4]束帛：捆爲一束的五匹帛。古人常以之爲饋贈禮品。

[5]更：殿本同，汲古閣本作“吏”。按，底本是。　代都：即北魏都城平城，在今山西大同市。《梁書·劉峻傳》作“桑乾”。

[6]爇（ruò）：燒。

[7]魏孝文：北魏孝文帝拓跋宏。在位期間推行漢化改革，遷都洛陽，改革吏治。《魏書》卷七、《北史》卷三有紀。　物望：指衆人所仰望者。

[8]“江南人士才學之徒”至“峻兄弟不蒙選授”：關於劉孝標早年在北魏求學之事，據《太平御覽》卷六一一引《梁書》曰：“劉峻……勤學，去學五六里，常行讀書不息，地有坑坎，每常倒蹶，然後始悟。”又據《陳垣學術論文集》第一集《雲岡石窟寺之

譯經與劉孝標》（中華書局 1980 年版），北魏延興三年（473），劉峻時年十二，協助西域人吉迦夜爲沙門曇曜譯《大方廣十地》等經五部。授，汲古閣本、殿本作“拔”。

齊永明中，俱奔江南，更改名峻字孝標。[1] 自以少時未開悟，晚更厲精，明慧過人。苦所見不博，聞有異書，必往祈借。清河崔慰祖謂之“書淫”。[2] 於是博極群書，文藻秀出。故其《自序》云：“黌中濟濟皆升堂，亦有愚者解衣裳。”言其少年魯鈍也。時竟陵王子良招學士，峻因人求爲子良國職。吏部尚書徐孝嗣抑而不許，[3] 用爲南海王侍郎，[4] 不就。至齊明帝時，蕭遥欣爲豫州，[5] 引爲府刑獄，[6] 禮遇甚厚。遥欣尋卒，久不調。

［1］“齊永明中”至“更改名峻字孝標”：《文選》卷四三劉孝標《重答劉秣陵沼書》李善注引劉峻《自序》載：“（峻）生於秣陵縣，期月歸故鄉。八歲，遇桑梓顛覆，身充僕圉。齊永明四年二月，逃還京師。”《魏書》卷四三《劉休賓傳》：“休賓叔父旋之，其妻許氏，二子法鳳、法武。而旋之早亡。東陽平，許氏攜二子入國，孤貧不自立，並疏薄不倫，爲時人所棄。母子皆出家爲尼，既而反俗。太和中，高祖選盡物望，河南人士，才學之徒，咸見申擢。法鳳兄弟無可收用，不蒙選授。後俱奔南。法武後改名孝標。”可參證孝標早年經歷。

［2］清河：郡名。治清陽縣，在今河北清河縣東南。　崔慰祖：字悦宗，清河東武城（今河北清河縣）人。初仕齊爲奉朝請，遷始安王蕭遥光記室。遥光反，自首，於獄中病卒。好學，著《海岱志》。本書卷七二、《南齊書》卷五二有傳。　書淫：《北堂書鈔》卷九七引皇甫謐《玄晏春秋》：“余學或兼夜不寐，或臨食忘餐，或

不覺日夕。方之好色，號余爲書淫。”

[3]史部尚書：汲古閣本、殿本、百衲本“史”作“吏”。按，底本誤，應據諸本改。吏部尚書，官名。尚書省吏部曹長官，位居列曹尚書之上，掌官吏銓選考課獎懲。職任顯要，多僑姓高門、世胄顯貴擔任。員一人。宋三品。齊及梁初不詳。梁武帝天監七年（508）革選，釐定官品十八班，班多爲貴，吏部尚書十四班。陳三品，秩中二千石。　徐孝嗣：字始昌，東海郯（今山東郯城縣）人。宋拜駙馬都尉。入齊爲武帝信用，歷吴興太守、五兵尚書、吏部尚書。後以廢鬱林王、擁立明帝功，遷尚書令。明帝卒，受遺詔輔政，謀廢東昏侯，事敗被殺。本書卷一五有附傳，《南齊書》卷四四有傳。

[4]南海王：蕭子罕。字雲華，南蘭陵蘭陵（今江蘇常州市武進區）人。齊武帝第十一子，封南海王。本書卷四四、《南齊書》卷四〇有傳。南海，郡名。治番禺縣，在今廣東廣州市。　侍郎：官名。諸侯王國屬官，掌侍從左右、贊相威儀，通傳教令。南朝或分置左、右。宋八品。齊及梁初不詳。梁武帝天監七年革選，釐定官品十八班，班多爲貴，侍郎流外二班至七班、流内一班。陳九品。

[5]蕭遥欣：字重暉，南蘭陵蘭陵（今江蘇常州市武進區）人。齊宗室。延興元年（494），蕭鸞樹置，以之爲豫州刺史，蕭鸞即位爲明帝，又以之爲荆州刺史。遥欣多畜武士，爲兄始安王遥光外援，欲廢帝擁兄登位，事未成病卒。本書卷四一、《南齊書》卷四五有傳。

[6]刑獄：官名。刑獄參軍、刑獄賊曹參軍、刑獄賊曹參軍事等省稱。諸公府、軍府所置刑獄賊曹長官，掌刑獄盜賊事。宋七品。齊及梁初不詳。梁武帝天監七年革選，釐定官品十八班，班多爲貴，參軍一班至四班、流外二班至七班。陳九品至八品。

梁天監初，召入西省，[1]與學士賀蹤典校秘閣。[2]峻兄孝慶時爲青州刺史，峻請假省之，坐私載禁物，爲有司所奏免官。安成王秀雅重峻，[3]及安成王遷荆州，引爲户曹參軍，[4]給其書籍，使撰《類苑》。[5]未及成，復以疾去，因遊東陽紫巖山，[6]築室居焉。爲《山栖志》，[7]其文甚美。

[1]西省：祝總斌認爲，西省本是東晋孝武帝讀書的處所，南朝宋、齊時改名永福省，是皇太子出居東宫前在禁中的住地。因齊無年幼的皇太子，故西省成爲左右衛將軍以下禁衛諸職值宿之地。至梁，西省與永福省並置，變爲學士修撰之所（參見祝總斌《兩漢魏晋南北朝宰相制度研究》，中國社會科學出版社 1990 年版，第 351—356 頁）。陳蘇鎮認爲，西省乃秘書省（掌管國史修撰及圖籍收録），因在皇帝内殿（寢區）西側，故名。亦爲舍人省所在（參見陳蘇鎮《西省考》，《周一良先生八十生日紀念論文集》，中國社會科學出版社 1993 年版，第 67—75 頁）。梁代西省職能與前代不同，梁武帝時置西省學士，亦常召才學之士入直西省，聚集起來從事校理修撰等事。按，下文有"典校秘閣"語，秘閣爲南朝秘書省所轄皇家圖書和檔案館，據之此處西省應指秘書省。

[2]賀蹤：《梁書》卷一四《任昉傳》作"賀縱"。 秘閣：《梁書》卷五〇《任昉傳》作"秘書"。《隋書·經籍志二》著録："《梁文德殿四部目録》四卷，劉孝標撰。"又，唐釋道宣《廣弘明集》卷三梁處士阮孝緒《七録序》載："齊末兵火延及秘閣，有梁之初，缺亡甚衆，爰命秘書監任昉躬加部集。又于文德殿内别藏衆書，使學士劉孝標等重加校進。"可資參證。

[3]安成王秀：蕭秀。字彦達，南蘭陵（今江蘇常州市武進區）中都里人。南朝梁武帝蕭衍七弟，爵封安成郡王。歷任南徐州、荆州刺史，在州有惠政。本書卷五二、《梁書》卷二二有傳。

安成，郡名。治平都縣，在今江西安福縣東南。

[4]户曹參軍：官名。户曹長官，南朝諸公府、督府、地方州郡縣府諸曹長官之一。掌民户、祠祀、農桑等。宋七品。齊及梁初不詳。梁武帝天監七年（508）革選，釐定官品十八班，班多爲貴，户曹參軍一班至四班、流外二班至七班。陳九品至八品。

[5]《類苑》：《隋書·經籍志三》載："《類苑》一百二十卷，梁征虜刑獄參軍劉孝標撰。"又南朝梁劉之遴《與劉孝標書》："間聞足下作《類苑》，括綜百家，馳騁千載；彌綸天地，纏絡萬品。撮道略之英華，搜群言之隱賾。鉛摘既畢，殺青已就。義以類聚，事以群分。述徵之妙，楊、班儔也。擅此博物，何快如之！雖複子野調聲，寄知音于後世，文信構《覽》，懸百金於當時，居然無以相尚。自非沉鬱澹雅之思，安能閉志經年，勤成若此！吾嘗聞爲之者勞，觀之者逸。足下已勞於精力，宜令吾見異書。"（《藝文類聚》卷五八）按，《類苑》今已不存，觀劉之遴此書可略知其大要。

[6]東陽：郡名。治長山縣，在今浙江金華市。　紫巖山：山名。亦稱長山、金華山。在今浙江金華市東。《太平寰宇記》卷九七《江南東道九·金華縣》："長山，在縣南二十里，一名金華山，即黄初平初起遇道士教以仙方處。"

[7]《山栖志》：唐釋道宣《廣弘明集》卷二四題作《東陽金華山栖志》。

初，梁武帝招文學之士，有高才者多被引進，擢以不次。[1]峻率性而動，不能隨衆沈浮。武帝每集文士策經史事，時范雲、沈約之徒皆引短推長，[2]帝乃悦，加其賞賚。曾策錦被事，[3]咸言已罄，帝試呼問峻，峻時貧悴冗散，忽請紙筆，疏十餘事，坐客皆驚，帝不覺失色。自是惡之，不復引見。[4]及峻《類苑》成，凡一百二十卷，帝即命諸學士撰《華林徧略》以高之，[5]竟不見用。乃著《辯命論》以寄其懷。[6]論成，中山劉沼致書以難之，[7]凡再反，[8]峻並爲申析以答之。會沼卒，不見峻後報者，峻乃爲書以序其事。[9]其文論並多不載。[10]

[1]不次：不按尋常次序。指越級選用。

[2]范雲：字彦龍，南鄉舞陰（今河南泌陽縣）人。少好學，善作文。有文集三十卷。本書卷五七、《梁書》卷一三有傳。　沈約：字休文，吴興武康（今浙江德清縣）人。博通群籍、善作文。蕭衍輔政，密勸代齊稱帝。本書卷五七、《梁書》卷一三有傳。

[3]曾：汲古閣本同，殿本作“魯”。中華本作“會”，其校勘記云：“‘會’各本作‘曾’，據《册府元龜》二一八改。”

[4]“初，梁武帝招文學之士”至“不復引見”：這段大意是講梁武帝所招引文學之士，善於拿捏尺度，在談論經史時有意不露才以形己之短、顯人之長。而孝標不會隨波逐流，招致厭惡。

[5]《華林偏略》：《隋書·經籍志三》著録：“《華林遍略》六百二十卷，梁綏安令徐僧權等撰。”

[6]《辯命論》：《梁書》卷五〇《劉峻傳》載有該文。

[7]中山劉沼致書以難之：《文選》卷四三劉孝標《重答劉秣陵沼書》李善注：“《孝標集》有沼《難〈辨命論〉書》。”中山，郡名。治盧奴縣，在今河北定州市。

[8]反：通“返”。

[9]峻乃爲書以序其事：《梁書·劉峻傳》載該“書”文：“劉侯既有斯難，值余有天倫之慼，竟未之致也。尋而此君長逝，化爲異物，緒言餘論，蘊而莫傳。或有自其家得而示餘者，悲其音徽未沫，而其人已亡；青簡尚新，而宿草將列，泫然不知涕之無從。雖隙駟不留，尺波電謝，而秋菊春蘭，英華靡絶，故存其梗概，更酬

其旨。若使墨翟之言無爽，宣室之談有徵。冀東平之樹，望咸陽而西靡，蓋山之泉，聞弦歌而赴節。但懸劍空壟，有恨如何！”

［10］其文論並多不載：《梁書·劉峻傳》作“其論文多不載”。邵春駒認爲：“《梁書·文學傳》下之《劉峻傳》作‘其論文多不載’，‘論’指《答劉秣陵沼難〈辨命論〉》，‘文’指此論文之文字内容；此句當讀作：‘其論，文多不載’，意謂劉沼之論篇幅較長，故不録。‘文多不載’屢見……此當爲史著套語。然此處‘論’‘文’顛倒，意義則不同。‘文’謂《重答劉秣陵沼書》，‘論’謂《答劉秣陵沼難〈辨命論〉》；因《梁書》録前者不録後者，而本書皆不録也。李延壽顛倒原文二字即巧妙表達此新意。故此當點作：其文、論並多，不載。”（《〈南史〉點校商榷（之二）》，《沈陽工程學院學報》2009年第3期）

峻又嘗爲《自序》，其略云：

余自比馮敬通，[1]而有同之者三，異之者四。何則？敬通雄才冠世，志剛金石；余雖不及之，而節亮慷慨。此一同也。敬通逢中興明君，[2]而終不試用；余逢命世英主，[3]亦擯斥當年。此二同也。敬通有忌妻，至於身操井臼；[4]余有悍室，亦令家道轗軻。此三同也。敬通當更始世，[5]手握兵符，躍馬肉食；余自少迄長，戚戚無懽。此一異也。敬通有子仲文，[6]官成名立；余禍同伯道，[7]永無血胤。[8]此二異也。敬通旅力剛强，[9]老而益壯；余有犬馬之疾，[10]溘死無時。此三異也。敬通雖芝殘蕙焚，[11]終填溝壑，而爲名賢所慕，其風流郁烈芬芳，久而彌盛；余聲塵寂寞，[12]世不吾知，魂魄一去，將同秋草。此四異也。所以力自爲序，[13]遺之好事云。

[1]馮敬通：馮衍。字敬通，京兆杜陵（今陝西西安市長安區）人。年少博覽群書。王莽時更始將軍廉丹辟爲掾。東漢光武帝時任曲陽令，遷司隸從事。因交結外戚免官。著有辭賦多篇。《後漢書》卷二八有傳。

[2]逢：《梁書》卷五〇《劉峻傳》作“值”。　中興明君：此指東漢光武帝劉秀。《後漢書》卷一有紀。

[3]命世英主：此指南朝梁武帝蕭衍。

[4]敬通有忌妻，至於身操井臼：《後漢書·馮衍傳》：“衍娶北地女任氏爲妻，悍忌不得畜媵妾。兒女常自操井臼。老竟逐之，遂埳於時。”

[5]更始：西漢末淮陽王劉玄年號（23—25）。

[6]有子：《梁書·劉峻傳》作“有一子”。　仲文：馮豹。字仲文，馮衍子。好儒學。熟諳邊事，東漢章帝時拜河西副校尉，和帝時建議設置戊己校尉，遷武威太守，卒於尚書任。《後漢書》卷二八有附傳。

[7]伯道：鄧攸。字伯道，平陽襄陵（今山西臨汾市）人。西晉懷帝永嘉末，爲石勒所俘，後逃至江東。途中攜一子一侄，屢遇險，不能兩全，捨己子而保全其侄，此後無嗣。元帝授其太子中庶子，尋遷吴郡太守，在郡廉明。累遷尚書右僕射。《晋書》卷九〇有傳。

[8]血胤：子孫。

[9]剛强：《梁書·劉峻傳》作“方剛”。

[10]犬馬之疾：對自己有病的卑稱。

[11]芝殘蕙焚：比喻賢才去世。芝、蕙，皆香草。《文選》卷一六陸士衡《歎逝賦》：“信松茂而柏悦，嗟芝焚而蕙歎。”

[12]聲塵：對聲名的謙稱。

[13]序：《梁書·劉峻傳》作“叙”。按，此處乃劉峻《自序》原文之節録。

峻本將門，兄法鳳自北歸，改名孝慶，字仲昌。早有幹略，齊末爲兖州刺史，舉兵應梁武，封餘干男，[1]歷官顯重。峻獨篤志好學，居東陽，吴會人士多從其學。[2]普通三年卒，年六十。[3]門人謚曰玄靖先生。

[1]餘干：縣名。治所在今江西餘干縣。　男：爵名。開國縣男簡稱。參見本卷上文“縣侯”注。

[2]吴會：地區名。指吴郡（治今江蘇蘇州市）、會稽郡（治今浙江紹興市）地區。

[3]普通三年卒，年六十：三年，《梁書》卷五〇《劉峻傳》作“二年”。中華本校勘記云：“按《梁書》及宋本《册府元龜》五九五作‘普通二年卒，年六十’。據上文‘宋泰始初，青州陷魏，竣年八歲’，則峻生於宋大明二年，至梁普通二年應爲六十五歲。卒於普通三年，則應爲六十六歲。疑‘六十’下脱‘五’字或‘六’字。”按，中華本是。

劉沼字明信，[1]中山魏昌人。[2]六世祖輿，[3]晋驃騎將軍。沼幼善屬文，及長博學，位終秣陵令。

[1]劉沼：《梁書》卷五〇亦有傳。

[2]魏昌：縣名。治所在今河北定州市東南。

[3]六世祖輿：劉輿。字慶孫，中山魏昌（今河北定州市）人。初仕晋爲尚書郎，依附范陽王司馬虓，爲征虜將軍、魏郡太守。虓死，轉附東海王司馬越爲左長史。永嘉末卒，追贈驃騎將

軍。《晋書》卷六二有附傳。

懷慰字彦泰，[1]懷珍從子也。祖奉伯，宋元嘉中爲冠軍長史。[2]父乘人，[3]冀州刺史，[4]死於義嘉事。[5]懷慰持喪不食醯醬，[6]冬日不用絮衣，養孤弟妹，事寡叔母，皆有恩義。仕宋爲尚書駕部郎。懷慰宗從善明等爲齊高帝心腹，[7]懷慰亦預焉。[8]

[1]懷慰：劉懷慰。《南齊書》卷五三亦有傳。

[2]冠軍長史：官名。冠軍將軍府屬吏。參見本卷上文“冠軍將軍”“長史”注。

[3]乘人：《南齊書·劉懷慰傳》作“乘民”。本書修史者避唐太宗李世民諱改“民”爲“人”。

[4]冀州：州名。南朝宋文帝元嘉九年（432）僑置，治歷城縣，在今山東濟南市。宋明帝泰始六年（470）與青州合僑置於鬱洲，在今江蘇連雲港市東雲臺山一帶。

[5]義嘉事：宋明帝泰始二年，孝武帝子晋安王劉子勛在尋陽稱帝，改元義嘉，署置百官。徐、青、冀諸州均起兵響應，不久被鎮壓，子勛兵敗被殺。乘民當因從逆而死。

[6]醯醬：含有酸味的醬。泛指調味品。守喪者食不甘味，故不食醯醬。

[7]宗從：同宗的族人，本家。

[8]預：參與。此指懷慰亦爲齊高帝心腹。

齊國建，[1]上欲置齊郡於都下。議者以江右土沃，[2]流人所歸，乃置於瓜步，以懷慰爲輔國將軍、齊郡太守。[3]上謂懷慰曰："齊邦是王業所基，吾方欲以爲顯任，經理之事，一以委卿。”有手敕曰：[4]“有文事必有武備，今賜卿玉環刀一口。”

[1]齊國：見本卷上文“齊臺”注。

[2]江右：地區名。指長江下游西北岸。

[3]輔國將軍：官名。爲優禮大臣的榮譽加號。宋明帝泰始五年（469）改名輔師將軍，後廢帝元徽二年（474）復舊，三品。齊爲小號將軍，品秩不詳。梁武帝天監七年（508）罷，改置輕車、征遠、鎮朔、武旅、貞毅五號將軍代之。

[4]有手敕曰：《南齊書》卷五三《劉懷慰傳》“有”作“又”。馬宗霍《南史校證》云：“上文云‘上謂懷慰曰’云云，彼是面語之也，既面語之，故下文云手敕之，則《齊書》作‘又’是。”（第775頁）

懷慰至郡，脩城郭，安集居人，墾廢田二百頃，決沈湖灌溉。[1]不受禮謁，人有餉其新米一斛者，懷慰出所食麥飯示之曰：“食有餘，幸不煩此。”因著《廉吏論》以達其意。高帝聞之，手敕褒賞。進督秦、沛二郡，[2]妻子在都，賜米三百石。[3]兗州刺史柳世隆與懷慰書曰：[4]“膠東流化，[5]潁川致美，[6]以今方古，曾何足云。”[7]

[1]沈湖：查無此湖名。應意指淤積之廢湖。

[2]秦：郡名。東晉改堂邑郡置。治尉氏縣，在今江蘇南京市六合區。南朝齊與齊郡合併，治瓜步。　沛：郡名。寄治沛縣，在今安徽天長市西北。

[3]石：《通志》卷一三七同，《南齊書》卷五三《劉懷慰傳》、

《册府元龜》卷六七二、六七九作“斛”。

[4]兖州刺史柳世隆與懷慰書曰：丁福林《南齊書校議》云：“考本書《柳世隆傳》及各帝紀所載，柳世隆于齊一代迄未嘗有任兖州刺史事。據上文云齊高帝手敕褒賞懷慰，則柳世隆與懷慰書乃在建元之世也。據本書《高帝紀下》載建元三年正月丙子，‘貞陽公柳世隆爲南兖州刺史’；本書《武帝紀》載永明二年正月乙亥，‘以司州刺史吕安國爲南兖州刺史’；本書《柳世隆傳》：‘（建元）三年，出爲使持節、督南兖兖徐青冀五州軍事、安北將軍、南兖州刺史……世祖即位……入爲侍中、護軍將軍，遷尚書右僕射。’則柳世隆於建元、永明之交所任乃南兖州刺史也，與上文所載，時間亦正相合。是上文於‘兖州刺史’前佚一‘南’字必矣。”（中華書局2010年版，第354頁）

[5]膠東：郡名。由漢膠東侯國改置。治即墨縣，在今山東平度市。按，漢人張敞曾任膠東相，敞本治《春秋》，以經術治政，表賢顯善，賞罰分明，膠東大化，市無偷盗，吏民歙然，天子嘉之。詳見《漢書》卷七六《張敞傳》。　流化：《南齊書·劉懷慰傳》作“淵化”。朱季海《南齊書校議》:“《南史》‘淵’作‘流’，自避唐諱，諸本改字，失之。”（中華書局2013年版，第120頁）淵化，淵源教化。

[6]潁川：郡名。治陽翟縣，在今河南禹州市。按，東漢良吏荀淑、韓韶、陳寔、鍾皓，皆潁川人，均任地方長官，政績遠播，被譽爲“潁川四長”。參閲《後漢書》卷七六《循吏傳》。

[7]以今方古，曾何足云：謂懷慰治理齊郡的政績，遠遠超過上述古人。

懷慰本名聞慰，武帝即位，以與舅氏名同，敕改之。後兼安陸王北中郎司馬，[1]卒。明帝即位，謂僕射徐孝嗣曰：[2]“劉懷慰若在，朝廷不憂無清吏也。”子霽、杳、歊。

[1]安陸王：蕭子敬。字雲端，南蘭陵蘭陵（今江蘇常州市武進區）人。齊武帝第五子，封安陸王。本書卷四四、《南齊書》卷四〇有傳。安陸，郡名。治安陸縣，在今湖北安陸市。　北中郎司馬：官名。北中郎將府屬吏。北中郎將，東、西、南、北四中郎將之一。南朝時統兵，爲帥師征伐或鎮守某一地區之方面大員，地位重要，高於一般將領。多以宗室諸王擔任。多有較固定的轄區和治所。宋四品。齊及梁初不詳。梁武帝天監七年（508）革選，釐定將軍名號及班品，有一百二十五號十品二十四班，以鎮兵、翊師、宣惠、宣毅四將軍代舊四中郎將，至大通三年（529）定二百四十二號三十四班將軍，又將四中郎將與四將軍並置，爲十七班。

[2]僕射：官名。尚書省次官，尚書令副佐。南朝時尚書令爲宰相之任，位尊權重，不親庶務，尚書省日常政務常由尚書僕射主持，諸曹奏事由左、右僕射審議聯署。其參議大政，諫議得失，監察糾彈百官，可封還詔旨，常受命主管官吏選舉。員皆一人。宋三品。齊及梁初不詳。梁武帝天監七年革選，釐定官品十八班，班多爲貴，尚書僕射十五班。陳二品，秩中二千石。

霽字士湮，[1]九歲能誦《左氏傳》。十四居父憂，有至性，每哭輒嘔血。家貧，與弟杳、歊勵志勤學。及長，博涉多通。梁天監中，歷位西昌相、尚書主客侍郎、海鹽令。[2]霽前後宰二邑，並以和理稱。後除建康令，[3]不拜。

[1]霽：劉霽。《梁書》卷四七亦有傳。　士湮：《梁書·劉霽傳》作“士烜”。按，古人名與字相應，應以《梁書》爲是。

［2］西昌相：官名。西昌縣相，職同縣令。相，南朝封國皆設相，悉由朝廷選置，實爲國家委派的行政長官，與郡、縣守令無異。官品隨本國户數而異。宋郡國相五品。齊、梁不詳。陳制萬户以上國六品，不滿萬户國七品，五千户以上國八品，五千户以下國九品。西昌，縣名。治所在今江西泰和縣西。　尚書主客侍郎：官名。尚書省諸曹郎之一，客曹長官通稱，屬尚書左僕射。掌諸蕃國、外國賓客接待給賜政令。宋六品。齊及梁初不詳。梁武帝天監七年（508）革選，釐定官品十八班，班多爲貴，主客侍郎六班。陳四品，秩六百石。　海鹽：縣名。治所在今浙江海鹽縣。

［3］建康：見本卷上文“建鄴”注。

母明氏寢疾，[1]霽年已五十，衣不解帶者七旬，誦《觀世音經》數萬遍。[2]夜中感夢，見一僧謂曰：“夫人筭盡，[3]君精誠篤志，[4]當相爲申延。”後六十日餘乃亡。霽廬于墓，哀慟過禮，常有雙白鶴循翔廬側，[5]處士阮孝緒致書抑譬焉。[6]霽思慕不已，未終喪而卒。著《釋俗語》八卷，[7]文集十卷。

［1］明：汲古閣本同，殿本作“胡”。

［2］《觀世音經》：佛經名。六朝人多信佛，以爲誦此經千百遍，可以消灾祈福。

［3］筭：命數，壽命。

［4］志：《梁書》卷四七《劉霽傳》作“至”。

［5］循：《梁書·劉霽傳》作“馴”。

［6］處士：隱居不仕的士人。　阮孝緒：字士宗，陳留尉氏（今河南尉氏縣）人。著有目録學著作《七録》。本書卷七六、《梁書》卷五一有傳。

［7］著《釋俗語》八卷：《隋書·經籍志三》著録“《釋俗語》

八卷，劉霽撰”。

杳字士深，[1]年數歲，徵士明僧紹見之，[2]撫而言曰：“此兒寔千里之駒。”[3]十三丁父憂，每哭，哀感行路。梁天監中，爲宣惠豫章王行參軍。[4]

[1]杳：劉杳。《梁書》卷五〇亦有傳。

[2]徵士：不就朝廷徵聘之士。　明僧紹：字休烈，一字承烈，平原鬲（今山東平原縣）人。通儒學，歷宋、齊，累徵不就，隱居講學。本書卷五〇、《南齊書》卷五四有傳。

[3]千里之駒：比喻年輕有爲的少年。《漢書》卷三六《劉德傳》：“（德）修黄老術，有智略。少時數言事，召見甘泉宫，武帝謂之‘千里駒’。”顔師古注：“言若駿馬可致千里也。年齒幼少，故謂之駒。”

[4]宣惠豫章王行參軍：官名。宣惠將軍府屬吏，攝行參軍職權。宣惠將軍，南朝梁置，武帝天監七年（508）革選，釐定將軍名號及班品，有一百二十五號十品二十四班，班多爲貴，宣惠將軍十七班，與鎮兵、翊師、宣毅四將軍等代舊四中郎將。至大通三年（529）改制，定二百四十二號三十四班將軍，宣惠將軍二十七班，又與四中郎將並置。陳擬四品，比秩中二千石。豫章王，即蕭綜。字世謙，南蘭陵（今江蘇常州市武進區）中都里人。梁武帝第二子，天監三年封豫章郡王。有才學，善作文。普通六年（525）奔北魏，乃改名贊，字德文，魏封其爲丹陽王。大通二年欲謀反，爲魏人所殺。本書卷五三、《梁書》卷五五有傳，《北史》卷二九、《魏書》卷五九有附傳。按，諸史皆不載蕭綜爲宣惠將軍事。

杳博綜群書，沈約、任昉以下每有遺忘，皆訪問焉。嘗於約坐語及宗廟犧樽，[1]約云：“鄭玄答張逸謂爲畫鳳皇尾婆娑然。[2]今無復此器，則不依古。”杳曰：“此言未必可安。[3]古者樽彝皆刻木爲鳥獸，[4]鑿頂及背以出内酒。[5]魏時魯郡地中得齊大夫子尾送女器，[6]有犧樽作犧牛形。晋永嘉中，[7]賊曹嶷於青州發齊景公冢又得二樽，[8]形亦爲牛象。二處皆古之遺器，知非虚也。”約大以爲然。約又云：“何承天纂文奇博，[9]其書載張仲師及長頸王事，此何所出？”杳曰：“仲師長尺二寸，唯出《論衡》。[10]長頸是毗騫王，[11]朱建安《扶南以南記》云：[12]‘古來至今不死’。”約即取二書尋檢，一如杳言。約郊居宅時新構閣齋，杳爲贊二首，[13]并以所撰文章呈約，約即命工書人題其贊於壁。仍報杳書，[14]共相歎美。又在任昉坐，有人餉昉㮰酒而作搌字，[15]昉問杳此字是不，杳曰：“葛洪《字苑》作木旁⿱丞。”[16]昉又曰：“酒有千日醉，當是虚言。”杳曰：“桂陽程鄉有千里酒，[17]飲之至家而醉。亦其例。”昉大驚曰：“吾自當遺忘，實不憶此。”杳云：“出楊元鳳所撰《置郡事》。元鳳是魏代人，此書仍載其賦‘三重五品，商溪、摖里’。”[18]昉即檢楊記，言皆不差。王僧孺被使撰譜，[19]訪杳血脉所因。杳云：“桓譚《新論》：[20]‘太史《三代世表》旁行邪上，[21]並效周譜。’以此而推，當起周代。”僧孺歎曰：“可謂得所未聞。”周捨又問杳：[22]“尚書著紫荷橐，[23]相傳云‘挈囊’，[24]竟何所出？”杳曰：“《張安世傳》云：[25]‘持橐簪筆，事孝武皇帝數十年。’韋昭、張晏注並曰：[26]‘橐，囊也。簪筆以待顧問。’”范岫撰《字書音訓》又訪杳焉。[27]尋佐周捨撰國史。

［1］犧樽：古代犧牛形酒器。可參閲宋王觀國《學林》卷一《獻犧》、洪邁《容齋三筆》卷一三《犧尊象尊》。

［2］鄭玄：字康成，北海高密（今山東高密市）人。東漢著名經學大家，以古文經學爲主，兼采今文經説，自成一家，號稱"鄭學"。注《周易》《尚書》《毛詩》《儀禮》《論語》等。《後漢書》卷三五有傳。　張逸：東漢北海高密（今山東高密市）人。曾師事鄭玄。參《太平御覽》卷五四一引《鄭玄别傳》。　婆娑然：紛披、舒展的樣子。《梁書》卷五〇《劉杳傳》作"娑娑然"。

［3］此言未必可安：《梁書·劉杳傳》作"此言未必可按"。

［4］樽彝：祭禮用的酒器。《爾雅·釋器》："彝、卣、罍，器也。"郭璞注："皆盛酒尊。彝，其總名。"

［5］内：同"納"。

［6］魯郡：郡名。三國魏以魯國改置。治魯縣，在今山東曲阜市東北。　子尾：春秋時齊大夫。見《左傳》襄公二十八年、二十九年傳文。

［7］永嘉：西晋懷帝司馬熾年號（307—313）。

［8］曹嶷：西晋東萊掖（今山東萊州市）人。早年參加王彌暴動，後歸附後趙，拜爲征東大將軍、青州刺史。駐守青州先後十二年，建立廣固城。晋懷帝永嘉中，曾於青州發齊景公冢。　齊景公：春秋時齊國國君，名杵臼。詳《史記》卷三二《齊太公世家》。

［9］何承天：東海郯（今山東郯城縣）人。初仕晋，南朝宋時歷任著作佐郎、國子博士等職，官至御史中丞。通儒史、善弈棋、能彈筝、精曆算，參與撰修《宋書》，上《安邊論》，删減《禮論》，改定《元嘉曆》。本書卷三三、《宋書》卷六四有傳。

［10］仲師長尺二寸，唯出《論衡》：中華本校勘記云："檢今本

《論衡》作‘潁川張仲師長一丈二寸’，殆誤。按《太平御覽》三七八引何承天《纂文》作‘潁川張仲師長二尺二寸’。‘一尺二寸’與‘二尺二寸’，未知孰是。”張仲師，東漢光武帝時的矮人。

[11]長頸是毗騫王：毗騫國國王，南方號曰長頸王。事見《梁書》卷五四《扶南國傳》附傳。

[12]朱建安《扶南以南記》：《隋書·經籍志二》著録：“《扶南異物志》一卷，朱應撰。”清姚振宗《隋書經籍志考證》云：“案此則朱應字建安，其書亦稱《扶南以南記》。”錢大昕《十駕齋養新録》卷一二《朱建安》云：“應，當是建安名也。”

[13]贊：文體之一種，用於贊美。其類有三：雜贊、哀贊、史贊。參閲明徐師曾《文體明辨序説》。

[14]仍報杳書：《梁書·劉杳傳》載該書文：“生平愛嗜，不在人中，林壑之歡，多與事奪。日暮塗殫，此心往矣；猶復少存閑遠，徵懷清曠。結宇東郊，匪云止息，政復頗寄夙心，時得休偃。仲長遊居之地，休璉所述之美，望慕空深，何可髣髴。君愛素情多，惠以二贊。辭采妍富，事義畢舉，句韻之間，光影相照，便覺此地，自然十倍。故知麗辭之益，其事弘多，輒當置之閣上，坐卧嗟覽。别卷諸篇，並爲名製。又山寺既爲警策，諸賢從時復高奇，解頤愈疾，義兼乎此。遲比叙會，更共申析。”

[15]飾昉楿酒而作搌字：楿，《梁書·劉杳傳》作“椮”。按，皆爲“桭”之異體字。搌，《梁書·劉杳傳》作“桭”。桭（zhèn）酒，桭木汁釀製的酒。參見清俞正燮《癸巳類稿·書劉杳傳後》。

[16]葛洪《字苑》作木旁吝：木旁吝，《梁書·劉杳傳》作“木旁省”。葛洪，字稚川，號抱朴子，丹陽句容（今江蘇句容市）人。少好學，專事煉丹著述，以其號爲書名，即《抱朴子》；另著有《金匱藥方》《肘後要急方》以及其他有關神仙、方技等書籍。《晉書》卷七二有傳。

[17]桂陽：郡名。治郴縣，在今湖南郴州市。　程鄉：縣名。治所在今廣東梅州市梅縣區。

［18］商溪、擦（qì）里：今地未詳。

［19］王僧孺：字僧孺，東海郯（今山東郯城縣）人。少好學，仕齊歷太學博士、治書侍御史。入梁爲南海太守，居郡清廉。復召爲著作郎，撰《中表簿》及《起居注》。遷尚書左丞、御史中丞。編撰有《十八州譜》等多部著作。本書卷五九、《梁書》卷三三有傳。

［20］桓譚：字君山，沛國相（今安徽濉溪縣）人。好音律，善鼓琴，博學多通，反對讖緯學。東漢光武帝時官至議郎給事中。著有《新論》並賦、誄、書多篇。《後漢書》卷二八有傳。　《新論》：《隋書·經籍志三》著録："《桓子新論》十七卷，後漢六安丞桓譚撰。"殿本"論"後有"云"字。

［21］太史《三代世表》：指太史公司馬遷所撰《史記·三代世表》。

［22］周捨：字昇逸，汝南安成（今河南汝南縣）人。仕梁歷任尚書祠部郎、尚書吏部郎、太子右衛率、右衛將軍、右驍騎將軍。時禮儀損益、修撰國史、軍旅謀謨，皆兼掌之。性儉素。本書卷三四有附傳，《梁書》卷二五有傳。

［23］尚書：官名。東漢尚書臺（省）始分六曹理事，各曹置尚書爲長官，領諸尚書郎。至東晋，有祠部、吏部、左民、度支、五兵五曹尚書，南朝宋武帝時又增都官尚書。南朝納奏出令、駁議諫諍之權轉歸中書、門下省，六曹尚書出爲朝官，成爲行政官員。宋三品。齊及梁初不詳。梁武帝天監七年（508）革選，釐定官品十八班，班多爲貴，吏部尚書十四班，列曹尚書十三班。陳三品，秩中二千石。《梁書·劉杳傳》作"尚書官"。　紫荷槖（tuó）：服飾名。亦稱紫荷囊、紫荷、紫袷囊、契囊、挈囊。尚書省高級官員肩部縫綴的紫色口袋，用來盛放笏板、奏章等。《晋書》卷二五《輿服志》："八坐尚書荷紫，以生紫爲袷囊，綴之服外，加於左肩。昔周公負成王，制此服衣，至今以爲朝服。或云漢世用盛奏事，負之以行，未詳也。"《宋書·禮志五》："尚書令、僕射、尚書手板頭

復有白筆，以紫皮裹之，名笏。朝服肩上有紫生袷囊，綴之朝服外，俗呼曰紫荷。或云漢代以盛奏事，負荷以行，未詳也。”《南齊書·輿服志》:“百官執手板，尚書令、僕、尚書，手板頭復有白筆，以紫皮裹之，名曰‘笏’。漢末仲長統謂百司皆宜執之。其肩上紫袷囊，名曰‘契囊’，世呼爲‘紫荷’。”橐，即口袋。殿本同，汲古閣本作“囊”，亦指口袋。

[24]挈囊：見上文“紫荷橐”注。

[25]《張安世傳》：按，下文“持橐簪筆，事孝武皇帝數十年”語出《漢書》卷六九《趙充國傳》，此處言《張安世傳》，誤。

[26]韋昭：又名韋曜。字弘嗣，三國吴吴郡雲陽（今江蘇丹陽市）人。好學善屬文。撰《漢書音義》《官職訓》《辯釋名》等，與人合撰《吴書》，又嘗注《論語》《孝經》《國語》。《三國志》卷六五有傳。　張晏：字子博，三國魏中山（今河北定州市）人。著有《漢書音釋》。見唐顔師古《漢書叙例》。按，宋張淏《雲谷雜記》卷一有云:“持橐事，見《趙充國傳》，非《張安世傳》，而注中亦無韋昭，此又劉杳記之不審也。”

[27]范岫：字懋賓，濟陽考城（今河南民權縣）人。歷仕宋、齊、梁，官至金紫光禄大夫。著有《禮論》《雜儀》《字訓》及文集。本書卷六〇、《梁書》卷二六有傳。

出爲臨津令，[1]有善績，秩滿，縣三百餘人詣闕請留，[2]敕許焉。後詹事徐勉舉杳及顧協等五人入華林撰《徧略》，[3]書成，以晋安王府參軍兼廷尉正，[4]以足疾解。因著《林庭賦》，王僧孺見而歎曰:“《郊居》以後，[5]無復此作。”累遷尚書儀曹郎，僕射徐勉以臺閣文議專委杳焉。[6]出爲餘姚令，[7]在縣清絜。湘東王繹發教褒美之。[8]

[1]臨津：縣名。治所在今江蘇宜興市西北。

[2]闕：指皇帝所居之處。

[3]徐勉：字脩仁，東海郯（今山東郯城縣）人。幼孤貧，篤志好學。仕梁官至尚書僕射，參預朝儀國典，主持修撰《五禮》。累居高位，不營產業。撰有《流别起居注》等多部著作。本書卷六〇、《梁書》卷二五有傳。　顧協：字正禮，吴郡吴（今江蘇蘇州市）人。少好學，仕梁初爲太學博士，後官至中書通事舍人、員外散騎常侍。爲官不受賄賂，器服儉樸。撰有《異姓苑》《瑣語》及文集。本書卷六二、《梁書》卷三〇有傳。　華林：宫苑名。即華林園。本三國吴時宫苑，東晋在吴舊宫苑的基礎上修葺而成，命名華林園，以仿魏洛陽之華林園，至南朝宋元嘉年間又進行了大規模的擴建。南朝諸帝常在此宴飲游樂、臨政聽訟、侍講經書。陳亡後被夷平。在今江蘇南京市雞鳴寺南古臺城内。

[4]晋安王：蕭綱。即梁簡文帝。字世纘，一作世贊，小字六通。初封晋安王。本書卷八、《梁書》卷四有紀。　廷尉正：官名。南朝宋、齊爲廷尉副貳，梁、陳爲廷尉卿屬官。高級審判官員，可代表廷尉參加詔獄會審，或獨立決斷疑獄、平反冤案，參議案例律條。宋六品。齊及梁初不詳。梁武帝天監七年（508）革選，釐定官品十八班，班多爲貴，廷尉正六班。陳七品，秩六百石。

[5]《郊居》：指沈約《郊居賦》，詳見《梁書》卷一三《沈約傳》。

[6]臺閣：此指尚書省。

[7]餘姚：縣名。治所在今浙江餘姚市。

[8]湘東王繹：蕭繹。即梁元帝。字世誠，小字七符。初封湘東王。本書卷八、《梁書》卷五有紀。　教：《隋書·百官志上》："公侯封郡縣者，言曰教。"

大通元年，[1]爲步兵校尉，兼東宫通事舍人。[2]昭明太子謂曰：[3]“酒非卿所好，而爲酒府之職，[4]政爲卿不愧古人耳。”太子有瓠食器，因以賜焉，曰：“卿有古人之風，故遺卿古人之器。”俄有敕代裴子野知著作郎事。[5]昭明太子薨，新宫建，[6]舊人例無停者，[7]敕特留杳焉。僕射何敬容奏轉杳王府諮議，[8]武帝曰：“劉杳須先經中書。”[9]仍除中書侍郎。尋爲平西湘東諮議參軍，[10]兼舍人、著作如故。遷尚書左丞，卒。

[1]大通：南朝梁武帝蕭衍年號（527—529）。按，《梁書》卷五〇《劉杳傳》載：“出爲餘姚令，在縣清潔，人有饋遺，一無所受，湘東王發教褒稱之。還除宣惠湘東王記室參軍，母憂去職。服闋，復爲王府記室，兼東宫通事舍人。大通元年，遷步兵校尉，兼舍人如故。”據此可知：第一，“兼東宫通事舍人”在前，“爲步兵校尉”在後，非同時事。第二，出任步兵校尉前丁母憂，據《梁書》卷四七《劉霽傳》，杳兄霽十四居父憂，五十居母憂；又據《南齊書》卷五三《劉懷慰傳》，杳父懷慰卒於齊永明九年（491），因而可推知杳母卒於大通元年。故出任步兵校尉時間必在此後，疑此“大通”上當脱“中”字。中大通元年（529）正爲劉杳服闋以後。参見曹道衡、沈玉成《中古文學史料叢考》卷四《〈梁書·劉杳傳〉奪字及劉杳撰著志疑》。

[2]東宫通事舍人：官名。南朝梁置，屬太子中庶子、庶子，掌宣傳皇太子令旨、東宫内外啓奏。員二人。武帝天監七年（508）革選，釐定官品十八班，班多爲貴，東宫通事舍人一班。陳九品。

[3]昭明太子：即蕭統。字德施，小字維摩，南蘭陵（今江蘇常州市武進區）中都里人。梁武帝長子。武帝天監初立爲太子。早慧，明於庶事且信佛能文。編有《文選》，另有《昭明太子集》。本書卷五三、《梁書》卷八有傳。

[4]酒府之職：府，汲古閣本同，殿本作“厨”。按，應從殿

本。《梁書·劉杳傳》亦作“厨”。酒厨之職，指步兵校尉。晉阮籍嗜酒，“聞步兵厨營人善釀，有貯酒三百斛，乃求爲步兵校尉”。事見《晉書》卷四九《阮籍傳》。

[5]裴子野：字幾原，河東聞喜（今山西聞喜縣）人。仕梁歷諸暨令、著作郎、中書通事舍人等。在縣以理曉導百姓，在朝爲文典雅，時人所重。有《集注喪服》《方國使圖》等著作。本書卷三三有附傳，《梁書》卷三〇有傳。　知著作郎事：官名。掌著作郎職責事務。著作郎，官名。亦稱大著作郎、大著作、著作、正郎等。掌國史及起居注的修撰，有時亦兼管秘書省所藏典籍。南朝爲清要之官，出任者多爲有名望的文學之士，有時亦以司空、侍中、尚書等官領典。宋爲宗室起家官，六品。齊及梁初不詳。梁武帝天監七年革選，釐定官品十八班，班多爲貴，著作郎六班。陳六品，秩六百石。

[6]新宫建：指蕭綱被立爲皇太子。宫，指東宫。

[7]停：留任。

[8]何敬容：字國禮，廬江灊（今安徽霍山縣）人。齊拜駙馬都尉。入梁歷任多職，普通四年（523）出爲吴郡太守，爲政勤恤民隱，辨訟如神，視事四年，治爲天下第一。本書卷三〇有附傳，《梁書》卷三七有傳。　王府諮議：王府諮議參軍。諮議參軍，官名。亦稱“諮議參軍事”，所在府署屬官，掌諷議。南朝王府、丞相府、公府、位從公府、州軍府皆有置，但無定員，亦不常置，職掌不定。其位甚尊，在列曹參軍上，州所置者常帶大郡太守，且有越次行府州事者。品級皆隨府主地位高下而定。宋七品。齊及梁初不詳。梁武帝天監七年革選，官品十八班，班多爲貴，諮議參軍六班至九班。陳七品至五品。

[9]中書：此處爲中書省官員省稱。多指中書侍郎、中書舍人。

[10]平西湘東諮議參軍：按，據《梁書》卷三《武帝紀下》，中大通四年九月，湘東王繹爲平西將軍。

杳清儉無所嗜好，自居母憂，便長斷腥羶，持齋蔬食。臨終遺命："斂以法服，[1]載以露車，[2]還葬舊墓，隨得一地，容棺而已。不得設靈筵及祭醊。"[3]其子遵行之。

[1]法服：禮法規定的標準服飾。

[2]露車：無帷蓋之車，民家用以載物者。

[3]靈筵：供亡靈的几筵。　祭醊（zhuì）：祭祀時用以酹地的酒。

撰《要雅》五卷，《楚辭草木疏》一卷，[1]《高士傳》二卷，《東宫新舊記》三十卷，《古今四部書目》五卷，文集十五卷，並行於世。[2]

[1]《楚辭草木疏》：《隋書·經籍志四》著録："《離騷草木疏》二卷，劉杳撰。"與此異。

[2]並行於世：《隋書·經籍志三》著録："《壽光書苑》二百卷，梁尚書左丞劉杳撰。"

歊字士光，[1]生夕有香氣，氛氲滿室。幼有識慧，四歲喪父，與群兒同處，獨不戲弄。六歲誦《論語》《毛詩》，意所不解，便能問難。十二讀《莊子·逍遥篇》曰：[2]"此可解耳。"客問之，隨問而答，皆有情理，家人每異之，謂爲神童。及長，博學有文才，不娶不仕，與族弟訏並隱居求志，遨遊林澤，以山水書籍相娱而已。

[1]歊：劉歊。《梁書》卷五一亦有傳。

[2]十二：《册府元龜》卷七七四亦作“十二”，《梁書·劉歊傳》作“十一”。未知孰是。

奉母兄以孝悌稱，寢食不離左右。母意有所須，口未及言，歊已先知，手自營辦，狼狽供奉。母每疾病，夢歊進藥，及翌日轉有間效，其誠感如此。性重興樂，尤愛山水，登危履嶮，必盡幽遐，人莫能及，皆歎其有濟勝之具。常欲避人世，以母老不忍違。每隨兄霽、杳從宦。

少時好施，務周人之急，[1]人或遺之，亦不拒也。久而歎曰："受人者必報；不則有愧於人。吾固無以報人，豈可常有愧乎。"

[1]周：接濟。

天監十七年，忽著《革終論》。[1]以爲：

形者無知之質，神者有知之性。[2]有知不獨存，依無知以自立，故形之於神，逆旅之館耳。及其死也，神去此館，速朽得理。[3]是以子羽沈川，[4]漢伯方壙，[5]文楚黄壤，[6]士安麻索：[7]此四子者得理也。若從四子而遊，則平生之志得矣。然積習坐常，[8]難卒改革，一朝肆志，儻不見從。今欲翦截煩厚，[9]務存儉易，進不保尸，退畢常俗，[10]不傷存者之念，有合至人之道。[11]且張奂止用幅巾，[12]王肅唯盥手足，[13]范冉斂畢便葬，[14]爰珍無設筵几，[15]文度故舟爲棺，[16]子廉牛車載柩，[17]叔起誡絶墳隴，[18]康成使無卜吉。[19]此數公者，尚或如之，況爲吾人，而尚華泰。今欲髣髴景行，[20]以爲軌則。氣絶不須復魂，[21]盥漱而斂。以一千錢市成棺，[22]單故裠衫，衣巾枕履。此外送往之具，棺中常物，一不得有所施。世多信李、彭之言，[23]可謂惑矣。余以孔、釋爲師，差無此惑。斂訖，載以露車，歸於舊山，隨得一地，地足爲坎，坎足容棺。不須塼甓，不勞封樹，[24]勿設祭饗，勿置几筵。其蒸嘗繼嗣，言象所絶，事止余身，無傷世教。

[1]《革終論》：以下爲該文節選。《梁書》卷五一《劉歊傳》載有全文，且文字略有出入。

[2]形者無知之質，神者有知之性：意思是形體没有智慧的本性，精神纔具有智慧的性質。

[3]速朽：迅速腐朽磨滅。《禮記·檀弓上》："有子問於曾子曰：'聞喪於夫子乎？'曰：'聞之矣！喪欲速貧，死欲速朽。'"

[4]子羽沈川：《太平御覽》卷五五六《禮儀部》三五"葬送"引晋張華《博物志》："澹臺子羽渡水而子溺死，人將葬之。滅明曰：'此命也，吾豈與螻蟻爲親，魚鱉爲讎！'於是遂以水葬之。"

[5]漢伯方壙：漢伯指景鸞。字漢伯，廣漢梓潼（今四川梓潼縣）人。少隨師學經，涉七州之地，明經術，不應徵聘。戒子孫人紀之禮及遺令期死葬不設衣衿，務在節儉，甚有法度。《後漢書》卷七九有傳。事詳《華陽國志》卷一〇《梓潼士女》。壙，墓穴。

[6]文楚黄壤：文楚指趙咨。字文楚，東郡燕（今河南延津縣）人。有孝行，甚儉節，居官清廉。將終，遺言薄葬，使簿肅素棺，藉以黄壤，欲令速朽。《後漢書》卷三九有傳。

［7］士安麻索：士安指皇甫謐。字士安，安定朝那（今寧夏固原市）人。著《篤終論》，命子孫於己氣絶之後即“幅巾故衣，以籧篨裹屍，麻約二頭，置屍床上，擇不毛之地”，穿坑以葬。《晋書》卷五一有傳。

［8］坐：汲古閣本同，殿本作“生”。

［9］翦：汲古閣本同，殿本作“剪”。按，翦，同“剪”。

［10］進不保尸，退畢常俗：保，汲古閣本同，殿本作“裸”。按，應從殿本，《梁書·劉歊傳》亦作“裸”。畢，《梁書·劉歊傳》作“異”。按，應作“異”。進不裸尸，退異常俗，意思是説變革厚葬制度，激進的做法不至於裸露尸體，保守的做法也要比以往的厚葬方式簡樸一些。

［11］至人：超凡脱俗、修養高超的人。

［12］張奂止用幅巾：張奂，字然明，敦煌淵泉（今甘肅瓜州縣東）人。曾迫使匈奴首領與羌豪歸降，並屢敗休屠各、鮮卑、匈奴等。歷遷使匈奴中郎將、武威太守、度遼將軍、大司農等職。精通經學。卒時遺命朝殞夕葬，措尸靈床，幅巾而已。《後漢書》卷六五有傳。

［13］王肅唯盥手足：事不詳。王肅，字子雍，漢末東海郯（今山東郯城縣）人。仕三國魏歷散騎黄門侍郎、秘書監、侍中、太常、中領軍等職。敢諫直言，學識淵博，遍注群經，並著文百餘篇。《三國志》卷一三有傳。

［14］范冉斂畢便葬：范冉，字史雲，陳留外黄（今河南民權縣）人。長期隱居不仕，受到士人崇敬。臨終遺令其子，氣絶便斂，斂畢便穿，穿畢便埋。《後漢書》卷八一有傳。

［15］爰珍無設筵几：事不詳。爰，《梁書·劉歊傳》作“奚”。未知孰是。筵几，祭祀行禮時陳設的坐席與几案。

［16］文度故舟爲棺：事不詳。棺，《梁書·劉歊傳》作“槨”。

［17］子廉牛車載柩：子廉指西漢何並。字子廉。《漢書》卷七七《何並傳》：“（並）疾病，召丞掾作先令書，曰：‘告子恢……葬

爲小槨，亶容下棺。’恢如父言。”無“牛車載柩”事。

［18］叔起誠絶墳隴：《後漢書》卷五四《楊震傳》載，“震字伯起，弘農華陰人”，官至太尉，遭譖被遣歸本郡。謂諸子門人：“以雜木爲棺，布單被足蓋形，勿歸塚次，勿設祭祠。”然非“叔起”。

［19］康成使無卜吉：事不詳。鄭玄，字康成，北海高密（今山東高密市）人。著名經學大家。臨終，遺令薄葬。《後漢書》卷三五有傳。但不載“使無卜吉”事。

［20］景行：高尚的德行。

［21］復魂：《梁書·劉歊傳》作“復魄”。按，應從《梁書》。復魄，意爲招回魂魄。古人迷信，人死後在喪禮上要招其魂魄歸來，稱爲“復”“復魄”。

［22］以一千錢市成棺：《梁書·劉歊傳》“成”作“治”，此蓋本書避唐高宗李治諱改。

［23］李、彭：指李耳、彭祖。傳説中壽命極長之人。

［24］封樹：古代葬禮，聚土爲墳稱作封，墳旁植樹稱作樹。

初，訏之疾，歊盡心救療，及卒哀傷，爲之誄，[1]又著《悲友賦》以序哀情。忽百老人無因而至，[2]謂曰：“君心力堅猛，必破死生；但運會所至，不得久留一方耳。”彈指而去。[3]歊心知其異，試遣尋之，莫知其所。於是信心彌篤。既而寢疾，恐貽母憂，乃自言笑，勉進湯藥。謂兄霽、杳曰：“兩兄禄仕，足伸供養。歊之歸泉，復何所憾。願深割無益之悲。”十八年，年三十二卒。

［1］誄：文體之一種。先累述死者世系行業，而末寓哀傷之意。

［2］百：汲古閣本、殿本、百衲本作“有”。按，底本誤，應據諸本改。

［3］“初，訏之疾”至“彈指而去”：按，《梁書》卷五一《劉歊傳》係此事於歊幼年，而非族弟劉訏去世後（劉訏卒於梁武帝天監十七年，即518年。見本卷下文“天監七年，卒於歊舍”注），其文曰：“歊幼時嘗獨坐空室，有一老公至門，謂歊曰：‘心力勇猛，能精死生；但不得久滯一方耳。’因彈指而去。”彈指，彈擊手指。佛教徒以手作拳，屈食指與大拇指撚彈作聲，表示許諾、憤怒、贊嘆或告誡等意。

始沙門釋寶誌遇歊於興皇寺，[1]驚起曰：“隱居學道，清净登仙。”如此三説。歊未死之春，有人爲其庭中栽柿，歊謂兄子弇曰：“吾不見此實，爾其勿言。”至秋而亡，人以爲知命。親故誄其行迹，謚曰貞節處士。

［1］沙門：梵語的音譯。出家的佛教徒的總稱。也指佛門。釋寶誌：俗姓朱，少出家，習修禪業。南朝宋明帝初，忽如僻異，錫杖跣行，居無定止，言如讖記，頗多異迹。梁武帝天監十三年（514）終。梁釋慧皎《高僧傳》卷一〇有傳。　興皇寺：佛寺名。宋明帝泰始元年（465）所建，在建康城建陽門外，敕精通成實學的道猛爲綱領。爲南朝皇家寺廟。侯景之亂時遭毁壞，陳武帝時重修。隋滅陳後被焚。故址在今江蘇南京市鍾山。

先是有太中大夫琅邪王敬胤以天監八年卒，[1]遺命：“不得設復魄旌旐，[2]一蘆䕸藉下，一枚覆上。吾氣絶便沐浴，籃輿載尸，還忠侯大夫遂中。若不行此，則戮吾尸於九泉。”敬胤外甥許慧詔因阮研以聞。[3]詔曰：“敬胤令其息崇素,[4]氣絶便沐浴,藉以二廬蘧,鑿地周身,歸葬忠侯。此達生之格言,賢夫玉匣石槨遠矣。然子於父命,亦有所從有所不從。今崇素若信遺意,土周淺薄,屬辟不施,一朝見侵狐鼠,戮屍已甚。父可以訓子,子亦不可行之。外内易棺,此自奉親之情,藉土而葬,亦通人之意。宜兩捨兩取,以達父子之志。棺周於身,土周於槨,去其牲奠,斂以時服。一可以申情,二可以稱家。禮教無違,生死無辱,此故當爲安也。"

[1]太中大夫:官名。亦作大中大夫。初隸屬光禄勳,掌侍從皇帝左右、顧問應對、參謀議政、奉詔出使。後權任漸輕,至南朝宋七品,禄賜與卿相當。梁、陳品位與卿相近,多用以安置老疾退免的九卿等大臣,或作爲崇禮、優老、安置閑冗的散官、加官、兼官,無職事。梁武帝天監七年(508)革選,釐定官品十八班,班多爲貴,太中大夫十一班。陳四品,秩千石。

[2]旌旐:導引靈柩的魂幡。

[3]因:順着,憑藉。 阮研:字文幾,陳留(今河南開封市)人。官至南朝梁交州刺史。善書法。

[4]息:兒子。

訏字彦度,[1]懷珍從孫也。祖承宗,宋太宰参軍。父靈真,齊鎮西諮議、武昌太守。[2]

[1]訏:劉訏。《梁書》卷五一亦有傳。

[2]鎮西諮議:官名。鎮西將軍府諮議参軍。鎮西將軍,南朝宋時與鎮東、鎮南、鎮北將軍合稱四鎮將軍,多爲持節都督,出鎮方面,權勢頗重。梁、陳列爲八鎮將軍之一。宋三品。齊及梁初不

詳。梁武帝天監七年（508）革選，釐定將軍名號及班品，有一百二十五號十品二十四班，班多爲貴，鎮西將軍二十二班。大通三年（529）改制，定二百四十二號三十四班將軍，鎮西將軍三十二班。陳擬二品，比秩中二千石。　武昌：郡名。治武昌縣，在今湖北鄂州市。

訏幼稱純孝，[1]數歲父母繼卒，訏居喪哭泣孺慕，[2]幾至滅性，[3]赴弔者莫不傷焉。後爲伯父所養，事伯母及昆姊孝友篤至，爲宗族所稱。自傷早孤，人有誤觸其諱者，未嘗不感結流涕。長兄絜爲娉妻，尅日成婚，訏聞而逃匿，事息乃還。

[1]純孝：《左傳》隱公元年："穎考叔，純孝也。愛其母，施及莊公。"杜預注："純，猶篤也。"

[2]孺慕：指幼童對親人的思慕。

[3]滅性：因喪親過悲而危及生命。《孝經·喪親》："教民無以死傷生，毀不滅性。"

本州刺史張稷辟爲主簿，[1]主者檄召訏，[2]乃挂檄於樹而逃。陳留阮孝緒博學隱居，[3]不交當世，恒居一鹿牀，環植竹木，寢處其中，時人造之，未嘗見也。訏經一造，孝緒即顧以神交。訏族兄歆又履高操，三人日夕招攜，故都下謂之"三隱"。

[1]本州：指平原郡所屬青州。　張稷：字公喬，吴郡吴（今江蘇蘇州市）人。齊末爲侍中，宿衛宫城。蕭衍起兵圍建康，其謀殺東昏侯。入梁官至尚書左僕射，武帝天監十年（511）出爲青、

冀二州刺史。十二年，北魏來攻，州人徐道角等爲魏内應，害稷。本書卷三一有附傳，《梁書》卷一六有傳。

［2］檄：文體之一種。官府用以徵召、曉喻、申討的文書。

［3］陳留：郡名。西晋治小黄縣，在今河南開封市東北。西晋末治倉垣城，在今河南開封市西。

訏善玄言，[1]尤精意釋典，[2]曾與歊聽講鍾山諸寺，[3]因共卜築宋熙寺東澗，[4]有終焉之志。[5]尚書郎何炯嘗遇之於路，[6]曰："此人風神穎俊，蓋荀奉倩、衛叔寶之流也。"[7]命駕造門，[8]拒而不見。族祖孝摽與書稱之曰：[9] "訏超超越俗，[10]如半天朱霞；歊矯矯出塵，如雲中白鶴。皆儉歲之粱稷，寒年之纖纊。"

［1］玄言：六朝崇尚老莊玄理的言論。

［2］釋典：佛教典籍。

［3］鍾山：山名。即今江蘇南京市中山門外紫金山。

［4］卜築：擇地建屋。　宋熙寺：佛寺名。在今江蘇南京市鍾山。　東澗：宋張敦頤《六朝事迹編類》卷一〇《神仙門·春澗》："鍾山宋興寺東，梁處士劉訏，字彦度，隱居之所。"按，疑"宋興寺"爲"宋熙寺"之誤。

［5］"訏善玄言"至"有終焉之志"：此處講訏、歊二人"卜築宋熙寺東澗"，而《太平御覽》卷四〇八引《梁典》曰："劉訏字彦度，與陳留阮孝緒申金蘭之契，築室鍾阜之傍，共聽内義，鑽尋奥典。"又言訏、阮孝緒二人"築室鍾阜"，未知孰是。

［6］尚書郎：官名。尚書臺郎官，别稱臺郎。南朝宋、齊置員二十，爲尚書省諸郎曹長官，分曹執行政務。章奏由中書、門下轉呈代奏。梁增至二十三郎，奏對始可不經轉呈，徑上皇帝。陳省爲二十一郎。宋六品。齊及梁初不詳。梁武帝天監七年（508）革選，

釐定官品十八班，班多爲貴，尚書郎十一班，諸曹侍郎六班、郎中五班。陳皆四品，秩六百石。　何炯：字士光，廬江灊（今安徽霍山縣）人。仕梁歷王府行參軍、尚書兵庫部二曹郎、治書侍御史等。至孝，父死竟以哀傷卒。本書卷三〇有附傳，《梁書》卷四七有傳。

[7]荀奉倩：荀粲。字奉倩，潁川潁陰（今河南許昌市）人。聰穎過人，善談玄理。《三國志》卷一〇有傳。　衛叔寶：衛玠。字叔寶，河東安邑（今山西夏縣）人。美姿容，好言玄理，名重海内。《晋書》卷三六有傳。

[8]命駕造門：命僕人駕車造訪。

[9]孝摽：汲古閣本、殿本作“孝標”。按，據上文本傳應爲“孝標”。

[10]超超：超然出塵。

訏嘗著榖皮巾，[1]披納衣，[2]每遊山澤，輒留連忘返。神理閑正，姿貌甚華，在林谷之間，意氣彌遠，或有遇之者，皆謂神人。家甚貧苦，併日而食，隆冬之月，或無氊絮，訏處之晏然，[3]人不覺其飢寒也。自少至長，無喜愠之色。每於可競之地，輒以不競勝之。或有加陵之者，[4]莫不退而愧服，由是衆論咸歸重焉。

[1]榖皮巾：用榖樹皮纖維所製的頭巾。

[2]納衣：服飾名。一作衲衣，亦稱糞掃衣，係僧衣之一種。因用人廢棄的破舊布片拼綴補衲而成，故稱。《大乘義章》卷一五：“言納衣者，朽故破弊，縫納供身。”《大智度論》：“比丘曰：‘佛當著何等衣？’佛言：‘應著衲衣。’”

[3]晏然：安適、閑定貌。

[4]陵：同“凌”。侵犯，欺侮。

天監七年，卒於歊舍。[1]臨終執歊手曰："氣絶便斂，斂畢即埋，靈筵一不須立。勿設饗祀，無求繼嗣。"歊從而行之。宗人至友，相與刊石立銘，謚曰玄貞處士。

[1]天監七年，卒於歊舍：七年，《梁書》卷五一《劉訏傳》作"十七年"。中華本亦作"十七年"，其校勘記云："'十'字各本並脱，據《梁書》補。按上云'本州刺史張稷辟爲主簿'。據《梁書》本傳'劉訏平原人'，平原屬冀州；又據《武帝紀》，張稷爲青冀二州刺史在天監十年，可證劉訏之死必在十年以後。"按，中華本是（唯"平原屬冀州"當作"平原屬青州"），上文《歊傳》言歊在訏死後不久，"既而寢疾"，卒於天監十八年，則《梁書》作"十七年"合理。

善明，[1]懷珍族弟也。父懷人，[2]仕宋爲齊、北海二郡太守。元嘉末，青州飢荒，人相食。善明家有積粟，躬食饘粥，開倉以救，鄉里多獲全濟，百姓呼其家田爲"續命田"。

[1]善明：劉善明。《南齊書》卷二八亦有傳。

[2]懷人：《南齊書·劉善明傳》作"懷民"。按，應爲"懷民"，唐人修史避李世民諱改。許福謙《〈南齊書〉紀傳疑年録》："檢《漢魏南北朝墓誌彙編》，有《宋故建威將軍齊北海二郡太守笠鄉侯東陽城主劉府君墓誌銘》，銘文云：'君諱懷民，青州平原郡平原縣都鄉古遷里（人）。'……銘文又云：'春秋五十三，大明七年十月己未薨。'據此，知劉懷民卒於劉宋大明七年（463），享年五十三歲，應生於東晋義熙七年（411）。"（《首都師範大學學報》1998年第1期）

善明少而静處讀書，刺史杜驥聞名候之，[1]辭不相見。年四十，刺史劉道隆辟爲中從事。[2]懷人謂善明曰："我已知汝立身，復欲見汝立官也。"善明應辟，仍舉秀才。宋孝武見其策强直，[3]甚異之。

[1]杜驥：字度世，京兆杜陵（今陝西西安市長安區）人。宋文帝元嘉十七年（440）爲青、冀二州刺史，在州有惠政，爲吏民所稱。本書卷七〇、《宋書》卷六五有傳。

[2]年四十，刺史劉道隆辟爲中從事：此處"年四十"應是"年三十"之誤。丁福林《南齊書校議》："尋《宋書》之《孝武帝紀》《劉道隆傳》，《南史》之《宋本紀》《劉懷肅傳附劉道隆傳》，劉道隆於宋孝武帝大明四年三月爲青冀二州刺史，任至大明八年閏五月，入爲右衛將軍。則善明爲劉道隆辟爲治中從事在大明四年至八年間。""今約以大明五年（461）善明年四十計之，則其於齊建元二年（480）卒時，年爲五十九。而本卷下文又云善明，'建元二年卒，年四十九'。二處乖訛，必有一誤。尋下文云父懷民謂善明曰：'我已知汝立身，復欲見汝立官也。'見善明爲劉道隆所辟時，年當三十，故其父乃曰立身耳，即此'年四十'者，'年三十'之訛也。"（中華書局2010年版，第186頁）劉道隆，投孝武帝起兵討劉劭，大明中歷任徐、青、冀三州刺史。前廢帝景和中爲右衛將軍。明帝泰始初，遷左衛將軍、中護軍。因忤建安王劉休仁而賜死。本書卷一七、《宋書》卷四五有附傳。中從事，《南齊書》卷二八《劉善明傳》作"治中從事"。按，此爲同官異稱。

[3]策：策論。按，《南齊書·劉善明傳》作"對策"，更爲準確。對策，選舉考試的一種文體。南朝宋、齊秀才選舉，朝廷就政事、經義等設問，策文五道。士子針對策問，提出一套治理政事的方略，以簽題高下定等第。

泰始初，徐州刺史薛安都反，[1]青州刺史沈文秀應之。[2]時州居東陽城，[3]善明家在郭内，不能自拔。伯父彌之詭説文秀求自效，文秀使領軍主張靈慶等五千人援安都。彌之出門，密謂部曲曰：[4]“始免禍坑矣。”行至下邳，[5]乃背文秀。善明從伯懷恭爲北海太守，據郡相應。善明密契，收集門宗部曲，得三千人。夜斬關奔北海。[6]族兄乘人又聚勃海以應朝廷。[7]而彌之尋爲薛安都所殺，明帝贈青州刺史。以乘人爲冀州刺史，善明爲北海太守，除尚書金部郎。[8]乘人病卒，[9]仍以善明爲冀州刺史。文秀既降，除善明海陵太守，[10]郡境邊海，無樹木，善明課人種榆檟雜果，遂獲其利。還爲直閤將軍。

[1]薛安都：字休達，河東汾陰（今山西萬榮縣）人。少以勇聞，交游廣泛。初仕北魏，太平真君五年（444），據東雍州反，奔宋。宋文帝元嘉末助劉駿討平劉劭，官至徐州刺史。明帝即位，舉兵擁晋安王子勛爲帝，被明帝討伐，泰始二年（466）兵敗北走降魏。魏授徐州刺史，卒贈河東王。本書卷四〇、《宋書》卷八八、《魏書》卷六一、《北史》卷三九有傳。

[2]沈文秀：字仲遠，吴興武康（今浙江德清縣）人。宋前廢帝景和元年（465）出爲青州刺史。明帝即位，舉兵擁晋安王子勛爲帝，被明帝討伐，泰始三年降，仍授青州刺史。後北魏圍青州城，於明帝泰始五年城破被俘，病死於北魏懷州刺史任。本書卷三七有附傳，《宋書》卷八八、《魏書》卷六一、《北史》卷四五有傳。

[3]居：《南齊書》卷二八《劉善明傳》作“治”。按，時宋青州州治東陽城。

[4]部曲：本爲漢時爲軍隊之編制。魏晋以來，豪門大族之私

人軍隊稱部曲。部曲帶有人身依附性質，經主人放免，可成爲平民。亦借指軍隊。

[5]下邳：縣名。治所在今江蘇睢寧縣西北古邳鎮東。

[6]“伯父彌之詭説文秀求自效”至“夜斬關奔北海”：《册府元龜》卷七五八載其事云：“劉彌之，青州人。明帝即位，薛安都反，青州刺史沈文秀遣彌之及張靈慶、崔僧璿三軍應安都，彌之等尋歸順。彌之青州强姓，門族甚多，諸宗從相合率奔北海，據城以拒文秀。”

[7]族兄乘人又聚勃海以應朝廷：《南齊書·劉善明傳》於“聚”下有“衆”字，按，《南齊書》是。乘人，《南齊書·劉善明傳》作“乘民”，按，取《南齊書》，見本卷上文“乘人”注。乘民，錢大昕《廿二史考異》卷二五云：“按，善明父名懷民，而族兄亦名乘民，乘民子又名懷慰，蓋疏屬不相回避。”勃海，郡名。宋先治臨濟城，在今山東高青縣東南，後治重合縣，在今山東淄博市臨淄區北。

[8]尚書金部郎：官名。南朝爲尚書省金部曹長官通稱，度支尚書屬官。掌庫藏、金寶、貨物、權衡、度量等事。宋六品。齊及梁初不詳。梁武帝天監七年（508）革選，釐定官品十八班，班多爲貴，金部侍郎六班，金部郎中五班。陳四品，秩六百石。

[9]乘人病卒：錢大昕《廿二史考異》卷二五云：“按《劉懷慰傳》云：父乘民死於義嘉事難，與此互異，當有一誤。”

[10]海陵：郡名。治建陵縣，在今江蘇泰州市東北。

五年，魏尅青州，善明母在焉，移置代郡。[1]善明布衣蔬食，哀戚如持喪，明帝每見，爲之歎息。轉巴西、梓潼二郡太守。[2]善明以母在魏，不願西行，泣涕固請，見許。朝廷多哀善明心事，元徽初遣北使，朝議令善明舉人。善明舉州鄉北平田惠紹使魏，[3]贖母還。

[1]代郡：郡名。治平城縣，在今山西大同市。《南齊書》卷二五《劉善明傳》作“桑乾”。按，本卷上文《劉懷珍傳》亦載時青州平原劉氏族口被掠事：“魏剋青州，峻時年八歲，爲人所略爲奴至中山……魏人聞其江南有戚屬，更徙之代都。”

[2]巴西、梓潼：雙頭郡名。西晋懷帝永嘉後僑置。同治涪縣，在今四川綿陽市東。

[3]州鄉：指同州鄉友。　北平：縣名。治所在今河北保定市滿城區北。

時宋後廢帝新立，[1]群臣執政，[2]善明獨事齊高帝，委身歸誠。出爲西海太守，[3]行青冀二州刺史。[4]善明從弟僧副與善明俱知名於鄉里，泰始初，魏攻淮北，[5]僧副將部曲二千人東依海島。齊高帝在淮陰，[6]壯其所爲，召與相見，引爲安成王撫軍參軍。[7]後廢帝肆暴，[8]高帝憂恐，常令僧副微行，伺察聲論。[9]使密告善明及東海太守垣崇祖，[10]使動魏兵。善明勸静以待之，高帝納焉。

[1]宋後廢帝：劉昱。字德融，宋明帝長子。本書卷三、《宋書》卷九有紀。

[2]群臣執政：指泰豫元年（472）四月，宋明帝劉彧駕崩，劉昱（即蒼梧王）即位。時劉昱年幼，尚書令袁粲、中書令褚淵、中領軍劉勔、郢州刺史沈攸之及右衛將軍蕭道成同輔政。

[3]西海：郡名。治西海縣，在今山東日照市。錢大昕《廿二史考異》卷二五云：“按，《宋（書）·州郡志》，泰始七年，割贛榆置鬱縣，立西海郡，隸僑青州，故善明以西海太守行青、冀二州刺史也。《齊志》無西海郡，蓋後來併省。”

[4]行青冀二州刺史：官名。代行青冀二州刺史領導職事。參見本卷上文“行事”注。

[5]淮北：地區名。淮水北岸地。即今安徽淮河以北地區。

[6]齊高帝在淮陰：宋明帝泰始二年（466），徐州刺史薛安都走投北魏，遣從子索兒攻淮陰，明帝派蕭道成討索兒，統兵鎮淮陰。淮陰，縣名。治所在今江蘇淮安市淮陰區西南。

[7]安成王：劉子孟。字孝光，彭城（今江蘇徐州市）人，宋孝武帝子。初封淮南王，明帝即位，改封安成王，未拜賜死。本書卷一四、《宋書》卷八〇有傳。　撫軍參軍：官名。撫軍將軍府屬吏。撫軍將軍，中央軍職，亦可出任地方，並領刺史兼理民政。南朝宋與中軍、鎮軍將軍位比四鎮將軍，三品。齊時位在四征將軍之上，品秩不詳。梁、陳不詳。

[8]後廢帝肆暴：蒼梧王劉昱天性好殺，每日私至市曹，以殺人爲戲，擊腦、槌陰、剖心之誅，日有數十，常見卧尸流血，然後爲樂。詳見本書卷三、《宋書》卷九《後廢帝紀》。

[9]聲論：輿論。周一良《魏晋南北朝詞語小記》：“聲有風聲、謡傳之意。”（《魏晋南北朝史論集續編》，北京大學出版社1991年版，第144頁）

[10]垣崇祖：字敬遠，一字僧寶，祖籍略陽桓道（今甘肅隴西縣），祖父苗率部曲家下邳（今江蘇睢寧縣）。初爲南朝宋豫州刺史劉道隆主簿，後與徐州刺史薛安都反，降北魏。旋又南歸宋，宋明帝授輔國將軍，北琅邪、蘭陵二郡太守，屢抵北魏軍。泰豫元年（472）爲東海太守。入齊爲豫州刺史。高帝建元二年（480）決淝水堰破北魏南侵軍，進爲平西將軍。齊武帝即位，疑謀反殺之。本書卷二五有附傳，《南齊書》卷二五有傳。

廢帝見殺，[1]善明爲高帝驃騎諮議、南東海太守、行南徐州事。[2]沈攸之反，高帝深以爲憂。善明獻計曰：

"沈攸之控引八州，[3]縱情蓄斂，苞藏賊志，於焉十年。性既險躁，才非持重，[4]起逆累旬，遲回不進，豈應有所待也？一則闇於兵機，二則人情離怨，三則有掣肘之患，[5]四則天奪其魄。[6]本疑其輕速，掩襲未備；[7]今六師齊奮，[8]諸侯同舉，此已籠之鳥耳。"事平，高帝召善明還都，謂曰："卿策沈攸之，雖張良、陳平適如此耳。"[9]仍遷太尉右司馬。

[1]廢帝見殺：指元徽五年（477）秋，以蕭道成爲首諸臣廢帝爲蒼梧王，立其弟劉準即位，改元昇明，是爲宋末代皇帝順帝。

[2]南東海：郡名。東晋僑置，治京口城，在今江蘇鎮江市。　行南徐州事：官名。代行南徐州刺史領導職事。南徐州，州名。南朝宋武帝永初二年（421）改徐州置。治京口城，在今江蘇鎮江市。

[3]沈攸之控引八州：言沈攸之勢力範圍極大。沈攸之歷任雍、郢、荆三州刺史，且與揚州、江州諸州刺史關係密切，起兵時又傳檄四方，邀雍州、豫州、梁州、司州、湘州同起兵。"八州"言實施範圍大，非確切數。

[4]才非持重：指並無擔負重任的才幹。

[5]有掣肘之患：指沈攸之内部有人反對，遭到牽制。

[6]天奪其魄：指沈攸之所爲不順天心人意，會受上天責罰。

[7]本疑其輕速，掩襲未備：意謂原本擔心沈攸之趁我們未準備好時輕裝突襲。

[8]六師：原爲天子所統領的六軍。泛指國家軍隊。《孟子·告子下》："一不朝，則貶其爵；再不朝，則削其地；三不朝，則六師移之。"

[9]張良：字子房。秦末漢初韓地人。協助劉邦建漢，爲其重要謀士。劉邦稱其"運籌策帷帳中，決勝千里外"。《史記》卷五

五有世家，《漢書》卷四〇有傳。　陳平：秦末漢初陽武（今河南原陽縣）人。協助劉邦建漢，爲其重要謀士。《史記》卷五六有世家，《漢書》卷四〇有傳。

齊臺建，爲右衛將軍，辭疾不拜。司空褚彦回謂善明曰：[1]“高尚之事，[2]乃卿從來素意，今朝廷方相委待，詎得便學松喬邪。”[3]善明答曰：“我本無宦情，既逢知己，所以戮力驅馳。天地廓清，朝廷濟濟，[4]鄙吝既申，[5]不敢昧於富貴矣。”

[1]褚彦回：褚淵。字彦回，河南陽翟（今河南禹州市）人。宋拜駙馬都尉，明帝時任吏部尚書。明帝卒，遺詔授中書令、護軍將軍，與尚書令袁粲輔政。後助蕭道成代宋，官至齊尚書令、司空。本書卷二八有附傳，《南齊書》卷二三有傳。

[2]高尚之事：指隱士生涯。

[3]詎：豈，怎。　松喬：神話傳説中仙人赤松子與王子喬的並稱。漢揚雄《太玄賦》：“納傿禄於江淮兮，揖松喬於華嶽。”後以“松喬”指隱居修道之人。

[4]朝廷濟濟：泛指朝廷人才衆多。濟濟，語本《詩·大雅·公劉》：“蹌蹌濟濟，俾筵俾几。”鄭玄箋：“蹌蹌濟濟，士大夫之威儀也。”朝廷，《南齊書》卷二五《劉善明傳》作“朝盈”，中華本校勘記疑“朝盈”二字訛倒。

[5]鄙吝：《南齊書·劉善明傳》作“鄙懷”。按，應作“鄙懷”，謙稱自己的心意。

高帝踐祚，[1]以善明勳誠，欲與之禄，召謂曰：“淮南近畿，[2]國之形勝，[3]非親賢不居，卿與我卧理之。”[4]乃代明帝爲淮南、宣城二郡太守。[5]遣使拜授，封新塗伯。[6]善明至都，[7]上表陳事凡一十一條：[8]其一以爲“天地開創，宜存問遠方，廣宣慈澤”；其二以爲“京都遠近所歸，宜遣醫藥，問其疾苦，年九十以上及六疾不能自存者，[9]隨宜量賜”；其三以爲“宋氏赦令，蒙原者寡。[10]愚謂今下赦書，宜令事實相副”；其四以爲“劉昶猶存，[11]容能送死境上，[12]諸城宜應嚴備”；其五以爲“宜除宋氏大明以來苛政細制，[13]以崇簡易”；其六以爲“凡諸土木之費，且可權停”；其七以爲“帝子王女，宜崇儉約”；其八以爲“宜詔百官及府州郡縣，[14]各貢讜言，[15]以弘廣唐虞之美”；[16]其九以爲“忠貞孝悌，宜擢以殊階；清儉苦節，應授以政務”；其十以爲“革命惟始，宜擇才北使”；其十一以爲“交州險夐，[17]要荒之表，宋末政苛，遂至怨叛。今宜懷以恩德，未應遠勞將士，搖動邊甿”。又撰賢聖雜語奏之，託以諷諫。上優詔答之。[18]

[1]祚：汲古閣本同，殿本作“阼”。按，“踐祚”“踐阼”同義。

[2]淮南：郡名。東晋末割丹陽郡之于湖、蕪湖兩縣僑置。治于湖縣，在今安徽當塗縣。

[3]國之形勝：形勝，《太平御覽》卷二五九、《册府元龜》卷二〇〇同，《南齊書》卷二五《劉善明傳》作“形勢”。今按，形勢，意謂險要之地。此處是説南郡在近畿，爲防衛京城的險要之地，故“形勢”更帖切。又，朱季海《南齊書校議》：“‘形勢’當時語，猶今言‘形勝’，二書逕作‘形勝’，以今語改古語耳。”

（中華書局 2013 年版，第 64 頁）

［4］卧理：《南齊書·劉善明傳》作“卧治”。二者皆比喻爲政清簡，善於治理。《史記》卷一二〇《汲鄭列傳》載西漢汲黯爲東海太守，“多病，卧閨閤内不出，歲餘，東海大治”，漢武帝贊揚他“卧而治之”。

［5］代明帝爲淮南、宣城二郡太守：齊明帝蕭鸞於宋末爲淮南、宣城二郡太守，高帝蕭道成踐阼，遷其爲侍中，故讓善明代領其原先職務。《資治通鑑》卷一三五《齊紀一》建元元年條“淮南、宣城二郡太守劉善明”，胡三省注：“江左僑立淮南郡於宣城郡界，故善明兼守二郡。”宣城，郡名。治宛陵縣，在今安徽宣城市宣州區。

［6］封新塗伯：中華本改“塗”作“淦”，其校勘記云：“‘新淦’各本作‘新塗’，據《通志》改。”又《南齊書·劉善明傳》，中華本亦改“塗”爲“淦”，其校勘記云：“‘新淦’原作‘新塗’，據局本改。《廿二史考異》云‘塗’當作‘淦’。然按《南史》《元龜》二百並作‘新塗’。洪頤煊《諸史考異》云：‘案《宋書·恩倖傳》李道兒新塗縣侯，《梁書·簡文帝紀》新塗公大成爲山陽郡公，《南史·袁顗傳》景和元年封新塗縣子，此必有新塗縣，而宋、齊《志》失書。’今用錢説。”今注按，此處從中華本，但洪氏觀點可備一説。新淦（gàn），縣名。治所在今江西樟樹市。伯，爵名。開國縣伯省稱。參見本卷上文“縣侯”注。

［7］都：汲古閣本、殿本同，百衲本作“郡”。按，作“郡”是。《南齊書·劉善明傳》亦作“郡”。

［8］上表陳事凡一十一條：《南齊書·劉善明傳》載該表詳文，文字略有出入。

［9］六疾：泛指各種疾病。《左傳》昭公元年：“淫生六疾……陰淫寒疾，陽淫熱疾，風淫末疾，雨淫腹疾，晦淫惑疾，明淫心疾。”

［10］宋氏赦令，蒙原者寡：指南朝宋朝廷雖然頒布有大赦令，但被原宥的犯人却很少。

[11]劉昶：字休道。宋文帝第九子。前廢帝即位，以其爲徐州刺史。因帝疑其有異志，遂懼禍奔魏。魏授丹陽王。齊代宋後，孝文帝令其統軍南攻，許以克復舊業，世胙江南。終無功。領儀曹尚書，參預改革禮儀制度。後拜大將軍治彭城，舉措失民意。卒於彭城。本書卷一四、《宋書》卷七二、《魏書》卷五九、《北史》卷二九有傳。

[12]容：假使，也許。

[13]宜除宋氏大明以來苛政細制：《南齊書·劉善明傳》作"宜除宋氏大明、泰始以來諸苛政細制"。

[14]府州：殿本同，汲古閣本作"州府"。按，二者皆可。《南齊書·劉善明傳》作"府州"。

[15]讜言：正直之言，善言。

[16]唐虞：指唐堯、虞舜二帝。唐堯，傳説中遠古帝王。名放勳。初居於陶，後遷居唐，故稱陶唐氏，史稱唐堯。相傳曾設官掌時令，定曆法。命鯀治洪水。死後由舜繼位。詳見《史記》卷一《五帝本紀》。虞舜，傳説中遠古帝王。姚姓，一作嬀姓，號有虞氏，名重華，史稱虞舜。在位時天下大治。詳見《史記·五帝本紀》。

[17]交州：州名。治龍編縣，在今越南北寧省仙游縣東。　險敻（xiòng）：險要遼遠。

[18]優詔：嘉獎的詔書。

又諫起宣陽門，[1]表陳："宜明守宰賞罰，[2]立學校，制齊禮，開賓館以接鄰國。"[3]上答曰："夫賞罰以懲守宰，飾館以待遐荒，皆古之善政，吾所宜勉。更撰新禮，或非易制。國學之美，[4]已敕公卿。宣陽門今敕停。寡德多闕，思復有聞。"

[1]宣陽門：城門名。六朝都城建康的南面正門，前臨御道。東晋起稱宣陽門，又稱白門。約當今江蘇南京市淮海路一帶。

[2]守宰：泛指地方官吏。

[3]鄰國：《南齊書》卷二五《劉善明傳》作“荒民”。朱季海《南齊書校議》認爲應作“荒民”（中華書局2013年版，第96頁）。

[4]國學：學校名。一般意義上的國學，指始設於西周的國學，有大學、小學兩級，與鄉學相對。秦以後成爲京師官學的通稱。此處國學是國子學省稱。國子學始立於西晋武帝咸寧二年（276，事見《晋書》卷三《武帝紀》），其設國子祭酒、博士各一人，助教十五人，專收貴族子弟，與太學並立。因國子學專門培養貴族子弟，遂成爲古代教育史上貴族與平民教育雙軌制肇始。南北朝時，或設國子學，或設太學，或兩者同設。

善明身長七尺九寸，質素不好聲色，所居茅齋，斧木而已。[1]牀榻几案，不加剗削。少立節行，常云：“在家當孝，爲吏當清，子孫楷拭足矣。”[2]及累爲州郡，頗黷財賄，崔祖思怪而問之，[3]答曰：“管子云，夷吾知我。”[4]因流涕曰：“方寸亂矣，豈暇爲廉。”所得金錢皆以贖母。及母至，清節方峻。所歷之職，廉簡不煩，俸禄散之親友。

[1]斧木：指初經斧削而未修整的木料。

[2]楷拭：汲古閣本、殿本作“楷栻”。按，應作“楷栻”，指法式、準則。

[3]崔祖思：字敬元，清河東武城（今河北清河縣）人。少好書史。初仕宋，辟州主簿，轉爲蕭道成輔國主簿。入齊除給事中、

黃門侍郎。齊武帝時，條述興教學、尚儉約、明律令、慎用刑、減賦役、敦農稼等策。後官至青、冀二州刺史。本書卷四七、《南齊書》卷二八有傳。

[4]夷吾知我：中華本改“夷吾”作“鮑叔”，其校勘記云：“‘鮑叔’各本作‘夷吾’，據《册府元龜》七五三改。按《史記·管晏列傳》:‘管仲夷吾者，少時嘗與鮑叔牙游。管仲曰:“生我者父母，知我者鮑子也。”’”按，中華本是。

與崔祖思友善，祖思出爲青冀二州，善明遺書叙舊，[1]因相勗以忠槩。[2]及聞祖思死，慟哭，仍得病。建元二年卒，遺命薄殯。[3]贈左將軍、豫州刺史，[4]謚烈伯。子滌嗣。

[1]遺書叙舊：《南齊書》卷二五《劉善明傳》載有該書詳文。

[2]相勗：互相勉勵。

[3]遺：汲古閣本同，殿本作“豫”。按，底本是。

[4]左將軍：官名。漢朝爲重號將軍之一，與前、右、後將軍並位上卿，魏晋權位漸低，僅爲武官名號，略高於一般雜號將軍，南朝時成爲軍府名號，用作加官，常不載官品。宋三品。齊、梁、陳不詳。

善明家無遺儲，唯有書八千卷。[1]高帝聞其清貧，賜滌家葛塘屯穀五百斛，[2]曰:“葛屯亦吾之垣下，令後世知其見異。”

[1]八千卷：朱季海《南齊書校議》:“善明家書比李充、謝靈運所録（李三千一十四卷，謝四千五百八十二卷），幾於倍之。元

徽初王儉造目有萬五千七十四卷，永明中王亮造目萬八千一十卷，劉書近得其半矣。”（第 65 頁）

[2]賜滁家葛塘屯穀五百斛：後句“吾之垣下”乃指故居老屋之旁。高帝故居在南蘭陵蘭陵（今江蘇常州市武進區）中都鄉中都里，可推知葛塘、葛屯，當皆在此附近。

善明從弟僧副字士雲，[1]位前將軍，封豐陽男，[2]卒於巴西、梓潼二郡太守。上圖功臣像讚，僧副亦在焉。

[1]僧副：劉僧副。《南齊書》卷二八有附傳。

[2]豐陽：縣名。所治今地不詳。《南齊書·州郡志下》載梁州北上洛郡下有此縣，並注“《永元志》無”。　男：爵名。開國縣男省稱。參見本卷上文“縣侯”注。

兄法護字士伯，有學業，位濟陰太守。[1]

[1]濟陰：郡名。南朝宋僑置，屬徐州，齊屬北徐州。治睢陵縣，在今安徽明光市東北。

論曰：《詩》稱“抑抑威儀，惟人之則”。又云：“其儀不忒，正是四國。”觀夫杲之風流所得，休野行己之度，[1]蓋其有焉。仲和性履所遵，德璋業尚所守，殆人望也。懷珍宗族文質斌斌，自宋至梁，時移三代，或以隱節取高，或以文雅見重。古人云立言立德，斯門其有之乎。

[1]行己之度：立身處世的標準。

南史　卷五〇

列傳第四十

劉瓛 弟璡 族子顯 彀[1]　明僧紹 子山賓
庾易 子黔婁 於陵 肩吾　劉虯 子之遴 之亨 虯從弟坦

[1]彀：汲古閣本同，殿本作“顯從弟彀”。

劉瓛字子珪，[1]沛郡相人，[2]晋丹陽尹惔六世孫也。[3]祖弘之，給事中。[4]父惠，臨賀太守。[5]

[1]瓛：音 huán。按，王鳴盛《十七史商榷》卷六二《劉瓛陸澄傳論》：“《南齊》以劉瓛、陸澄同傳，因瓛經師，澄篤學，借二人以發名論……鄙哉，李延壽也，抽陸澄與諸陸聚族居一卷中，降劉瓛與浮虚之明僧紹等同卷，蕭氏卓然名論，盡删棄之。據王儉譏澄‘書厨’一言，而痛貶其學用不合今，未能周務。延壽無學識而强操史筆，故其言如此。”

[2]沛郡：郡名。治相縣，在今安徽濉溪縣西北。　相：縣名。治所在今安徽濉溪縣西北。

[3]晋：指東晋。　丹陽尹：官名。西漢武帝元狩二年（前121）改鄣郡爲丹陽郡，治宛陵縣，在今安徽宣城市，三國吴移治

建業，在今江蘇南京市。吴、東晋與南朝宋、齊、梁、陳均建都於此，設丹陽尹以治之。　惔：劉惔。字真長。雅善言理，尤好《莊子》。爲政清廉。《晋書》卷七五有傳。

[4]給事中：官名。魏晋時或爲加官，或爲正官，五品。南朝隸集書省，地位漸低。宋五品。齊官品不詳。

[5]臨賀：郡名。治臨賀縣，在今廣西賀州市東南。按，《南齊書》卷三九《劉瓛傳》云："父惠，治書御史。"

瓛篤志好學，博通訓義。[1]年五歲，聞舅孔熙先讀《管寧傳》，[2]欣然欲讀，舅更爲説之，精意聽受，曰："此可及也。"宋大明四年，[3]舉秀才，[4]兄璲亦有名，先應州舉，至是别駕東海王元曾與瓛父惠書曰：[5]"此歲賢子充秀，[6]州閭可謂得人。"

[1]博通訓義：《南齊書》卷三九《劉瓛傳》作"博通《五經》"。

[2]孔熙先：魯國（今山東曲阜市）人。博學有才，文史星算，無不兼善。曾爲員外散騎侍郎，後與范曄等謀反，欲立彭城王劉義康爲帝，事泄而被殺。事見本書卷三三、《宋書》卷六九之《范曄傳》。　《管寧傳》：《三國志》卷一一有《管寧傳》。管寧，字幼安，北海朱虚（今山東臨朐縣）人。東漢末避亂於遼東。爲當時名儒，也是東漢末至三國的一名隱士。

[3]大明：南朝宋孝武帝劉駿年號（457—464）。

[4]秀才：漢武帝始定爲選舉科目之一。東漢時避光武帝劉秀諱，改稱茂才。三國魏州舉秀才，郡舉孝廉。晋朝沿之。南朝時秀才之選甚爲重要，由州舉薦才高學博的人應徵，經考試選中。多以此出任要職。

[5]别駕：官名。即别駕從事、别駕從事史，漢朝州部佐吏，

秩皆百石。因從刺史行部，别乘傳車，故謂之别駕。三國、晋朝亦置。南朝宋、齊主吏員選舉，多以六品官擔任。自晋、南朝宋以後，别駕位雖日崇，但職任漸爲府佐所奪。　東海：郡名。治郯縣，在今山東郯城縣。　王元曾：殿本同，汲古閣本作“王元會”。《全宋文》卷五五《王元曾》云：“元曾，東海人，大明中爲沛國别駕。”

［6］此歲：汲古閣本、殿本同。李慈銘《南史札記》云“此”當作“比”。中華本改作“比歲”。

除奉朝請，[1]不就。兄弟三人共處蓬室一間，爲風所倒，無以葺之，怡然自樂，習業不廢。聚徒教授，常有數十。丹陽尹袁粲於後堂夜集，[2]聞而請之，指聽事前古柳樹謂瓛曰：“人謂此是劉尹時樹，每想高風；今復見卿清德，可謂不衰矣。”薦爲秘書郎，[3]不見用。

［1］奉朝請：官名。兩漢朝廷給予退休大臣、列侯、宗室、外戚等的一種政治優待。當時春季朝會稱朝，秋季朝見稱請。西漢授此者特許參加朝會，班次亦可提高。東漢所施甚廣，地位漸輕。西晋成爲加官名號。東晋獨立爲官，亦作加官。南朝列爲散騎（集書）省屬官，安置閑散，所施益濫。

［2］袁粲：字景倩，陳郡陽夏（今河南太康縣）人。歷任丹陽尹、侍中、中書監、司徒等職。蕭道成欲代宋自立，袁粲與荆州刺史沈攸之等謀起兵誅道成，事泄被殺。本書卷二六有附傳，《宋書》卷八九有傳。

［3］秘書郎：官名。秘書省屬官。掌國之圖書典籍。南朝時多爲世家大族起家之官。宋六品。齊官品不詳。

後拜安成王撫軍行參軍，[1]公事免。[2]瓛素無宦情，自此不復仕。袁粲誅，瓛微服往哭，并致賻助。

[1]安成王：劉準。字仲謀，宋明帝第三子。泰始七年（471）封安成王。後即位爲宋順帝。安成，郡名。治平都縣，在今江西安福縣。　撫軍行參軍：官名。即撫軍將軍行參軍。撫軍，撫軍將軍的省稱。南朝宋時，與中軍將軍、鎮軍將軍位比四鎮將軍，三品。行參軍，亦稱行參軍事，掌參議軍事或專負責某事。

[2]公事免：《南齊書》卷三九《劉瓛傳》云："除邵陵王郡主簿，安陸王國常侍，安成王撫軍行參軍，公事免。"

齊高帝踐祚，[1]召瓛入華林園談語，[2]問以政道。答曰："政在《孝經》。宋氏所以亡，陛下所以得之是也。"帝咨嗟曰："儒者之言，可寶萬世。"又謂瓛曰："吾應天革命，物議以爲何如？"瓛曰："陛下戒前軌之失，加之以寬厚，雖危可安；若循其覆轍，雖安必危。"及出，帝謂司徒褚彦回曰：[3]"方直乃耳。學士故自過人。"敕瓛使數入，而瓛自非詔見，未嘗到宫門。

[1]齊高帝：蕭道成。字紹伯。公元479年至482年在位。本書卷四，《南齊書》卷一、卷二有紀。

[2]華林園：宫苑名。三國吴始建，東晋仿洛陽園名，改爲華林園。南朝宋文帝元嘉間擴建，增築景陽山、華光殿、景陽樓、竹林宫諸勝。南朝諸帝常聽訟、宴集於此。在今江蘇南京市雞籠山南古臺城内。

[3]司徒：官名。南朝或與丞相、相國並置，職掌處理全國日常行政事務，考核地方官吏，督課州郡農桑，領天下州郡名數户口

簿籍等。南朝齊、陳丞相、相國皆爲贈官，司徒則實授，或録尚書事。宋一品。齊官品不詳。　褚彦回：褚淵。字彦回，此避唐高祖李淵諱而以字行，河南陽翟（今河南禹州市）人。尚宋文帝女南郡獻公主，拜駙馬都尉，除著作佐郎，累遷秘書丞。宋明帝即位，累遷吏部尚書。明帝崩，與尚書令袁粲受顧命，輔幼主。本書卷二八有附傳，《南齊書》卷二三有傳。

上欲用瓛爲中書郎，[1]使吏部尚書何戢喻旨。[2]戢謂瓛曰："上意欲以鳳池相處，[3]恨君資輕，可且就前除。少日當轉國子博士，[4]便即所授。"瓛笑曰："平生無榮進意，今聞得中書郎而拜記室，[5]豈本心哉。"

[1]中書郎：官名。魏晋南北朝時常用作中書侍郎、中書通事郎的省稱。南朝爲閑職，成爲諸王起家官。宋五品。齊官品不詳。

[2]吏部尚書：官名。尚書省吏部曹長官。兩晋南北朝時位居列曹尚書之上。主管官吏銓選考課奬懲，其實權甚或過於尚書僕射。然重要官職的任免須與諸執政大臣合議，由皇帝、宰相裁定，亦常命尚書僕射領吏部事務或任命大臣參掌選事以分其權任。宋三品。齊官品不詳。　何戢：字惠景，廬江灊（今安徽霍山縣）人。尚宋孝武帝長女山陰公主，拜駙馬都尉。齊高帝建元元年（479），遷散騎常侍、太子詹事。後爲吏部尚書，加驍騎將軍。本書卷三〇有附傳，《南齊書》卷三二有傳。

[3]鳳池：喻指中書監、令一類高職。魏晋時中書監、令位高權重。《晋書》卷三九《荀勖傳》載，荀勖久在中書，改任尚書令，有人賀之，勖悵然曰："奪我鳳皇池，諸君賀我邪！"後世遂借以爲喻。

[4]國子博士：官名。西晋武帝咸寧中置。負責教授生徒儒學，取品行淳厚清明，且通曉經典義理者擔任。其職掌除教授國子學生

學業之外，且備政治咨詢及參與祭典的顧問。南朝宋不置學，亦常置二員。齊高帝建元四年置國學，設二員，位比中書郎。梁國學沿置，九班。

[5]記室：官名。漢朝自三公府至郡縣皆置爲佐吏，具體名稱不一。兩晋南北朝以來有記室令史、記室督、記室參軍、中記室參軍等名目，省稱記室。主文書表報。

後以母老闕養，拜彭城郡丞，[1]司徒褚彦回宣旨喻之，答曰："自省無廊廟才，所願唯保彭城丞耳。"上又以瓛兼總明觀祭酒，[2]除豫章王驃騎記室參軍，[3]丞如故。瓛終不就。武陵王曄爲會稽太守，[4]上欲令瓛爲曄講，除會稽郡丞。學徒從之者轉衆。

[1]彭城：郡名。治彭城縣，在今江蘇徐州市。　郡丞：官名。爲郡守（太守）副貳，佐郡守掌衆事。宋八品。齊官品不詳。梁十班。

[2]總明觀祭酒：《南齊書·百官志》載：總明觀祭酒一人。宋明帝泰始六年（470），以國學廢，初置總明觀，分玄、儒、文、史四科，科置學士各十人，正令史一人，書令史二人，幹一人，門吏一人，典觀吏二人。齊高帝建元中，掌治五禮。武帝永明三年（485），國學建，省。

[3]豫章王：蕭嶷。字宣儼，齊高帝蕭道成第二子。本書卷四二、《南齊書》卷二二有傳。　驃騎記室參軍：官名。即驃騎將軍府記室參軍。驃騎，驃騎將軍的省稱。西漢武帝置爲重號將軍，僅次於大將軍，秩萬石。東漢位比三公，地位尊崇。魏晋南北朝沿置，居諸名號將軍之首，僅作爲軍府名號，加授大臣、重要州郡長官，無具體職掌。宋二品，開府者位從公，一品。齊官品不詳。梁二十四班。陳擬一品，比秩中二千石。記室參軍，又稱記室參軍

事。西晋始置，爲記室曹長官，掌文疏表奏。南北朝時，皇弟皇子府、嗣王蕃王府、公府、持節都督府皆置，品級依府主地位而不等。

[4]武陵王曄：蕭曄。字宣照，齊高帝蕭道成第五子。高帝建元二年（480），爲會稽太守。本書卷四三、《南齊書》卷三五有傳。　會稽：郡名。治山陰縣，在今浙江紹興市。

永明初，[1]竟陵王子良請爲征北司徒記室，[2]瓛與張融、王思遠書曰：[3]

[1]永明：南朝齊武帝蕭賾年號（483—493）。

[2]竟陵王子良：蕭子良。字雲英，齊武帝蕭賾第二子。敦義愛古，禮才好士。本書卷四四、《南齊書》卷四〇有傳。

[3]張融：字思光。吴郡吴（今江蘇蘇州市）人。南朝宋、齊官吏。本書卷三二有附傳，《南齊書》卷四一有傳。　王思遠：琅邪臨沂（今山東臨沂市）人。齊高帝建元初，爲司徒竟陵王蕭子良録事參軍、太子中舍人。明帝建武中，遷吏部郎。本書卷二四有附傳，《南齊書》卷四三有傳。

奉教使恭召，會當停公事；但念生平素抱，有乖恩顧。吾性拙人間，不習仕進，昔嘗爲行佐，便以不能及公事免黜，此眷者所共知也。[1]量己審分，不敢期榮，夙嬰貧困，加以疏懶，衣裳容髮，有足駭者。中以親老供養，褰裳徒步，[2]脱爾逮今，[3]二代一紀。[4]先朝使其更自脩正，勉勵於階級之次，見其繿縷，或復賜以衣裳。袁、褚諸公，[5]咸加勸勵，終於不能自反也。一不復爲，安可重爲哉。昔人有以冠一免，不重加於首，每謂此得進止之儀。又上下年尊，[6]益不願居官次廢晨昏也。先朝爲此，曲申從許，故得連年不拜。既習此歲久，又齒長疾侵，豈宜攝齌河間之聽，[7]厠迹東平之僚？[8]本無絶俗之操，亦非能偃蹇爲高，[9]此又聽覽所當深察者也。近初奉教，便自希得託迹客游之末，而固辭榮級，其故何邪？以古之王侯大人，或以此延四方之士，有追申、白而入楚，[10]羡鄒、枚而游梁，[11]吾非敢叨夫曩賢，庶欲從九九之遺迹，既於聞道集泮不殊，而幸無職司拘礙，可得奉温凊，[12]展私計，志在此耳。

[1]眷者：指親友。

[2]褰裳徒步：撩起衣服緩步行走。

[3]脱爾逮今：輕鬆地活到現在。

[4]二代：指南朝宋、齊兩朝。　一紀：指十二年。

[5]袁、褚：指袁粲、褚淵。

[6]上下年尊：指母親年邁。中華本校勘記云："《梁書》同。《通志·郭世通傳》作'尊上'，無'下'字。然考本書《孝義·郭世通傳》附子《平原傳》，載建安郡丞許瑶之以緜一斤遺平原，並云'以此奉尊上下耳'。據此則六朝時似稱人之母爲'尊上下'，而自稱其母爲'上下'。"

[7]攝齌河間之聽：汲古閣本、殿本"齌"作"齋"。攝齌，同"攝齊"。提衣升堂。語出《論語·鄉黨》："攝齊升堂，鞠躬如也。"《漢書》卷六七《朱雲傳》"攝齌登堂"顔師古注云："齌，衣下之裳。""齌"同"齋"。河間，指東漢張衡，因其曾出任河間相，故稱。按，張衡爲河間相，年已六十，時國王驕奢，不遵法

典，豪右共爲不軌。衡下車，治威嚴，整法度，上下肅然。詳見《後漢書》卷五九《張衡傳》。按，此句劉孝綽是説他體弱多病，不能與張衡相比。

[8]厠迹東平之僚：東平，指東漢東平憲王劉蒼，光武帝劉秀之子。好經書，雅有智思，在朝居宰相之位，多所建樹，並上《光武受命中興頌》，帝甚善之。詳見《後漢書》卷四二《東平憲王蒼傳》。按，此句劉孝綽是説自己也不可能厠身爲宗室親王的僚佐。

[9]本無絶俗之操，亦非能偃蹇爲高：意思是説，我本没有高人雅士超凡脱俗的情操，我不願當官，並非傲慢地以安卧山林爲高尚。偃蹇，《左傳》哀公六年云："彼皆偃蹇，將棄子之命。"杜預注云："偃蹇，驕敖。"

[10]追申、白而入楚：申，指春申君。名黄歇，戰國楚人。楚頃襄王時，出使於秦，止秦之攻。楚考烈王立，以歇爲相，封春申君。相楚二十五年，功勳卓著。重義結友，養有食客三千餘人，與齊孟嘗君、趙平原君、魏信陵君，俱以養士著稱，後人稱之"戰國四公子"。白，指春秋楚國白公勝，其父太子建遭鄭殺害，時楚又與鄭結盟，白公勝爲報父仇，結識石乞等義士，殺死殺父仇人子西，並攻入楚國，清理王室。詳見《左傳》哀公十六年。

[11]羡鄒、枚而游梁：鄒、枚，指漢代鄒陽和枚乘。梁孝王置池館，招攬天下名士游宴。鄒、枚二人皆以才辯著名當時。事見《史記》卷五八《梁孝王世家》。

[12]奉温凊（qìng）：指侍奉父母。

除步兵校尉，[1]不拜。

[1]步兵校尉：官名。三國兩晋南北朝時爲皇帝的侍衛武官，不領營兵，用以安置勳舊武臣。宋四品。齊官品不詳。梁七班。陳六品，秩千石。

瓛姿狀纖小，[1]儒業冠於當時，都下士子貴游，莫不下席受業，當世推其大儒，以比古之曹、鄭。[2]性謙率，不以高名自居，之詣於人，[3]唯一門生持胡牀隨後。[4]主人未通，便坐門待答。住在檀橋，[5]瓦屋數間，上皆穿漏，學徒敬慕，不敢指斥，呼爲青溪焉。[6]

[1]姿狀纖小：身材瘦小。

[2]曹、鄭：指漢代曹褒、鄭玄。曹褒，字叔通，魯國薛（今山東滕州市）人。尤好禮事，徵拜博士，爲儒者宗。《後漢書》卷三五有傳。鄭玄，字康成，北海高密（今山東高密市）人。師事京兆第五元先，始通《京氏易》《公羊春秋》等。又從東郡張恭祖受《周官》《禮記》《左氏春秋》《韓詩》《古文尚書》。因涿郡盧植，事扶風馬融。被世人稱爲純儒。《後漢書》卷三五有傳。

[3]之詣於人：《南齊書》卷三九《劉瓛傳》作“遊詣故人”。

[4]胡牀：一種可以摺疊的輕便坐具，又稱交牀。宋程大昌《演繁露·交牀》云：“今之交牀，本自虜來，始名胡牀。”又《胡牀》云：“隋高祖意在忌胡，器物涉胡名者，咸令改之，乃改交牀。”

[5]檀橋：宋人張敦頤《六朝事迹編類》卷七《宅舍門·劉子珪宅》云：“檀橋，在今縣東二十五里青龍山之前。”

[6]青溪：在今江蘇南京市東南。發源於鍾山西南，屈曲穿達市區流入秦淮河。溪上置橋，爲交通和軍事要地。

竟陵王子良親往脩謁。七年，表武帝爲瓛立館，[1]以楊烈橋故主第給之，生徒皆賀。瓛曰：“室美豈爲人哉，[2]此華宇豈吾宅邪？幸可詔作講堂，猶恐見害也。”未及徙居，遇疾。子良遣從瓛學者彭城劉繪、順陽范縝將厨於瓛宅營齋。[3]及卒，門人受學者並弔服臨送。

[1]武帝：南朝齊武帝蕭賾。字宣遠，齊高帝長子。公元483年至493年在位。本書卷四、《南齊書》卷三有紀。

[2]室美豈爲人哉：《南齊書》卷三九《劉瓛傳》作“室美爲人災”，中華本校勘記疑“豈”字衍。“哉”當作“災”，下“猶恐見害也”可證。

[3]劉繪：字士章，彭城（今江蘇徐州市）人。歷仕宋、齊。聰警善文，爲後進領袖。本書卷三九有附傳，《南齊書》卷四八有傳。　順陽：縣名。治所在今河南淅川縣。　范縝：字子真。歷仕齊、梁。博通經術，好危言高論，不信鬼神。本書卷五七有附傳，《梁書》卷四八有傳。

瓛有至性，祖母病疽經年，手持膏藥，漬指爲爛。母孔氏甚嚴明，謂親戚曰：“阿稱便是今世曾子。”[1]稱，瓛小名也。年四十餘，未有婚對。建元中，[2]高帝與司徒褚彦回爲瓛娶王氏女。王氏穿壁挂履，土落孔氏牀上，[3]孔氏不悦。瓛即出其妻。及居母憂，住墓下不出廬，足爲之屈，杖不能起。此山常有鴝鵒鳥，[4]瓛在山三年不敢來，服釋還家，此鳥乃至。

[1]曾子：名參，字子輿，春秋末魯國人。孔子弟子。以孝行見稱。相傳著《大學》，並傳其學於子思。後世尊爲“宗聖”。詳見《史記》卷六七《仲尼弟子列傳》。

[2]建元：南朝齊高帝蕭道成年號（479—482）。

[3]土：汲古閣本同，殿本作“上”。

[4]鴝（qú）鵒（yù）：俗稱八哥。

梁武帝少時嘗經伏膺，[1]及天監元年下詔爲瓛立碑，[2]謚曰貞簡先生。所著文集行於世。

[1]梁武帝：蕭衍。字叔達，小字練兒，南蘭陵（今江蘇常州市武進區）中都里人。南朝梁開國皇帝。公元502年至549年在位。本書卷六、卷七，《梁書》卷一至卷三有紀。

[2]天監：南朝梁武帝蕭衍年號（502—519）。

初，瓛講《月令》畢，謂學生嚴植之曰：[1]"江左以來，陰陽律數之學廢矣，吾今講此，曾不得其彷彿。"學者美其退讓。時濟陽蔡仲熊禮學博聞，[2]謂人曰："五音本在中土，故氣韻調平。今既東南土氣偏詖，故不能感動木石。"瓛亦以爲然。仲熊執經議論，往往與時宰不合，亦終不改操求同，故坎壈不進，歷年方至尚書左丞，當時恨其不遇。

[1]嚴植之：字孝源，建平秭歸（今湖北秭歸縣）人。齊明帝建武中，遷員外郎、散騎常侍。梁武帝天監四年（505），以植之兼《五經》博士。本書卷七一、《梁書》卷四八有傳。

[2]濟陽：郡名。治濟陽縣，在今河南蘭考縣東北。

又東陽婁幼瑜字季玉，[1]著《禮捃拾》三十卷。[2]

[1]東陽：郡名。治長山縣，在今浙江金華市。　婁幼瑜：本書卷七六有附傳。《南齊書》卷五四《徐伯珍傳》作"樓幼瑜"。

[2]《禮捃拾》：《南齊書·徐伯珍傳》作"《禮捃遺》"。

瓛弟璡字子璥，方軌正直，儒雅不及瓛而文采過之。宋泰豫中，[1]爲明帝挽郎。[2]齊建元初，爲武陵王曅冠軍征虜參軍。[3]曅與僚佐飲，自割鵞炙。琎曰："應刃落俎，是膳夫之事。殿下親執鸞刀，下官未敢安席。"因起請退。與友人會稽孔逷同舟入東，[4]於塘上遇一女子，逷目送曰："美而豔。"琎曰："斯豈君子所宜言乎，非吾友也。"於是解裳自隔。或曰：與友孔徹同舟入東，[5]徹留目觀岸上女子。琎舉席自隔，不復同坐。兄瓛夜隔壁呼琎，琎不答，方下牀著衣立，然後應。瓛怪其久，琎曰："向東帶未竟。"其立操如此。

[1]泰豫：南朝宋明帝劉彧年號（472）。

[2]明帝：南朝宋明帝劉彧。字休炳，小字榮期，宋文帝第十一子。公元465年至472年在位。本書卷三、《宋書》卷八有紀。 挽郎：執事於皇帝、皇后等喪禮之儀仗隊員。南朝宋、陳置，均選品官子弟擔任，爲入仕途徑之一。宋制，選六品以上子弟爲之，人數自二十至六十不等。

[3]冠軍：官名。冠軍將軍的省稱。宋三品。齊品秩不詳，位在輔國將軍上。梁武帝天監七年（508）罷，設五武將軍代之，大通三年（529）復置，列武臣將軍班内。 征虜：官名。征虜將軍的省稱。亦作爲高級文職官員的加官。宋三品。梁武帝天監七年置智威、仁威、勇威、信威、嚴威等五將軍代替此職，爲武職二十四班中的十六班。

[4]孔逷：字世遠，會稽山陰（今浙江紹興市）人。好典故學。與王儉至交。南朝宋順帝昇明中，爲齊臺尚書儀曹郎。齊武帝永明中，爲太子家令。時人呼孔逷、何憲爲王儉三公。本書卷四九、《南齊書》卷三四有附傳。

[5]孔徹：《南齊書》卷三九《劉瓛傳》作"孔澈"。

文惠太子召璡入侍東宫，[1]每上事輒削草。[2]尋署射聲校尉，[3]卒於官。

[1]文惠太子：蕭長懋。字雲喬，齊武帝長子。本書卷四四、《南齊書》卷二一有傳。

[2]削草：削毁底稿，以示慎密。

[3]射聲校尉：官名。南朝時爲侍衛武官，不領兵，仍隸中領軍（領軍將軍），用以安置勳舊武臣。宋四品。梁七班。陳六品，秩千石。

時濟陽江重欣亦清介，雖處闇室，如對嚴賓，而不及璡也。重欣位至射聲校尉。

顯字嗣芳，瓛族子也。父鬷字仲翔，博識强正，名行自居。幼爲外祖臧質所鞠養。[1]質既富盛，恒有音樂。質亡後，母没十許年，鬷每聞絲竹之聲，未嘗不歔欷流涕。梁天監初，終於晋安内史。[2]

[1]臧質：字含文，東莞莒（今山東莒縣）人。本書卷一八有附傳，《宋書》卷七四有傳。　鞠養：撫養。

[2]晋安：郡名。治候官縣，在今福建福州市。　内史：官名。掌管王國民政。宋五品。陳萬户以上郡爲上品，不滿萬户郡爲七品。高敏《南北史考索》以爲："父鬷字仲翔"至"終於晋安内史"一小段，爲《梁書》卷四〇《劉顯傳》所無，《南史》補（天津古籍出版社2010年版，第224頁）。

顯幼而聰敏，六歲能誦《吕相絶秦》、賈誼《過秦》。[1]琅邪王思遠、吴國張融見而稱賞，[2]號曰神童。

族伯瓛儒學有重名，卒無嗣，齊武帝詔顯爲後，時年八歲。本名頲，齊武以字難識，[3]改名顯。天監初，舉秀才，解褐中軍臨川王行參軍，[4]俄署法曹。[5]

[1]《吕相絶秦》：吕相《絶秦書》。吕相，春秋晋國大夫。事見《左傳》成公十三年。　賈誼《過秦》：賈誼《過秦論》。賈誼，西漢名臣。《史記》卷八四有《屈原賈生列傳》，《漢書》卷四八有傳。

[2]賞：汲古閣本同，殿本作“之”。

[3]齊武：汲古閣本同，殿本作“齊武帝”。

[4]解褐：謂脱去布衣，换著官服。指初仕。　臨川王：蕭宏。字宣達，梁武帝第六子。梁武帝天監元年（502），封臨川郡王。本書卷五一、《梁書》卷二二有傳。

[5]署：代理。　法曹：官名。法曹行參軍。法曹長官。南朝齊公府、將軍府置，梁、陳沿置。梁三班至流外五班。陳八品至九品，又爲尚書令、僕射子起家官之一。

顯博涉多通。任昉嘗得一篇缺簡，[1]文字零落，示諸人莫能識者，顯見云是《古文尚書》所删逸篇。昉檢《周書》，果如其說。昉因大相賞異。丁母憂，服闋，尚書令沈約時領太子少傅，[2]引爲少傅五官。約爲丹陽尹，命駕造焉。於坐策顯經史十事，顯對其九。約曰：“老夫昏忘，不可受策；雖然，聊試數事，不可至十。”顯問其五，約對其二。陸倕聞之擊席喜曰：[3]“劉郎子可謂差人，雖吾家平原詣張壯武，[4]王粲謁伯喈，[5]必無此對。”其爲名流推賞如此。

［1］任昉：字彦升（《梁書》作“彦昇”），樂安博昌（今山東博興縣）人。本書卷五九、《梁書》卷一四有傳。

［2］尚書令：官名。南朝宋爲尚書省長官，綜理全國政務，出居外朝，成爲高級政務長官，參議大政。如録尚書事缺，則兼有宰相之名義。齊録尚書事定爲官號，成爲尚書省長官，令爲其副貳。梁罷録尚書事，遂復爲尚書省長官，正式成爲最高政務長官，居宰相之位，雖低於諸公、開府儀同三司，實則爲百官之長。梁十六班。　沈約：字休文，吴興武康（今浙江德清縣）人。博通群籍，善屬文。本書卷五七、《梁書》卷一三有傳。　太子少傅：官名。與太子太傅並稱太子二傅。南朝皆置詹事，二傅不領官屬庶務。宋三品。梁十五班。陳二品，秩中二千石。

［3］陸倕：字佐公，吴郡吴（今江蘇蘇州市）人。父慧曉，齊太常卿。少勤學，善屬文。與樂安任昉友善。本書卷四八有附傳，《梁書》卷二七有傳。

［4］平原詣張壯武：平原，即平原公陸機。字士衡，吴郡（今江蘇蘇州市）人。少有異才，文章冠世，伏膺儒術。著有《辨亡論》《五等論》等。曾爲平原内史。《晋書》卷五四有傳。張壯武，即張華。字茂先，范陽方城（今河北固安縣）人。少好文義，博覽墳典。晋惠帝時封壯武郡公，遷司空。爲趙王倫所害。著有《博物志》等。陸機嘗餉張華鮓，於時賓客滿座，華發器，便曰：“此龍肉也。”衆未之信，華曰：“試以苦酒濯之，必有異。”既而五色光起。機還問鮓主，果云：“園中茅積下得一白魚，質狀殊常，以作鮓，過美，故以相獻。”事見《晋書》卷三六《張華傳》。

［5］王粲謁伯喈：王粲，字仲宣，山陽高平（今山東鄒城市）人。漢獻帝西遷，粲徙長安，蔡邕見而奇之。時邕才學顯著，貴重朝廷，常車騎填巷，賓客盈坐。聞粲在門，倒屣迎之。粲至，年既幼弱，容狀短小，一坐盡驚。邕曰：“此王公孫也，有異才，吾不如也。吾家書籍文章，盡當與之。”初事劉表，後勸劉琮歸降曹操，被操辟爲丞相掾，官至侍中。曾參與魏初禮儀制度的制定。博聞强

記，善於算術，工於文筆，所著詩、賦、論、議數十篇，是建安時期著名文學家，“建安七子”之一。《三國志》卷二一有傳。伯喈，即蔡邕。字伯喈，陳留圉（今河南杞縣）人。漢靈帝時爲議郎，因議政觸犯權幸獲罪，流放朔方。遇赦後，畏宦官陷害，亡命江湖十餘年。董卓專權，受到禮遇，官至左中郎將。卓被誅，以附逆爲王允所捕，死於獄中。精通經史、天文、音律；善辭賦；工書法。所著《獨斷》《勸學》《釋誨》等各體文共一百多篇。《後漢書》卷六〇下有傳。

五兵尚書傅昭掌著作，[1]撰國史，顯自兼廷尉正，被引爲佐。及革選尚書五都，[2]顯以法曹兼吏部都。[3]後爲尚書儀曹郎。[4]嘗爲《上朝詩》，沈約見而美之，命工書人題之於郊居宅壁。後兼中書通事舍人，[5]再遷驃騎鄱陽王記室，[6]兼中書舍人。後爲中書郎，舍人如故。

[1]五兵尚書：官名。屬尚書省。三國魏始置，掌軍事樞務，主管全國軍事行政，領中兵、外兵、騎兵、别兵、都兵五郎曹。西晋初不置，武帝太康間復置，分中兵、外兵爲左右，共領七郎曹，仍稱五兵。東晋、南朝沿置。但宋、南齊僅領中兵、外兵二曹，梁、陳僅領中兵、外兵、騎兵三曹。宋三品。梁十三班。陳三品，秩中二千石。　傅昭：字茂遠，北地靈州（今寧夏吴忠市北武市）人。本書卷六〇、《梁書》卷二六有傳。　著作：官名。即著作郎。爲著作局長官，掌國史及起居注的修撰。南北朝時爲清要之官，出任者多爲有名望的文學之士，亦有以司空、侍中、尚書等官領、典者。宋時曾作爲宗室的起家之官，六品。梁六班。陳六品，秩六百石。

[2]及革選尚書五都：按，《梁書》卷四〇《劉顯傳》作“九年，始革尚書五都選”。中華本校勘記云：“尚書五都令史本用寒

人，革選改用士流。”尚書五都令史，尚書省殿中、吏部、金部、左民、中兵五都令史合稱。兩晋以來置尚書都令史八人，佐尚書左、右丞監督諸曹尚書、尚書郎。權任雖重，用人常輕。南朝梁置五都令史分監諸曹，《隋書·百官志上》載梁武帝天監九年（510）詔曰:“尚書五都，職參政要，非但總領衆局，亦乃方軌二丞頃雖求才，未臻妙簡，可革用士流，每盡時彦。”

［3］都：汲古閣本、殿本、百衲本作“郎”。

［4］尚書儀曹郎：官名。魏晋南朝爲尚書省儀曹長官通稱，亦稱郎中，資深者可轉侍郎。宋六品。梁五班。陳四品，秩六百石。

［5］中書通事舍人：官名。中書省屬官。與通事共掌收納、轉呈文書章奏，員各一人。或説魏唯置通事，西晋增設舍人。東晋合爲一官，後省“通事”二字。多任用名流。南朝宋復名中書通事舍人，簡稱通事舍人、中書舍人、舍人。員四人，七品。南齊因之。梁、陳去“通事”，逕名“中書舍人”。梁四班。南朝諸帝皆非出身高門，遂引用没有聲望、社會地位的寒士、細人等親信爲之，入直禁中，於收納、轉呈文書章奏之本職外，漸奪中書侍郎草擬詔令之任。

［6］鄱陽王：蕭恢。字弘達，太祖蕭順之子。梁武帝天監元年，封鄱陽郡王。本書卷五二、《梁書》卷二二有傳。鄱陽，郡名。治鄱陽縣，在今江西鄱陽縣。

顯與河東裴子野、南陽劉之遴、吴郡顧協連職禁中，[1]遞相師友，人莫不慕之。顯博聞强記，過於裴、顧。時波斯獻生師子，帝問曰:“師子有何色?”顯曰:“黄師子超不及白師子超。”[2]魏人送古器，有隱起字無識者，顯案文讀之無滯，考校年月，一字不差。武帝甚嘉焉。

[1]河東：郡名。治安邑縣，在今山西夏縣西北。　裴子野：字幾原，河東聞喜（今山西聞喜縣）人。與沛國劉顯、南陽劉之遴、陳郡殷芸、陳留阮孝緒、吴郡顧協、京兆韋稜，皆博極群書，深相賞好，顯尤推重之。本書卷三三有附傳，《梁書》卷三〇有傳。　南陽：郡名。治宛縣，在今河南南陽市。　劉之遴：南陽涅陽（今河南鄧州市）人。本書卷五〇有附傳，《梁書》卷四〇有傳。　吴郡：郡名。治吴縣，在今江蘇蘇州市。　顧協：字正禮，吴郡吴（今江蘇蘇州市）人。博極群書，撰《異姓苑》五卷，《瑣語》十卷，並行於世。本書卷六二、《梁書》卷三〇有傳。

[2]超：跳躍。

遷尚書左丞，[1]除國子博士。時有沙門訟田，帝大署曰“貞”。有司未辯，徧問莫知。顯曰：“貞字文爲與上人。”帝因忌其能，出之。後爲雲麾邵陵王長史、尋陽太守。[2]魏使李諧至聞之，[3]恨不相識。歎曰：“梁德衰矣。善人國之紀也，而出之，無乃不可乎。”王遷鎮郢州，[4]除平西府諮議參軍，[5]久在府不得志。大同九年終于夏口，[6]時年六十三。

[1]尚書左丞：官名。魏晋南朝爲尚書省佐官，位次尚書，與右丞共掌尚書都省庶務，職權甚重。宋六品。梁九班。陳四品，秩六百石。

[2]雲麾：官名。雲麾將軍的省稱。南朝梁武帝天監七年（508）置爲將軍名號，與武臣、爪牙、龍騎將軍取代舊置前、後、左、右將軍，爲武職二十四班中第十八班。陳沿置，爲二十五號將軍之一，擬四品，比秩中二千石。　邵陵王：蕭綸。字世調，梁武帝第六子。武帝天監十三年，封邵陵郡王。大同元年（535），爲侍

中、雲麾將軍。本書卷五三、《梁書》卷二九有傳。　尋陽：郡名。治柴桑縣，在今江西九江市西南。

［3］李諧：字虔和，頓丘（今河南清豐縣）人。博學有文辯，爲當時才俊。東魏初，爲散騎常侍，使梁。《魏書》卷六五、《北史》卷四三有附傳。

［4］郢州：州名。治夏口城，在今湖北武漢市武昌區。

［5］諮議參軍：官名。王公軍府屬官，掌諷議。梁九班至六班。

［6］大同：南朝梁武帝蕭衍年號（535—546）。

凡佐兩府，並事驕王，人爲之憂，而反見禮重。友人劉之遴啓皇太子爲之銘誌，葬於秣陵縣劉真長舊塋。[1]

［1］秣陵：縣名。治所在今江蘇南京市中華門外故報恩寺附近。　劉真長：即劉惔。字真長。

子菤、恁、臻。臻早有名，載《北史》。[1]

［1］臻：劉臻。字宣摯。精於兩《漢書》，時人稱爲《漢》聖。《北史》卷八三、《隋書》卷七六有傳。

顯從弟瑴字仲寶。形貌短小，儒雅博洽，善辭翰，隨湘東王在蕃十餘年，[1]寵寄甚深。當時文檄皆其所爲。位吏部尚書、國子祭酒。[2]魏尅江陵，[3]入長安。[4]

［1］湘東王：梁元帝蕭繹初封湘東王。湘東，郡名。治臨烝縣，在今湖南衡陽市。

［2］國子祭酒：官名。晉武帝始立國子學，置國子祭酒等職，以教生徒。國子祭酒總領國子學、太學。梁十三班。

［3］江陵：縣名。治所在今湖北荆州市荆州區。

［4］長安：城名。在今陝西西安市。

明僧紹字休烈，平原鬲人，[1]一字承烈。其先吴太伯之裔，[2]百里奚子孟明，[3]以名爲姓，其後也。祖玩，州中從事。[4]父略，給事中。[5]僧紹明經有儒術，宋元嘉中，[6]再舉秀才，永光中，[7]鎮北府辟功曹，[8]並不就。隱長廣郡嶗山，[9]聚徒立學。魏剋淮南，乃度江。[10]

［1］平原：郡名。治平原縣，在今山東平原縣西南。　鬲：縣名。治所在今山東平原縣西北。

［2］吴太伯：周太王長子。太王欲立太伯弟季歷，太伯奔荆蠻以避之，自號句吴。《史記》卷三一有《吴太伯世家》。

［3］百里奚：春秋時人。先爲虞國大夫，晉獻公滅虞後被俘入晉。作爲陪嫁之臣被楚人所扣，秦穆公將其贖回。後輔佐秦穆公建立霸業。　孟明：名視，字孟明。百里奚之子。亦稱百里孟明視。春秋時秦國大夫，助秦穆公稱霸西戎。

［4］州中從事：《南齊書》卷五四《明僧紹傳》作“州治中”。按，此應作“州治中”。州治中，官名。亦稱州治中從事，州治中從事史。爲州刺史佐官，掌文書事。

［5］給事中：官名。屬門下省或集書省。掌顧問應對事。宋五品。按，《十七史商榷》卷六二《明僧紹異同》：“《南齊·高逸傳》有明僧紹，《南史》改入列傳，子山賓附，其實應立《山賓傳》而以僧紹附。又此云‘字承烈’，《南史》作‘休烈’，名‘紹’則當字‘承’，《南史》改之非。唐高宗上元三年御製《明徵君碑》，但云‘南齊徵君明僧紹’，無字。又此云‘祖玩，州治中。父略，給

事中’。《碑》云‘祖玩，晋建威將軍。父略，宋平原太守’。與此傳皆不同，《南史》却與此傳同。又此傳《南史》所添多疑神見鬼語，皆不足取。”

［6］元嘉：南朝宋文帝劉義隆年號（424—453）。

［7］永光：南朝宋前廢帝劉子業年號（465）。

［8］鎮北：官名。鎮北將軍的省稱。爲四鎮將軍之一，南朝爲榮譽加號。開府者位從公，一品。　功曹：官名。軍府屬吏。掌選舉功勞事。

［9］長廣：郡名。治不其縣，在今山東青島市北。　嶗山：今山東青島市嶗山區東嶗山。

［10］魏剋淮南，乃度江：中華本改“淮南”爲“淮北”，其校勘記云：“‘淮北’各本作‘淮南’，據《通志》改。按《南齊書》云：‘淮北没虜，乃南渡江。’”按，本句末《南齊書·明僧紹傳》有“明帝泰始六年，徵通直郎，不就”十二字。

昇明中，[1]齊高帝爲太傅，[2]教辟僧紹及顧歡、臧榮緒，[3]以旌幣之禮，[4]徵爲記室參軍，[5]不至。僧紹弟慶符爲青州，[6]僧紹乏糧食，隨慶符之鬱洲，[7]住弇榆山，[8]栖雲精舍，欣玩水石，竟不一入州城。

［1］昇明：南朝宋順帝劉準年號（477—479）。

［2］齊高帝爲太傅：指宋順帝昇明二年蕭道成進位假黄鉞、都督中外諸軍事、太傅，輔國執政。太傅，南朝齊時爲最高榮譽加銜。

［3］教辟：下公文任命。教，文體的一種。爲官府的告諭。辟，聘請。　顧歡：字景怡，吴郡鹽官（今浙江海寧市鹽官鎮）人。家貧好學，開館講學。著有《夷夏論》等。本書卷七五、《南齊書》卷五四有傳。　臧榮緒：東莞莒（今山東莒縣）人。篤志好學，著

有《晋史》《拜五經序論》。本書卷七六、《南齊書》卷五四有傳。

［4］旌幣：幣帛。《南齊書》卷五四《明僧紹傳》作“旍幣”。

［5］記室參軍：官名。公府或軍府屬吏。掌書記文翰。宋七品。

［6］爲青州：指任青州刺史。青州，州名。南朝宋僑置於鬱洲，在今江蘇連雲港市東雲臺山一帶。

［7］鬱洲：在今江蘇連雲港市東雲臺山一帶。

［8］弇（yǎn）榆山：又名句榆山、根餘山。古爲隱居之所，在今江蘇連雲港市海州區東北（參見朱季海《南齊書校議》，中華書局2013年版，第49頁）。

泰始季年，［1］岷、益有山崩，［2］淮水竭齊郡，［3］僧紹竊謂其弟曰：“夫天地之氣，不失其序，若夫陽伏而不泄，陰迫而不蒸，於是乎有山崩川竭之變。昔伊、洛竭而夏亡，河竭而殷亡，三川竭岐山崩而周亡，五山崩而漢亡。［4］夫有國必依山川而爲固，山川作變，不亡何待？今宋德如四代之季，［5］爾誌吾言而勿泄也。”竟如其言。［6］

［1］泰始：南朝宋明帝劉彧年號（465—471）。

［2］岷：岷山。位於今四川西北，綿延至甘肅岷縣一帶。　益：州名。治成都縣，在今四川成都市。

［3］齊郡：郡名。南朝宋初年治臨淄縣，在今山東淄博市臨淄區北。宋明帝泰始五年，北魏攻克青州，齊地、淮北入魏，宋於鬱洲僑置齊郡，又稱爲南齊郡，在今江蘇連雲港市一帶。

［4］五山崩而漢亡：中華本校勘記云：“‘五山’疑當作‘三山’。按《漢書·五行志》：‘成帝河平三年，犍爲柏江山崩、捐江山崩，皆廱江水；元延三年，蜀郡岷山崩，廱江，江水逆流。劉向

以爲周時岐山崩，三川竭而幽王亡。岐山者，周所興也。漢家本起於蜀，漢今所起之地，山崩川竭，殆必亡矣。其後三世無嗣，王莽篡位。'僧紹之言本此。三山者，柏江山、捐江山與岷山。"

[5]四代：指夏、殷、周、西漢。

[6]"泰始季年"至"竟如其言"：按，《南齊書》卷五四《明僧紹傳》無此段文字。

齊建元元年冬，徵爲正員郎，[1]稱疾不就。其後帝與崔思祖書，[2]令僧紹與慶符俱歸。僧紹又曰："不食周粟而食周薇，[3]古猶發議，在今寧得息談邪？聊以爲笑。"

[1]正員郎：官名。即散騎侍郎。門下省官。掌奏事，直侍左右。按，《南齊書》卷五四《明僧紹傳》有："詔曰：'朕側席思士，載懷塵外。齊郡明僧紹標志高栖，躭情墳素，幽貞之操，宜加賁飾。'"

[2]崔思祖：字敬元，清河東武城（今河北清河縣）人。官至太子左率、汝陰太守。本書卷四七、《南齊書》卷二八有傳。按，本書、《南齊書》本傳作"崔祖思"。

[3]不食周粟而食周薇：此借伯夷、叔齊事，嘲笑明僧紹在宋亡後不肯仕齊。伯夷、叔齊，殷逸士，殷亡後，不肯仕周，恥食周粟，隱居首陽山，采薇（野菜）充饑。世人嘲笑夷、齊不食周粟，却食周薇。事見《史記》卷六一《伯夷列傳》。

慶符罷任，僧紹隨歸住江乘攝山。[1]僧紹聞沙門釋僧遠夙德，往候定林寺。[2]高帝欲出寺見之，僧遠問僧紹曰："天子若來，居士若爲相對？"僧紹曰："山藪之人，[3]政當鑿坏以遁；[4]若辭不獲命，便當依戴公故事。”[5]既而遁還攝山，建栖霞寺而居之，高帝甚以爲恨。昔戴顒高卧牖下，以山人之服加其身，僧紹故云。

[1]江乘：縣名。治所在今江蘇句容市北。　攝山：棲霞山，因山多草藥，可以攝生，故名。

[2]定林寺：在今江蘇南京市江寧區東。

[3]山藪之人：山野之人。

[4]鑿坏以遁：鑿開墻而逃避。指逃避官場。坏，汲古閣本同，殿本作“坯”。實際上，“坏”通“培”。《淮南子·齊俗訓》：“顔闔，魯君欲相之而不肯，使人以幣先焉，鑿培而遁之。”高誘注：“培，屋後墻也。”

[5]戴公故事：戴公即戴顒，字仲若。東晋末隱於會稽剡地，入宋，累徵不仕。後被衡陽王迎住黄鵠山，顒服其野服，不改常度。《宋書》卷九三有傳。

高帝後謂慶符曰：“卿兄高尚其事，亦堯之外臣。[1]朕夢想幽人，[2]固已勤矣。所謂‘逕路絶，風雲通’。”[3]仍賜竹根如意、筍籜冠，[4]隱者以爲榮焉。勃海封延伯者，[5]高行士也，聞之歎曰：“明居士身彌後而名彌先，亦宋、齊之儒仲也。”永明中，徵國子博士，不就，卒。

[1]外臣：方外之臣，指隱士。

[2]幽人：亦指隱士。

[3]逕路絶，風雲通：語出晋朝左思《吴都賦》：“徑路絶，風雲通。”

［4］筍籜冠：用筍衣製作的帽子。

［5］封延伯：字仲連（《南齊書》作“仲璉”），勃海（今河北南皮縣）人。有學問德行。州辟主簿，舉秀才，不就。後爲豫州長史、梁郡太守，稱疾辭職。僑居東海，不至京師。爲政清静，有高士風。本書卷七三、《南齊書》卷五五有傳。

僧紹長兄僧胤能言玄，仕宋爲江夏王義恭參軍，[1]王别爲立榻，比之徐孺子。[2]位冀州刺史。[3]子慧照，元徽中，[4]爲齊高帝平南主簿，[5]從拒桂陽，[6]累至驃騎中兵參軍，[7]與荀伯玉對領直。[8]建元元年，爲巴州刺史，[9]綏懷蠻蜒，[10]上許爲益州刺史，未遷，卒。

［1］江夏王義恭：劉義恭。宋武帝第五子。本書卷一三、《宋書》卷六一有傳。江夏，郡名。治夏口城，在今湖北武漢市武昌區。

［2］徐孺子：徐穉。字孺子，豫章南昌（今江西南昌市）人。恭儉義讓，所居服其德。《後漢書》卷五三有傳。

［3］冀州：州名。南朝宋文帝元嘉九年（432）僑置，治歷城縣，在今山東濟南市。宋明帝泰始六年（470）與青州合僑置於鬱洲，在今江蘇連雲港市東雲臺山一帶。

［4］元徽：南朝宋後廢帝劉昱年號（473—477）。

［5］平南主簿：官名。即平南將軍府主簿。主簿爲軍府主要屬吏，掌文書印信。按，宋後廢帝元徽二年蕭道成加平南將軍。

［6］桂陽：桂陽王劉休範。宋後廢帝元徽二年舉兵叛，平南將軍蕭道成領兵平息。本書卷一四、《宋書》卷七九有傳。

［7］驃騎中兵參軍：官名。驃騎大將軍府中兵參軍。驃騎大將軍，位在諸將軍之上。中兵參軍，軍府屬官，掌佐統兵務。按，平定桂陽王之亂後，蕭道成進位侍中、司空、録尚書事、驃騎大將

軍。參見《南齊書》卷一《高帝紀上》。

[8]與荀伯玉對領直：汲古閣本、殿本無“荀”字。荀伯玉，字弄璋，廣陵（今江蘇揚州市）人。本書卷四七、《南齊書》卷三一有傳。

[9]巴州：州名。南朝齊武帝建元二年（480）置。治魚復縣，在今重慶奉節縣東白帝城。《南齊書》卷五四《明僧紹傳》中華本校勘記云：“按《州郡志》，建元二年分荊州巴東、建平，益州巴郡爲州，立刺史。此云建元元年爲巴州刺史，疑。”

[10]蠻蜑（dàn）：古代對西南少數民族的貶稱。蜑，通“蜑”。

僧胤次弟僧暠亦好學，宋大明中再使魏，于時新誅司空劉誕。孝武謂曰：“若問廣陵之事，何以答之？”對曰：“周之管、蔡，[1]漢之淮南。”[2]帝大悦。及至魏，魏問曰：“卿銜此命，當緣上國無相踰者邪？”答曰：“聰明特達，舉袂成帷，比屋之甿，又無下僕。晏子所謂‘看國善惡’。故再辱此庭。”位至青州刺史。

[1]周之管、蔡：周武王之弟管叔鮮和蔡叔度。武王死，成王年幼，周公輔政。管、蔡流言於國中曰：“公將不利於孺子。”周公懼而避居東都。其後，成王迎周公歸。管蔡挾商紂子武庚叛，周公誅武庚、管叔，放逐蔡叔，亂平。詳見《尚書·金縢》、《史記》卷三五《管蔡世家》。後世遂以管蔡指亂國之臣。

[2]漢之淮南：西漢淮南厲王劉長。漢高祖劉邦少子。高祖十一年（前196），立爲淮南王。數不奉法，專橫驕縱。漢文帝六年（前174），陰謀反叛不成，被貶謫赴蜀，途中不食而死。詳見《漢書》卷四四《淮南厲王劉長傳》。

僧紹子元琳、仲璋、山賓並傳家業，山賓最知名。

山賓字孝若，七歲能言名理。[1]十三，博通經傳，居喪盡禮，[2]起家奉朝請。兄仲璋痼疾，家道屢空，[3]山賓乃行干禄，[4]後爲廣陽令，[5]頃之去官。會詔使公卿舉士，左衛將軍江祏上書薦山賓才堪理劇。[6]齊明帝不重學，[7]謂祏曰："聞山賓談書不輟，何堪官邪。"遂不用。

[1]名：汲古閣本、殿本作"玄"。

[2]居喪盡禮：《梁書》卷二七《明山賓傳》有"服闋，州辟從事史"。

[3]屢空：《論語·先進》云："子曰：'回也其庶乎，屢空。'"此處意爲貧窮、衣食不給。

[4]干禄：干求禄位，乞請官職。干，追求。

[5]後爲廣陽令：《梁書·明山賓傳》有"齊始安王蕭遥光引爲撫軍行參軍"。廣陽，縣名。治所在今安徽黄山市黄山區西北。

[6]左衛將軍：官名。掌宫廷護衛。

[7]明：殿本同，汲古閣本作"理"。

梁臺建，[1]累遷右軍記室參軍，掌吉禮。時初置《五經》博士，山賓首應其選。歷中書侍郎，國子博士，太子率更令，[2]中庶子。[3]天監十五年，出爲持節、都督緣淮諸軍事、北兖州刺史。[4]普通二年，[5]徵爲太子右衛率，[6]加給事中。遷御史中丞，[7]以公事左遷黄門侍郎。[8]四年，爲散騎常侍。[9]東宫新置學士，又以山賓居之。俄以本官兼國子祭酒。

[1]梁臺建：指齊和帝中興二年（502）二月，蕭衍受封梁公，

建臺治事。

[2]太子率更令：官名。魏晋南北朝皆置，掌太子宫殿門户及賞罰等事，與太子家令、太子僕合稱太子三卿。梁十班。

[3]中庶子：官名。即太子中庶子。東宫屬官。掌侍從及文翰。梁初第四品，後爲十一班。

[4]北兗州：州名。僑寄淮陰縣，在今江蘇淮安市淮陰區西南甘羅城。

[5]普通：南朝梁武帝蕭衍年號（520—527）。

[6]太子右衛率：官名。東宫屬官，與太子左衛率合稱太子二衛率。掌東宫宿衛營兵。梁十一班。

[7]御史中丞：官名。御史臺長官。掌督司百僚。梁十一班。

[8]黄門侍郎：官名。亦稱給事黄門侍郎。門下省次官，與侍中共掌侍從左右、關通中外等。梁十班。

[9]散騎常侍：官名。散騎省長官，掌侍從左右、圖書文翰等。梁十二班。

初，山賓在州，所部平陸縣不稔，[1]啓出倉米以振百姓。[2]後刺史檢州曹，失簿，以山賓爲耗損。有司追責，籍其宅入官。山賓不自理，更市地造宅。昭明太子聞築室不就，[3]有令曰："明祭酒雖出撫大蕃，擁旄推轂，[4]珥金拖紫，而恒事屢空。聞搆宇未成，今送薄助。"并貽詩曰："平仲古稱奇，[5]夷齊昔擅美，[6]令則挺伊賢，東秦固多士。[7]築室非道傍，置宅歸仁里。庚桑方有係，[8]原生今易擬。[9]必來三徑人，將招《五經》士。"

[1]平陸：縣名。治所在今安徽鳳陽縣東。　稔：穀熟。

[2]振：汲古閣本同，殿本作“賑”。

[3]昭明太子：梁武帝太子蕭統。謚號昭明。本書卷五三、《梁書》卷八有傳。

[4]擁旌：《梁書》卷二七《明山賓傳》作“擁旄”。

[5]平仲：即晏嬰。字平仲。春秋時齊國人。

[6]夷齊：《梁書·明山賓傳》作“夷吴”。中華本校勘記引孫志祖《讀書脞録》曰:“山賓非棲隱者，何爲遠擬夷、齊邪。”並據《梁書》改。

[7]東秦：戰國時秦王曾稱西帝，齊王曾稱東帝。故後來稱齊國或齊地爲東秦，《晋書》卷一二七《慕容德載記》云：“青齊沃壤，號曰‘東秦’。”

[8]庚桑：即庚桑楚。老子弟子。參見《莊子·庚桑楚》。

[9]原生：即原憲。字子思，孔子弟子。參見《史記》卷六七《仲尼弟子列傳》。

山賓性篤實，家中嘗乏困，貨所乘牛。既售受錢，乃謂買主曰:“此牛經患漏蹄，療差已久，恐後脱發，無容不相語。”買主遽追取錢。處士阮孝緒聞之,[1]歎曰:“此言足使還淳反朴，激薄停澆矣。”

[1]處士：隱居不仕的士人。　阮孝緒：字士宗，陳留尉氏(今河南尉氏縣）人。屏居不仕，以儒學著名。本書卷七六、《梁書》卷五一有傳。唐釋道宣《廣弘明集》卷三《七録序》後附《阮孝緒傳》。

五年，又假節攝北兖州事，後卒官，贈侍中，謚曰質子。山賓累居學官，甚有訓導之益，然性頗疏通，接於諸生多狎比，人皆愛之。所著《吉禮儀注》二百二十四卷，《禮儀》二十卷，《孝經喪服義》十五卷。

子震字興道，亦傳父業，位太子舍人，尚書祠部郎，[1]餘姚令。[2]

[1]尚書祠部郎：官名。祠部尚書屬官。掌禮儀、祭祀。梁五班。

[2]餘姚：縣名。治所在今浙江餘姚市。

山賓弟少遐字處默，亦知名，位都官尚書。[1]簡文謂人曰：[2]“我不喜明得尚書，更喜朝廷得人。”後拜青州刺史。太清之亂奔魏，[3]仕北齊，卒於太子中庶子。子罕，司空記室。

[1]都官尚書：官名。尚書省六部尚書之一，掌都官、水部、庫部、論功四曹。梁十三班。

[2]簡文：南朝梁簡文帝蕭綱。梁元帝兄。大寶三年（552）被追崇爲簡文皇帝，廟號太宗。本書卷八、《梁書》卷四有紀。

[3]太清之亂：指侯景之亂。梁武帝太清元年（547），侯景附梁，二年反，進攻京邑建康。事見本書卷八〇、《梁書》卷五六《侯景傳》。太清，南朝梁武帝蕭衍年號（547—549）。

明氏南度雖晚，並有名位，自宋至梁爲刺史者六人。

庾易字幼簡，新野人也，[1]徙居江陵。祖玫，巴郡太守。[2]父道驥，安西參軍。[3]

[1]新野：郡名。治新野縣，在今河南新野縣。此爲庾氏祖籍。《南齊書》卷五四《庾易傳》作“新野新野人也”。

[2]巴郡：郡名。治江州縣，在今重慶市。

[3]安西：官名。安西將軍省稱。與安東、安南、安北將軍合稱四安將軍，爲出鎮方面的軍事長官，或作爲刺史兼理軍事的加官，權任頗重。

易志性恬静，不交外物，[1]齊臨川王映臨州，[2]表薦之，餉麥百斛。易謂使人曰：“走蕤採麋鹿之伍，終其解之毛衣，[3]馳騁日月之車，[4]得保自耕之禄，於大王之恩亦已深矣。”辭不受，以文義自樂。安西長史袁彖欽其風，[5]贈以鹿角書格、蚌盤、蚌研、白象牙筆。并贈詩曰：“白日清明，青雲遼亮，昔聞巢、許，今覩臺、尚。”易以連理几、竹翹書格報之。

[1]不交外物：《南齊書》卷五四《庾易傳》有“建元元年，刺史豫章王辟爲驃騎參軍，不就”。

[2]齊臨川王映：蕭映。齊高帝蕭道成第三子。曾任荆州刺史。本書卷四三、《南齊書》卷三五有傳。　臨州：指巡察荆州。

[3]終其解之毛衣：殿本同，汲古閣本作“終歲鮮毛之衣”。又“之毛”，《南齊書·庾易傳》作“終其解毛之衣”。

[4]馳騁日月之車：指安度日月。

[5]袁彖：字偉才，陳郡陽夏（今河南太康縣）人。本書卷二六有附傳，《南齊書》卷四八有傳。彖，汲古閣本、殿本作“承”。

建武三年，[1]詔徵爲司空主簿，[2]不就，卒。子黔婁。嗣。[3]

[1]建武三年：《南齊書》卷五四《庾易傳》作“建武二年”。

[2]司空主簿：《南齊書·庾易傳》作“司徒主簿”。

[3]嗣：汲古閣本、殿本同。中華本以爲衍字，删。

黔婁字子貞，一字貞正。少好學，多所講誦。性至孝，不曾失色於人。南陽高士劉虬、宗測並歎異之。[1]仕齊爲編令，[2]政有異績。先是縣境多猛獸暴，黔婁至，猛獸皆度往臨沮界，時以爲仁化所感。

[1]宗測：字敬微，一字茂深，家居江陵（今湖北荆州市荆州區）。本書卷七五有附傳，《南齊書》卷五四有傳。

[2]編：縣名。治所在今湖北當陽市東。

徙孱陵令，[1]到縣未旬，易在家遘疾，黔婁忽心驚，舉身流汗，即日棄官歸家。家人悉驚其忽至。時易疾始二日，醫云欲知差劇，[2]但嘗糞甜苦。易泄利，黔婁輒取嘗之，味轉甜滑，心愈憂苦。至夕，每稽顙北辰，求以身代。俄聞空中有聲曰：“徵君壽命盡，[3]不復可延。汝誠禱既至，政得至月末。”[4]晦而易亡。黔婁居喪過禮，廬于冢側。

[1]孱陵：縣名。治所在今湖北公安縣西。

[2]差：通“瘥”。病愈。　劇：病重。

[3]徵君：對不就朝廷徵聘之士的敬稱。此處指庾易。

[4]政得至月末：《梁書》卷四七《庾黔婁傳》作“止得申至月末”。

梁臺建，黔婁自西臺尚書儀曹郎爲益州刺史鄧元起表爲府長史、巴西梓潼二郡太守。[1]及成都平，城中珍寶山積，元起悉分與僚佐，唯黔婁一無所取。元起惡其異衆，厲聲曰："長史何獨爲高？"黔婁示不違之，請書數篋。尋除蜀郡太守，[2]在職清素，百姓便之。元起死于蜀郡，部曲皆散，[3]黔婁身營殯斂，攜持喪柩歸鄉里。

[1]西臺：指南朝齊末建立在江陵的齊和帝蕭寶融政權。因其在建康之西，故稱。　尚書儀曹郎：官名。尚書省諸曹郎之一，屬祠部尚書或尚書右僕射。掌禮儀典制。宋六品。齊官品不詳。　鄧元起：字仲居，南郡當陽（今湖北當陽市）人。本書卷五五、《梁書》卷一〇有傳。　巴西梓潼：雙頭郡。兩郡同治涪縣，在今四川綿陽市東。

[2]蜀郡：郡名。治成都縣，在今四川成都市。

[3]部曲：漢代軍隊的編制單位。可引申爲軍隊。魏晋南北朝時，演變爲地方豪强和將領的私人軍隊，或兼從事生産及雜役。

東宫建，以中軍記室參軍侍皇太子讀，甚見知重。詔與太子中庶子殷鈞、中書舍人到洽、國子博士明山賓遞日爲太子講《五經》義。[1]遷散騎侍郎，卒。弟於陵。

[1]殷鈞：字季和，陳郡長平（今河南西華縣）人。本書卷六〇、《梁書》卷二七有傳。　到洽：字茂沿，彭城武原（今江蘇邳州市）人。本書卷二五有附傳，《梁書》卷二七有傳。

於陵字介，[1]七歲能言玄理。[2]及長，清警博學，有才思。齊隨王子隆爲荆州，[3]召爲主簿，使與謝朓、宗夬抄撰群書。[4]子隆代還，又以爲送故主簿。子隆爲明帝所害，僚吏畏避莫至，唯於陵與夬獨留經理喪事。永元末，[5]除東陽遂安令，[6]爲人吏所稱。

[1]介：汲古閣本同，殿本作"子介"。《梁書》卷四九《庾於陵傳》亦作"子介"。

[2]玄理：深微的義理。南朝士人以《老子》《莊子》《周易》爲三玄，以辨析玄理爲時尚。參見顔之推《顔氏家訓·勉學》。

[3]齊隨王子隆：蕭子隆。字雲興，齊武帝第八子，封隨郡王。齊武帝永明年間曾爲荆州刺史。本書卷四四、《南齊書》卷四〇有傳。　荆州：州名。治江陵縣，在今湖北荆州市荆州區。

[4]謝朓：陳郡陽夏（今河南太康縣）人。文章清麗，爲當時名士。本書卷一九有附傳，《南齊書》卷四七有傳。　宗夬：字明揚。歷任齊、梁，官至五兵尚書。曾管書記。本書卷三七有附傳，《梁書》卷一九有傳。

[5]永元：南朝齊東昏侯蕭寶卷年號（499—501）。

[6]東陽遂安：考《南齊書·州郡志上》，南朝齊有東陽郡無東陽縣，有遂安縣屬新安郡。若東陽是郡名，遂安又不屬東陽，疑"東陽遂安"有誤。遂安，縣名。治所在今浙江淳安縣西南。

梁天監初，爲建康獄平，[1]遷尚書功論郎，[2]待詔文德殿。[3]後兼中書通事舍人，拜太子洗馬。[4]舊東宫官屬通爲清選，[5]洗馬掌文翰，尤其清者。近代用人，皆取甲族有才望者，時於陵與周捨並擢充此職。[6]武帝曰："官以人清，豈限甲族。"[7]時論以爲美。累遷中書黄門侍郎，舍人如故。後終於鴻臚卿。[8]弟肩吾。

[1]建康獄平：官名。即建康平。與建康正、建康監合稱建康三官，掌京師所在建康縣刑獄。梁武帝天監元年（502）置，時官品不詳。至七年革選，定流内官職爲十八班，以班多者爲貴，建康三官爲四班。

[2]尚書功論郎：官名。尚書省諸曹郎之一，屬都官尚書。掌考核官吏。梁侍郎六班，郎中五班。

[3]文德殿：又稱文德省。京師建康宫城内殿省名。《廣弘明集》卷三梁處士阮孝緒《七録序》有云："齊末兵火延及秘閣，有梁之初，缺亡甚衆，爰命秘書監任昉躬加部集。又于文德殿内别藏衆書，使學士劉孝標等重加校進。"

[4]太子洗馬：官名。東宫屬官。爲清簡之職，掌文翰，多由甲族之士擔任。員八人。梁六班。

[5]清選：清貴的官職。多指文學侍從之臣。

[6]周捨：字昇逸，汝南安成（今河南汝南縣）人。本書卷三四有附傳，《梁書》卷二五有傳。

[7]限：殿本同，汲古閣本作"論"。　甲族：世家大族。

[8]鴻臚卿：官名。晋、南朝宋時爲大鴻臚的别稱。梁、陳由大鴻臚改名，掌朝會贊導禮儀。梁九班。

肩吾字慎之，[1]八歲能賦詩，爲兄於陵所友愛。初爲晋安王國常侍，[2]王每徙鎮，肩吾常隨府。在雍州被命與劉孝威、江伯摇、孔敬通、申子悦、徐防、徐摛、王囿、孔鑠、鮑至等十人抄撰衆籍，[3]豐其果饌，號高齋學士。王爲皇太子，兼東宫通事舍人。後爲安西湘東王中録事、諮議參軍，[4]太子率更令，中庶子。

[1]慎之：《梁書》卷四九《庾肩吾傳》作"子慎"。按，肩吾兄於陵字子介，似作"字子慎"爲是。

[2]王國常侍：官名。王國屬官，掌諫諍及司儀。皇子國常侍，梁二班。

[3]雍州：州名。治襄陽縣，在湖北襄陽市。　劉孝威：彭城（今江蘇蘇州市）人。《梁書》卷四一有附傳。　徐摛：字士秀，東海郯（今山東郯城縣）人。本書卷六二、《梁書》卷三〇有傳。

[4]湘東王：南朝梁元帝蕭繹。

簡文開文德省置學士，肩吾子信、徐摛子陵、吴郡張長公、北地傅弘、東海鮑至等充其選。[1]齊永明中，王融、謝朓、沈約文章始用四聲，[2]以爲新變，[3]至是轉拘聲韻，彌爲麗靡，復踰往時。簡文與湘東王書論之曰：

[1]張長公：吴郡吴（今江蘇蘇州市）人，張率之子。事見《梁書》卷三三《張率傳》。　傅弘：傅映之子。事見本書卷六〇《傅映傳》、《梁書》卷二六《傅昭傳》。　鮑至：以才藝知名，爲湘東王五佐之一。事見本書卷六二《鮑泉傳》。

[2]王融：字元長。博涉有文才，以文章著名。累遷太子舍人。本書卷二一有附傳，《南齊書》卷四七有傳。　文章：指有韻之文。　四聲：古漢語字調有平、上、去、入四類，叫作四聲。

[3]新變：即新變體，又稱永明體。即一種講究聲律、對仗，接近於後世格律詩的詩歌形式。

比見京師文體，[1]儒鈍殊常，[2]競學浮疏，争事闡緩，[3]既殊比興，正背《風》《騷》。若夫六典三禮，[4]所施則有地，吉凶嘉賓，[5]用之則有所，未聞吟詠情性，[6]反擬《内則》之篇，[7]操筆寫志，[8]更模《酒誥》之作。[9]遲遲春日，[10]翻學《歸藏》，[11]湛湛江水，[12]遂同《大傳》。[13]

[1]比：近來。　文體：指文章風格。

[2]儒鈍：汲古閣本、殿本"儒"作"懦"。《梁書》卷四九《庾肩吾傳》亦作"懦"。懦鈍，指軟弱無力。

[3]闡緩：本指樂聲舒徐和緩，此處形容文章鬆散冗長。

[4]六典：《周禮·天官·大宰》所記治國六法，即治典、教典、禮典、政典、刑典、事典。　三禮：指儒家經典《周禮》《儀禮》《禮記》。

[5]吉凶嘉賓：指吉禮、凶禮、嘉禮、賓禮。

[6]吟詠情性：指吟詩。

[7]《内則》：《禮記》篇名。《禮記·内則》孔穎達疏引鄭玄《目録》曰："名曰'内則'者，以其記男女居室事父母姑舅之法。此於《别録》屬子法。以閨門之内，軌儀可則，故曰'内則'。"

[8]操筆寫志：指寫詩。

[9]酒誥：《尚書·周書》之篇名。

[10]遲遲春日：《詩·豳風·七月》云："春日遲遲，采蘩祁祁。"

[11]歸藏：古《易》名。相傳爲黄帝作。《周禮·春官·大卜》云："掌三《易》之法：一曰《連山》、二曰《歸藏》、三曰《周易》。"

[12]湛湛江水：《楚辭·招魂》云："湛湛江水兮上有楓，目極千里兮傷春心。"

[13]《大傳》：《禮記》篇名。《禮記·大傳》孔穎達疏引鄭玄《目録》曰："名曰'大傳'者，以其記祖宗人親之大義。"

吾既拙於爲文，不敢輕有掎摭，[1]但以當世之作，歷萬古之才人，[2]遠則楊、馬、曹、王，[3]近則潘、陸、顏、謝，[4]觀其遺辭用心，了不相似。若以今文爲是，則昔賢爲非，若以昔賢可稱，則今體宜棄。俱爲盍各，[5]則未之敢許。又時有效謝康樂、裴鴻臚文者，[6]亦頗有惑焉。何者？謝客吐言天拔，[7]出於自然，時有不拘，是其糟粕。裴氏乃是良史之才，了無篇什之美。[8]是爲學謝則不屆其精華，但得其冗長；師裴則義絶其所長，[9]唯得其所短。謝故巧不可階，[10]裴亦質不宜慕。故胷馳臆斷之侶，好名忘實之類，決羽謝生，[11]豈三千之可及，[12]伏膺裴氏，[13]懼兩唐之不傳。[14]故玉暉金銑，[15]反爲拙目所嗤，《巴人》《下俚》，[16]更合郢中之聽。[17]《陽春》高而不和，[18]妙聲絶而不尋。竟不精討錙銖，[19]覆量文質，[20]有異巧心，[21]終愧妍耳。[22]是以握瑜懷玉之士，[23]瞻鄭邦而知退，[24]章甫翠履之人，[25]望閩鄉而歎息。[26]詩既若此，筆又如之。[27]徒以煙墨不言，[28]受其驅染，[29]紙札無情，[30]任其搖襞。[31]甚矣哉，文章橫流，一至於此。

[1]掎摭：批評，指責。

[2]萬：《梁書》卷四九《庾肩吾傳》作“方”。中華本改作“方”，其校勘記云：“按‘方’比也。李慈銘《南史札記》：‘此緣誤方作万，遂爲萬耳。’”

[3]揚：即西漢揚雄。字子云，蜀郡成都（今四川成都市）人。善爲辭賦，以文章名世。《漢書》卷八七有傳。　馬：即西漢司馬相如。字長卿，蜀郡成都（今四川成都市）人。工於辭賦。

《漢書》卷五七有傳。　曹：指三國曹植。字子健，曹操之子。建安七子之一。《三國志》卷一九有傳。　王：指三國王粲。字仲宣，山陽高平（今山東鄒城市）人。建安七子之一。《三國志》卷二一有傳。

[4]潘：即西晋潘岳。字安仁，滎陽中牟（今河南中牟縣）人。博學有才氣。《晋書》卷五五有傳。　陸：即西晋陸機。《晋書》卷五四有傳。　顔：即南朝宋顔延之。字延年，琅邪臨沂（今山東臨沂市）人。與陳郡謝靈運以文章齊名，時稱“顔謝”。本書卷三四、《宋書》卷七三有傳。　謝：即南朝宋謝靈運。陳郡陽夏（今河南太康縣）人。幼寄養於外，因名客兒，人稱“謝客”。少好學，博覽群書。曾封康樂公，又稱謝康樂。本書卷一九有附傳，《宋書》卷六七有傳。

[5]盍各：各言其志。語出《論語·公冶長》“盍各言爾志”。此處意爲各抒己見。

[6]裴鴻臚：即裴子野。裴子野仕梁，官終鴻臚卿，故稱裴鴻臚。

[7]謝客：指謝靈運。謝靈運小名客兒，故稱謝客。　天拔：自然拔俗。

[8]篇什：《詩》之《雅》《頌》以十篇爲一“什”，故後世以“篇什”指稱詩歌。

[9]義：汲古閣本同，殿本作“莪”。

[10]階：階梯。此處指攀登。

[11]決羽：奮翅追趕。

[12]三千：指孔門弟子。相傳孔子有弟子三千人。

[13]伏膺：同“服膺”。牢記在心。

[14]兩唐：指漢代唐林、唐尊。二人以明經飾行顯名於世。然仕王莽，封侯，位至公卿，被指虚名。參見《漢書》卷七二《鮑宣傳》。

[15]玉暉：汲古閣本、殿本作“玉徽”。按，作“玉徽”是。

玉徽，玉製的琴徽，也作琴的美稱。

[16]《巴人》《下俚》：古代楚國通俗歌曲名。

[17]郢中之聽：指平庸的欣賞者。《文選》卷四五宋玉《對楚王問》云："客有歌於郢中者，其始曰《下里》《巴人》，國中屬而和者數千人；其爲《陽阿》《薤露》，國中屬而和者數百人；其爲《陽春》《白雪》，國中屬而和者，不過數十人……是其曲彌高，其和彌寡。"

[18]《陽春》：楚國高雅的樂曲。

[19]錙銖：古時重量單位，二十四分之一兩爲銖，六銖爲一錙。故以之指極細小之物。此處形容詩文精微之處。

[20]文質：指詩文形式的華美與質樸。

[21]巧心：《漢書·藝文志》著録《王孫子》一篇，自注："一曰《巧心》。"此處雙關，亦指爲文精巧之用心。

[22]耳：殿本同，汲古閣本作"手"。

[23]握瑜懷玉之士：《楚辭·九章·懷沙》云："懷瑾握瑜兮，窮不知所示。"王逸注："言己懷持美玉之德，遭世闇惑，不別善惡，抱寶窮困，而無所語也。"此處指高才文士。

[24]鄭邦：春秋時鄭國。《論語·衛靈公》云："顏淵問爲邦。子曰：'行夏之時，乘殷之輅，服周之冕，樂則《韶》舞。放鄭聲，遠佞人。鄭聲淫，佞人殆。'"

[25]章甫翠履之人：指文明卓越之人。章甫，禮帽。翠履，青緑色的鞋。

[26]閩鄉：閩越之地。《莊子·逍遥遊》云："宋人資章甫而適諸越，越人斷髮文身，無所用之。"

[27]筆：六朝有文筆之分，以無韻之文爲筆。

[28]煙墨：即墨。烟熏所積之黑灰可以製墨，故稱墨爲烟墨。

[29]驅染：驅使塗抹，即書寫。

[30]紙札：書寫用的紙和小木簡。

[31]揺襞：裁，折。

至如近世謝朓、沈約之詩,[1]任昉、陸倕之筆,[2]斯文章之冠冕,述作之楷模。張士簡之賦,[3]周升逸之辯,[4]亦成佳手,難可復遇。文章未墜,必有英絶,領袖之者,非弟而誰。每欲論之,無可與晤,[5]思吾子建,[6]一共商榷。辨兹清濁,[7]使如涇渭,[8]論兹月旦,[9]類彼汝南。朱白既定,[10]雌黄有别,[11]使夫懷鼠知慚,[12]濫竽自耻。相思不見,我勞如何!

[1]近世:殿本同,汲古閣本無。

[2]任昉:汲古閣本前有"近世"二字。

[3]張士簡:張率。字士簡,吴郡吴(今江蘇蘇州市)人。性寬雅。所著《文衡》十五卷,文集四十卷行於世。本書卷三一有附傳,《梁書》卷三三有傳。

[4]周升逸:即周捨。字昇逸。

[5]晤:汲古閣本同,殿本作"語"。

[6]吾:汲古閣本、殿本作"言"。

[7]辨:汲古閣本同,殿本作"辯"。

[8]涇渭:黄河上游二水名。涇水清,渭水濁。後世以涇渭比清濁分明。此處指文風之優劣。

[9]月旦:指月旦評。《後漢書》卷六八《許劭傳》云:"初,劭與(從兄)靖俱有高名,好共覈論鄉黨人物,每月輒更其品題,故汝南俗有'月旦評'焉。"此指品評人物。

[10]朱白:《梁書》卷四九《庾肩吾傳》作"朱丹"。比喻文風優劣。

[11]雌黄:本是用來改易文字的礦物,引申爲評論。

[12]懷鼠:心懷首鼠。即遲疑不决。

及簡文即位，以肩吾爲度支尚書。[1]時上流蕃鎮，並據州拒侯景，[2]景矯詔遣肩吾使江州喻當陽公大心。[3]大心乃降賊，肩吾因逃入東。[4]後賊宋子仙破會稽，購得肩吾欲殺之，先謂曰："吾聞汝能作詩，今可即作，若能，將貸汝命。" 肩吾操筆便成，辭采甚美，子仙乃釋以爲建昌令。[5]仍間道奔江陵，歷江州刺史，領義陽太守，[6]封武康縣侯。[7]卒，贈散騎常侍、中書令。子信。

[1]度支尚書：官名。尚書省列曹尚書之一，掌財賦統計、支調。梁十三班。

[2]侯景：字萬景，懷朔鎮（今內蒙古固陽縣）人。梁武帝太清元年（547）附梁，二年反，率軍攻京師建康。本書卷八〇、《梁書》卷五六有傳。

[3]江州：州名。初設治豫章縣，在今江西南昌市。後移治柴桑縣，在今江西九江市西南。 當陽公大心：蕭大心。字仁恕，梁簡文帝第二子。梁武帝中大通四年（532），封當陽縣公。本書卷五四、《梁書》卷四四有傳。當陽，縣名。治所在今湖北當陽市。

[4]肩吾因逃入東：《梁書》卷四九《庾肩吾傳》作"肩吾因逃入建昌界"。

[5]建昌：縣名。治所在今江西永修縣艾城鎮。

[6]義陽：郡名。治義陽縣，在今湖北武漢市黄陂區木蘭山北。

[7]武康：縣名。治所在今浙江德清縣西。

劉虯字靈預，[1]一字德明，南陽涅陽人，[2]晋豫州刺史喬七世孫也。[3]徙居江陵。

[1]預：殿本同，汲古閣本作"禎"。

[2]南陽：郡名。治宛縣，在今河南南陽市。　涅陽：縣名。治所在今河南鄧州市東北。

[3]晉豫州刺史喬七世孫也：《南齊書》卷五四《劉虯傳》作“舊族”。喬，劉喬。晉惠帝時爲都督豫州諸軍事、鎮東將軍、豫州刺史。《晉書》卷六一有傳。

虯少而抗節好學，須得禄便隱。宋泰始中，仕至晉平王驃騎記室、當陽令。[1]罷官歸家静處，常服鹿皮袷，斷穀，[2]餌术及胡麻。[3]齊建元初，豫章王嶷爲荆州，教辟虯爲别駕，與同郡宗測、新野庾易並遺書禮請之。虯等各脩牋答而不應命。

[1]晉平王：劉休祐。宋文帝第十三子。曾爲驃騎大將軍、荆州刺史。本書卷一四、《宋書》卷七二有傳。　驃騎：官名。指驃騎大將軍，爲衆將軍之首。位從公者一品。

[2]斷穀：不食五穀。道家修煉的一種方式。

[3]餌术：食术。术，草名。多年生，有白术、蒼术等多種。道家以爲食之可養生延年。　胡麻：芝麻，又名巨勝。相傳張騫得其種於西域胡地，故稱。《抱朴子・仙藥》云：“巨勝，一名胡麻，餌服之不老，耐風濕，補衰老也。”

永明三年，刺史廬陵王子卿表虯及同郡宗測、宗尚之、庾易、劉昭五人，[1]請加蒲車束帛之命。[2]詔徵爲通直郎，不就。竟陵王致書通意，虯答曰：“虯四節卧疾病，[3]三時營灌植，[4]暢餘陰於山澤，[5]託暮情於魚鳥，寧非唐、虞重恩，[6]周、邵宏施。”[7]

［1］廬陵王子卿：蕭子卿。齊武帝第三子。字雲長。曾任荆州刺史。本書卷四四、《南齊書》卷四〇有傳。廬陵，郡名。治石陽縣，在今江西吉水縣東北。

［2］蒲車束帛：古代徵聘隱居賢士的最高禮遇。蒲車，以蒲草裹輪，滚動時安穩而不顛簸。束帛，十端帛爲一束，每端丈八尺，兩端合卷，共爲五匹，故云束帛。《周禮·春官·大宗伯》賈公彦疏云："束者十端，每端丈八尺，皆兩端合卷，總爲五匹，故云束帛也。"

［3］四節：指春、夏、秋、冬。

［4］三時：指春、夏、秋。　營灌植：經營園圃。灌，澆灌。

［5］餘陰：餘生。

［6］唐虞：指唐堯、虞舜。

［7］周、邵：指周公旦和召公奭。按，《南齊書》卷五四《劉虬傳》還有"虬進不研機入玄，無洙泗稷館之辯；退不凝心出累，非冢間樹下之節。遠澤既灑，仁規先著。謹收樵牧之嫌，敬加軾鼃之義"一段文字。

虬精信釋氏，衣麤布，禮佛長齋，注《法華經》，［1］自講佛義。以江陵西沙洲去人遠，乃徙居之。建武二年，詔徵國子博士，不就。其冬虬病，正晝有白雲徘徊簷户之内，又有香氣及磬聲。其日卒，年五十八。虬子之遴。

［1］《法華經》：《妙法蓮華經》的省稱。

之遴字思貞，八歲能屬文。虬曰："此兒必以文興吾宗。"常謂諸子曰："若比之顏氏，之遴得吾之文。"由是州里稱之。時有沙門僧惠有異識,[1]每詣虬必呼之遴小字曰:"僧伽福德兒。"握手而進之。

[1]異：殿本同，汲古閣本作"累"。

年十五，舉茂才，明經對策,[1]沈約、任昉見而異之。[2]吏部尚書王瞻嘗候任昉,[3]遇之遴在坐，昉謂瞻曰:"此南陽劉之遴，學優未仕，水鏡所宜甄擢。"[4]即調爲太學博士。[5]昉曰:"爲之美談，不如面試。"時張稷新除尚書僕射,[6]託昉爲讓表，昉令之遴代作，操筆立成。昉曰:"荊南秀氣,[7]果有異才，後仕必當過僕。"[8]御史中丞樂藹即之遴之舅,[9]憲臺奏彈,[10]皆令之遴草焉。後爲荊州中從事,[11]梁簡文臨荊州，仍遷宣惠記室。[12]之遴篤學明審，博覽群籍，時劉顯、韋稜並稱强記，之遴每與討論，咸不過也。[13]

[1]對策：古代考試方式之一。主考人將所考政事、經義等問題書之於策，令應試者對答，觀其文辭以定高下。

[2]見而異之：此句下《梁書》卷四〇《劉之遴傳》有"起家寧朔主簿"一句。

[3]王瞻：字思範，琅邪臨沂（今山東臨沂市）人。本書卷二一有附傳,《梁書》卷二一有傳。

[4]水鏡：比喻人明鑒如水和鏡一樣清明。

[5]調：中華本改作"辟"，其校勘記云:"'辟'各本作'調'，據《梁書》、《册府元龜》六三七改。"

[6]張稷：字公喬。本書卷三一有附傳，《梁書》卷一六有傳。　新除：官制術語。授職而未到任之稱。　尚書僕射：官名。尚書

令副佐，與尚書分領諸曹。不常置，若左右僕射並缺，則置以總左右事。員一人。宋三品。梁初同。

[7]荆南：劉之遴祖籍南陽，古屬荆州，故稱。

[8]仕：汲古閣本、殿本作“位”。

[9]樂藹：字蔚遠，南陽淯陽（今河南南陽市）人。藹姊適徵士同郡劉虬。本書卷五六、《梁書》卷一九有傳。

[10]憲臺：即御史臺。

[11]後爲荆州中從事：《梁書·劉之遴傳》作“遷平南行參軍，尚書起部郎，延陵令，荆州治中”。

[12]宣惠：官名。宣惠將軍省稱。梁置，與鎮兵、翊師、宣毅將軍代舊東、西、南、北四中郎將。爲一百二十五號將軍之一，十七班。

[13]咸：汲古閣本、殿本作“或”。

累遷中書侍郎，後除南郡太守。[1]武帝謂曰：“卿母年德並高，故令卿衣錦還鄉，盡榮養之理。”[2]轉西中郎湘東王繹長史，[3]太守如故。初，之遴在荆府，常寄居南郡，忽夢前太守袁彖謂曰：“卿後當爲折臂太守，即居此中。”之遴後牛奔墮車折臂，右手偏直，不復得屈伸，書則以手就筆，歎曰：“豈黥而王乎？”[4]周捨嘗戲之曰：“雖復並坐可横，政恐陋巷無枕。”後連相兩王，再爲此郡，歷秘書監。

[1]累遷中書侍郎，後除南郡太守：《梁書》卷四〇《劉之遴傳》作“還除通直散騎侍郎，兼中書通事舍人。遷正員郎，尚書右丞，荆州大中正。累遷中書侍郎，鴻臚卿，復兼中書舍人。出爲征西鄱陽王長史、南郡太守”。南郡，郡名。治江陵縣，在今湖北荆

州市荆州區。

[2]榮養：贍養父母。

[3]西中郎：官名。西中郎將省稱。梁武帝天監七年（508）革選，以鎮兵、翊師、宣惠、宣毅爲十七班，代東、西、南、北四中郎將。

[4]黥而王：指秦漢之際黥布。本姓英。年少時有人相之曰：當刑而王。成年後，果受黥刑，後被項羽封爲九江王。詳見《漢書》卷三四《英布傳》。王，殿本同，汲古閣本作"手"。

出爲郢州行事，之遴意不願出，固辭曰："去歲命絶離巽，不敢東下；今年所忌又在西方。"武帝手敕曰："朕聞妻子具，孝衰於親，爵禄具，忠衰於君。[1]卿既内足，理忘奉公之節。"遂爲有司奏免。後爲都官尚書、太常卿。[2]

[1]妻子具，孝衰於親，爵禄具，忠衰於君：語出《荀子·性惡》："堯問於舜曰：'人情何如？'舜對曰：'人情甚不美，又何問焉？妻子具而孝衰於親，嗜欲得而信衰於友，爵禄盈而忠衰於君。人之情乎！人之情乎！甚不美，又何問焉？'"

[2]太常卿：官名。掌宗廟祭祀朝聘等。梁武帝天監七年（508）革選以太常改。爲十二卿之一，十四班。

之遴好古愛奇，在荆州聚古器數十百種，有一器似甌可容一斛，上有金錯字，[1]時人無能知者。又獻古器四種於東宫。其第一種，鏤銅鴟夷榼二枚，[2]兩耳有銀鏤，銘云："建平二年造。"[3]其第二種，金銀錯鏤古罇二枚，有篆銘云："秦容成侯適楚之歲造。"[4]其第三種，外國澡灌一口，[5]有銘云："元封二年，龜兹國獻。"[6]其第四種，古製澡盤一枚，銘云："初平二年造。"[7]

[1]金錯字：在金間用錯刻其字。王國維認爲有金鑄錯篆文。王莽時製造錯刀貨幣。

[2]鴟夷榼：形狀如鴟鳥的盛酒器。

[3]建平：年號名。南朝梁以前，以建平爲年號者有西漢哀帝，十六國後趙、南燕等。然既稱古器，疑當是西漢哀帝年號（前 6—前 3）。

[4]秦容成侯：西漢有容成侯，秦則未詳。

[5]澡灌：洗滌用具。

[6]元封：西漢武帝劉徹年號（前 110—前 105）。　龜（qiū）兹（cí）國：漢代西域國名。在今新疆庫車縣一帶。

[7]初平：東漢獻帝劉協年號（190—193）。

時鄱陽嗣王範得班固所撰《漢書》真本獻東宫，[1]皇太子令之遴與張纘、到溉、陸襄等參校異同，[2]之遴録其異狀數十事，其大略云："案古本《漢書》稱永平十六年五月二十一日己酉，[3]郎班固上，而今本無上書年月日子。又案古本《叙傳》號爲中篇，今本稱爲《叙傳》，載班彪事行，[4]而古本云"彪自有傳"。又今本紀及表志列傳不相合爲次，而古本相合爲次，總成三十八卷。又今本《外戚》在《西域》後，古本《外戚》次帝紀下。又今本《高五子》《文三王》《景十三王》《孝武六子》《宣元六王》雜在諸傳表中，[5]古本諸王悉次《外戚》下，在《陳項傳》上。又今本《韓彭英盧吴》述云："信惟餓隸，布實黥徒，越亦狗盗，芮尹江湖。雲起龍驤，化爲侯王。”古本述云：“淮陰毅毅，伏劍周章，[6]邦之傑子，寔惟彭、英。仕爲侯王，[7]雲起龍驤。”又古本第三十七卷解音釋義，以助雅詁；而今本無此卷也。”

[1]鄱陽嗣王範：蕭範。梁武帝弟鄱陽王恢之子。本書卷五二、《梁書》卷二二有附傳。　《漢書》真本：《梁書》卷二六《蕭琛傳》載，此所謂真本乃北來僧人所有，蕭琛求得，贈送蕭範。然此事可疑。洪頤煊《讀書叢録》卷一九《漢書真本》云：“《後漢書·班固傳》，固自永平中始受詔，潛精積思二十餘年，至建初中乃成。永平十六年，《漢書》尚未成，真本之謬可知矣。”王先謙《漢書補注》卷一〇〇《叙傳》補注引齊召南云：“劉之遴所校真本……與今本大異，以理推之，邦字是高祖諱，又信、越、布，後並誅滅，史官安得盛稱其美？必好事者爲之也。又案，之遴言真本《高五子》《文三王》《景十三王》《孝武六子》《宣元六王》悉次《外戚》下，《外戚》次《帝紀》下。如所云是十二《紀》之後即次《外戚傳》、諸王傳矣。其然，豈其然乎？”

[2]張纘：字伯緒。范陽方城（今河北固安縣）人。起家秘書郎，與裴子野爲忘年之交。本書卷五六、《梁書》卷三四有附傳。　到溉：彭城武原（今江蘇邳州市）人。本書卷二五、《梁書》卷四〇有附傳。　陸襄：字師卿，吴郡吴（今江蘇蘇州市）人。本書卷四八有附傳，《梁書》卷二七有傳。

[3]永平：東漢明帝劉莊年號（58—75）。

[4]載：汲古閣本、殿本前有“又今本叙傳”五字。

[5]表：汲古閣本、殿本同。中華本改作“帙”，其校勘記云：“‘帙’各本作‘表’，據《梁書》改。”

[6]伏：汲古閣本、殿本同。中華本改作“仗”，其校勘記云：“‘仗’各本作‘伏’，據《梁書》改。”

[7]仕：汲古閣本同，殿本作“化”。

之遴好屬文，多學古體，[1]與河東裴子野、沛國劉顯恒共討論古籍，因爲交好。時《周易》《尚書》《禮記》《毛詩》並有武帝義疏，[2]唯《左氏傳》尚闕，之遴乃著《春秋大意》十科，《左氏》十科，《三傳同異》十科。合三十事上之。帝大悦，詔答曰：“省所撰《春秋》義，比事論書，辭微旨遠，編年之教，言闡義繁。丘明傳洙、泗之風，[3]公羊宗西河之學，[4]鐸椒之解不追，[5]瑕丘之説無取。[6]繼踵胡母，[7]仲舒云盛，[8]因循《穀梁》，千秋最篤。[9]張蒼之傳《左氏》，[10]賈誼之襲荀卿，[11]源本分鑣，指歸殊致，詳略紛然，其來舊矣。昔在弱年，久經研味，一從遺置，迄將五紀。兼晚秋晷促，[12]機事罕暇，夜分求衣，[13]未遑披括。[14]須待夏景，試欲推尋，若温故可求，別酬所問也。”

[1]古體：指與當時流行的駢體相對稱的魏晉以前的散體文。

[2]武帝義疏：《隋書·經籍志一》著録梁武帝撰《周易大義》二十一卷、《周易講疏》三十五卷、《周易繫辭義疏》一卷、《尚書大義》二十卷、《禮記大義》十卷、《中庸講疏》一卷、《毛詩發題序義》一卷、《毛詩大義》十一卷等。

[3]丘明傳洙、泗之風：丘明，指左丘明。洙，即洙水。泗，即泗水。孔子居洙、泗之間教授弟子，故洙泗之風指以孔子爲代表的儒家傳統。丘明傳洙泗之風，意謂左丘明繼承孔子的學術，編撰《左氏春秋》。

[4]公羊宗西河之學：公羊，即公羊高。相傳爲齊人，撰《春秋公羊傳》。西河之學，指孔子弟子子夏，於孔子死後居西河教授，

傳孔子思想。公羊宗西河之學，意謂公羊高秉承子夏的學術。

[5]鐸椒：楚威王傅，著《鐸氏微》。《史記·十二諸侯年表序》載曰："鐸椒爲楚威王傅，爲王不能盡觀《春秋》，采取成敗，卒四十章，爲《鐸氏微》。"

[6]瑕丘：即西漢瑕丘江公，受《穀梁春秋》於魯申公。《漢書》卷八八《儒林傳》載曰："瑕丘江公受《穀梁春秋》及《詩》於魯申公，傳子至孫爲博士。武帝時，江公與董仲舒並。仲舒通《五經》，能持論，善屬文，江公吶於口。上使與仲舒議，不如仲舒，而丞相公孫弘本爲《公羊》學，比輯其議，卒用董生。於是上因尊《公羊》家，詔太子受《公羊春秋》，由是公羊大興。"

[7]胡母：爲西漢景帝博士，治《公羊春秋》。《漢書·儒林傳》載曰："胡母生字子都，齊人也。治《公羊春秋》，爲景帝博士。與董仲舒同業，仲舒著書稱其德。年老，歸教於齊，齊之言《春秋》者宗事之，公孫弘亦頗受焉。"

[8]仲舒：即西漢大儒董仲舒，著《春秋繁露》，爲公羊學代表之一。《漢書》卷五六有傳。

[9]千秋：即西漢蔡千秋，受《穀梁春秋》。《漢書·儒林傳》載曰："唯魯榮廣王孫、皓星公二人受焉。廣盡能傳其《詩》《春秋》，高材捷敏，與《公羊》大師眭孟等論，數困之，故好學者頗復受《穀梁》。沛蔡千秋少君、梁周慶幼君、丁姓子孫皆從廣受。千秋又事皓星公，爲學最篤。"

[10]張蒼：西漢大臣、儒士，修《春秋左氏傳》。《漢書·儒林傳》載曰："漢興，北平侯張蒼及梁太傅賈誼、京兆尹張敞、太中大夫劉公子皆修《春秋左氏傳》。"

[11]賈誼：西漢大臣、儒士，著有《過秦論》《治安策》等名篇。初爲河南郡守吴公門下，吴公學於李斯，李斯又爲荀卿弟子。故説"賈誼之襲荀卿"。《漢書》卷四八有傳。

[12]晚秋：《梁書》卷四〇《劉之遴傳》作"晚冬"。

[13]夜分求衣：形容早起爲政事操勞。夜分，夜半。

[14]披括：研討，探求。《梁書·劉之遴傳》作“搜括”。

始武帝於齊代爲荆府諮議，時之遴父虬隱在百里洲，早相知聞。帝偶匱乏，遣就虬换穀百斛。之遴時在父側，曰：“蕭諮議躓士，云何能得舂，願與其米。”虬從之。及帝即位常懷之。侯景初以蕭正德爲帝，[1]之遴時落景所，將使授璽紱。之遴預知，仍剃髪披法服乃免。先是，平昌伏挺出家，[2]之遴爲詩嘲之曰：“《傳》聞伏不鬭，化爲支道林。”[3]及之遴遇亂，遂披染服，時人笑之。[4]

[1]蕭正德：梁武帝弟蕭宏第三子。本書卷五一有附傳，《梁書》卷五五有傳。

[2]平昌：郡名。治安丘縣，在今山東安丘市西南。　伏挺：字士標，平昌安丘（今山東安丘市）人。梁武帝天監初，除中軍參軍事。居宅講《論語》，聽者傾朝。挺三世同時聚徒教授，罕有其比。因事納賄，當被推劾，挺懼罪，遂變服爲道人。不久，還俗入仕。侯景亂中卒。本書卷七一有附傳，《梁書》卷五〇有傳。

[3]支道林：東晋名僧。

[4]“始武帝於齊代爲荆府諮議”至“時人笑之”：按，高敏《南北史考索》云：“此段爲《梁書》卷四十同人傳所無，《南史》補也。”（第227頁）

尋避難還鄉，湘東王繹嘗嫉其才學，聞其西上至夏口，[1]乃密送藥殺之。不欲使人知，乃自製誌銘，厚其賻贈。前後文集五十卷。

[1]夏口：城名。在今湖北武漢市黄鵠山。

子三達字三善，數歲能清言及屬文。州將湘東王繹聞之，盛集賓客，召而試之。説義屬詩，皆有理致。年十二，聽江陵令賀革講禮還，仍覆述，不遺一句。年十八卒。之遴深懷悼恨，乃題墓曰"梁妙士"以旌之。之遴弟之亨。

之亨字嘉會，年四歲，出後叔父嵩。及長好學，美風姿，善占對。武帝之臨荆州，唯與虯談。虯見之遴、之亨，帝曰："之遴必以文章顯，之亨當以功名著。"後州舉秀才，除大學博士，[1]仍代兄之遴爲中書通事舍人。累遷步兵校尉，[2]湘東王繹諮議參軍，敕賜金策并賜詩焉。

[1]大：汲古閣本、殿本作"太"。

[2]步兵校尉：《梁書》卷四〇《劉之亨傳》此下有"司農卿"。

大通六年，[1]出師南鄭，[2]詔湘東王節度諸軍。之亨以司農卿爲行臺承制，[3]途出本州北界，總督衆軍，杖節而西，樓船戈甲甚盛。老小緣岸觀曰："是前舉秀才者。"鄉部偉之。是行也，大致剋復，軍士有功皆録，唯之亨爲蘭欽所訟，執政因而陷之，故封賞不行，但復本位而已。久之，帝讀《陳湯傳》，[4]恨其立功絶域而爲文吏所抵。宦者張僧胤曰："外聞論者，竊謂劉之亨似之。"帝感悟，乃封爲臨江子。[5]固辭不拜。

[1]大通：南朝梁武帝蕭衍年號（527—529）。

[2]南鄭：縣名。治所在今陝西漢中市東。

[3]司農卿：梁武帝天監七年（508）改大司農爲司農卿。掌勸農、倉儲、膳食等。十一班。

[4]《陳湯傳》：載於《漢書》卷七〇。陳湯，字子公，山陽瑕丘（今山東濟寧市兖州區）人。曾任西域副校尉。

[5]臨江：縣名。治所在今重慶忠縣。

之亨美績嘉聲，在朱异之右，[1]既不協，懼爲所害，故美出之，以代之遴爲安西湘東王繹長史、南郡太守。上問朱异曰："之亨代兄喜不？兄弟因循，豈直大馮、小馮而已。"[2]又謂尚書令何敬容曰："荆州長史、南郡太守，[3]皆是僕射出入。今者之亨便是九轉。"在郡有異績，吏人稱之。卒，荆土懷之，不復稱名，號爲大南郡、小南郡。

[1]朱异：字彦和，吴郡錢唐（今浙江杭州市）人。梁武帝寵臣。本書卷六二、《梁書》卷三八有傳。

[2]大馮、小馮：指西漢馮野王、馮立兄弟，爲馮奉世之子。《漢書》卷七九《馮奉世傳》云："吏民嘉美野王、立相代爲太守，歌之曰：'大馮君，小馮君，兄弟繼踵相因循，聰明賢知惠吏民，政如魯、衛德化鈞，周公、康叔猶二君。'"

[3]長史：殿本同，汲古閣本作"刺史"。

子廣德，亦好學，負才任氣。承聖中，[1]位湘東太守。魏平荆州，依于王琳。[2]琳平，陳太建中，[3]歷河東太守，卒官。[4]

[1]承聖：南朝梁元帝蕭繹年號（552—555）。

[2]王綝：字子珩，會稽山陰（今浙江紹興市）人。以隨王僧辯平侯景功，拜湘州刺史。恃寵縱暴，王僧辯啓請誅之，琳往江陵謝罪。本書卷六四、《北齊書》卷三二有傳。綝，本傳作“琳”。

[3]太建：南朝陳宣帝陳頊年號（569—582）。

[4]陳太建中，歷河東太守，卒官：按，據《陳書》卷一八《劉廣德傳》，陳廢帝光大中，爲河東太守，宣帝太建元年卒於郡。與此異。

之亨弟之遲，位荆州中從事史。子仲威，少有志氣，頗涉文史。梁承聖中，爲中書侍郎。蕭莊稱尊號，以爲御史中丞，随莊終鄴中。

坦字德度，虬從弟也。仕齊歷孱陵令，南中郎録事參軍，[1]所居以幹濟稱。[2]

[1]南中郎：官名。南中郎將的省稱。將軍名號。東、南、西、北四中郎將之一。宋四品。齊官品不詳。

[2]幹濟：幹練的辦事能力。

梁武帝起兵，時輔國將軍楊公則爲湘州刺史，[1]帥師赴夏口。西朝議行州事者，[2]坦求行，乃除輔國長史、長沙太守，[3]行湘州刺史。坦嘗在湘州，多舊恩，道迎者甚衆。齊東昏遣安成太守劉希祖破西臺所選太守范僧簡於平都，[4]希祖移檄湘部，於是始興内史王僧粲應之，[5]湘部諸郡，悉皆蜂起。州人咸欲汎舟逃走，坦悉聚舩焚之。前湘州鎮軍鍾玄紹潛應僧粲，坦聞其謀，僞爲不知，因理訟至夜，城門遂不閉以疑之。玄紹未及發，明旦詣坦問其故。久留與語，密遣親兵收其家。玄紹在坐未起，而收兵已報具得其文書本末。玄紹即首伏，於坐斬之，焚其文書，餘黨悉無所問。

[1]輔國將軍：官名。將軍名號。　楊公則：字君翼，天水西縣（今甘肅天水市）人。本書卷五五、《梁書》卷一〇有傳。　湘州：州名。治臨湘縣，在今湖南長沙市。

[2]西朝：蕭衍起兵後，南康王蕭寶融爲帝，建朝於荆州。荆州在建康之西，故稱西朝或西臺。

[3]長沙：郡名。治臨湘縣，在今湖南長沙市。

[4]齊東昏：齊東昏侯蕭寶卷。字智藏，齊明帝次子。蕭衍起兵攻破建康後被殺。後被追封爲東昏侯。本書卷五、《南齊書》卷七有紀。　安成：郡名。治平都縣，在今江西安福縣東南。

[5]始興：郡名。治曲江縣，在今廣東韶關市南武水西岸。《南齊書》卷三八《蕭赤斧傳》附《蕭穎胄傳》作“湘東”。　内史：官名。王國行政長官，掌治民。宋五品。齊官品不詳。

梁天監初，[1]論功封荔浦子。[2]三年，遷西中郎長史、蜀郡太守，行益州事。未至蜀，道卒。

[1]初：殿本同，汲古閣本作“中”。

[2]荔浦：縣名。治所在今廣西荔浦市西荔水北。

論曰：劉瓛弟兄，僧紹父子，並業盛專門，飾以儒行，持身之節，異夫苟得患失者焉。庾易、劉虬取高一代，其所以行己，事兼隱德，諸子學業之美，各著家聲。顯及之遴見嫉時主，或以非罪而斥，或以非疾而亡，異夫自古哲王屈己下賢之道，有以知武皇之不弘，元后之多忌。梁祚之不永也，不亦宜哉。